Serfass/Schäfer

Weniger schlecht entscheiden
Praktische Entscheidungstools für agile Zeiten

WENIGER SCHLECHT ENTSCHEIDEN

Praktische Entscheidungstools für agile Zeiten

Von

Annika Serfass

und

Doris Schäfer

Verlag Franz Vahlen München

> Nur, wer sich entscheidet, existiert.
> *Martin Luther*

> Weißt du, was passiert, wenn man sich immer alle Türen offen hält? Dann zieht's, mein Freund!
> *Das Känguru zu Marc-Uwe Kling (Die Känguru-Offenbarung)*

ISBN Print: 978 3 8006 6483 2
ISBN ePDF: 978 3 8006 6484 9
ISBN ePub: 978 3 8006 6485 6

© 2021 Verlag Franz Vahlen GmbH, Wilhelmstr. 9, 80801 München
Satz: Fotosatz Buck
Zweikirchener Str. 7, 84036 Kumhausen
Druck und Bindung: Westermann Druck Zwickau GmbH
Crimmitschauer Straße 43, 08058 Zwickau
Umschlaggestaltung: Ralph Zimmermann – Bureau Parapluie
Bildnachweis: © chatchai5172 – depositphotos.com (modifiziert)

vahlen.de/nachhaltig

Gedruckt auf säurefreiem, alterungsbeständigem Papier
(hergestellt aus chlorfrei gebleichtem Zellstoff)

GEBRAUCHSANWEISUNG

Dieses Buch ist für alle, die entscheiden wollen, sollen oder müssen.

Zum Titel
Dass Sie dieses Buch gekauft haben, trotz des Titels, bezeugt schon mal ein gewisses Maß an **Humor und Selbstironie**. Beides braucht man beim Entscheiden.

> „Fehlerfreundlichkeit ist eine Kompetenz, die für ein geglücktes Leben genauso wichtig ist wie die Kompetenz, gute Entscheidungen zu fällen."
> *Maja Storch*

Wer entscheidet, übernimmt Verantwortung. Wer Verantwortung übernimmt, macht auch Fehler. **Wer viel entscheidet und viel Verantwortung übernimmt, macht viele Fehler.** Das macht nichts, wenn man daraus lernen kann; und lernen kann man dann, wenn man beim nächsten Mal etwas anders macht. Für dieses Anders Machen ist das Buch gedacht.

Und Humor, so wie die Fähigkeit, sich selbst nicht so ernst zu nehmen, machen Fehler erträglich und lassen uns weniger verbissen Neues ausprobieren. Somit haben Sie die Chance, (lieb gewonnene, gewohnte, eingeschlichene) „schlechte" Entscheidungsmuster zu entdecken und zu verlassen.

Entscheidungen sind vielleicht manchmal falsch, aber schlecht sind sie nur dann, wenn im Entscheidungsprozess vermeidbare Fehler unterlaufen. Das Buch soll auch dabei unterstützen, eine zur Ausgangslage und zum Entscheidungstyp passende Methode zu finden, die den Anforderungen des Kontextes gerecht wird. Auch wenn dann das Ergebnis mal das Ziel verfehlt, liegt dies eher an den nichteinschätzbaren Faktoren einer unberechenbaren Zukunft als an der Qualität der Entscheidungsfindung.

Der Untertitel erwähnt „**agile Zeiten**". Auch wenn viele unserer Kolleginnen und Kollegen, Kundinnen und Kunden dieses Wort schon nicht mehr hören können: Agilität bleibt als Thema aktuell! **Die Methoden dieses Buches greifen die agile Grundhaltung** auf – auf die eine oder andere Weise. Dies nicht nur, weil es im Trend liegt, sondern weil wir diese aus eigener Erfahrung gerne vertreten: Die Methoden setzen auf Augenhöhe unter Entscheidenden und Betroffenen, betonen Dialog statt Anweisung, unterstützen in der Mustererkennung statt Symptombehandlung und setzen auf das sogenannte „Pivoting": die Konzentration auf den nächsten Schritt und auf „gut genug" statt einer Suche nach der optimalen Lösung oder vollständiger Planung.

Gebrauchsanweisung:
Entscheidungen sind ein dankbares Thema. Es gibt schon jede Menge gute Bücher dazu. Warum also noch dieses? Unser Anliegen ist es, Ihnen auf **zwei Wegen** zu helfen, weniger schlechte Entscheidungen zu treffen:

1. Durch das Anbieten **konkreter Tools und Methoden**. Diese sind immer gleich aufgebaut, von Praktikern geschrieben und mit einem Anwendungsbeispiel versehen. Wir hoffen, dass Sie mit diesen gleich „ins Tun" springen können, um Entscheidungen einmal anders zu treffen.

GEBRAUCHSANWEISUNG

2. Durch das Beleuchten des Themas „Entscheidungen" aus verschiedenen theoretischen Perspektiven. Diese „Theoriehappen" sollen Ihre Entscheidungskenntnisse verbessern und Sie dazu befähigen, Entscheidungsmuster hinsichtlich ihrer zugrunde liegenden Annahmen zu hinterfragen.

Alle Tools sind einer theoretischen Perspektive zugeordnet und entsprechen ungefähr dem Grundansatz derjenigen Theorie. Das ist bei manchen Methoden natürlich streitbar, aber da so ein Buch zweidimensional und sequenziell funktioniert, mussten wir uns halt entscheiden.

Dieses Buch müssen Sie nicht von vorne bis hinten durchlesen, sondern es soll mal hier, mal da zum Lesen, Schmökern und Ausprobieren anregen. Außerdem wird es Ihnen helfen, bei ganz konkreten Anliegen einen neuen Ansatz zu finden, wenn Sie die Nase voll davon haben, dieselben Entscheidungsmuster im Projekt, im Team, in der Familie, im Verein oder bei sich selbst ständig zu wiederholen. Sie müssen die Theorie nicht lesen, um ein passendes Tool zu finden und anwenden zu können. Sie müssen aber auch kein Tool anwenden, um die Theorie auf Ihre eigenen Entscheidungsmuster übertragen zu können.

Damit Sie immer schnell ein passendes Tool finden, haben wir **drei Übersichten im Buch:**

1. Eine **Grafik mit den 5 theoretischen Perspektiven,** deren Leitfragen und den jeweils dazu **passenden Methoden.** → Siehe vorne im Buchdeckel.
2. Eine **Tabelle mit allen Methoden:** Hier können Sie nach formalen Kriterien eine Entscheidungsmethode aussuchen, zum Beispiel nach Anzahl der entscheidenden Personen, nach Art der zu treffenden Entscheidung etc. → Siehe im Buchdeckel.
3. Eine **Liste mit häufigen schlechten Entscheidungsmustern** und einem Vorschlag, mit welchen Methoden man zukünftig nicht mehr in diese Falle tappt. → Siehe S. 270/271.

Das Buch bietet 42 **Methoden zur Entscheidungsfindung.** Wir haben für die Tool-Auswahl darauf geachtet, dass diese

1. aus unserer eigenen Erfahrung (bzw. der unserer Co-Autorinnen, -en) **funktional und nützlich** für die Entscheidungsfindung sind,
2. möglichst **direkt anwendbar** sind, ohne eine Zusatzausbildung, ein Training oder ein weiteres dickes Buch konsultieren zu müssen,
3. **passend sind für einen Kontext, in dem Entscheidungen nur ein überschaubares „Haltbarkeitsdatum"** haben. Viele befinden sich beruflich und/oder privat in einem Kontext, der immer komplexer und schnelllebiger zu sein scheint. Entscheiden muss man trotzdem – und zwar immer häufiger.

Das Ergebnis ist ein bunter Strauß von Methoden aus allen möglichen Fachrichtungen und Disziplinen. Wir haben keine ausgeschlossen – egal ob neu oder klassisch im neuen Kontext, simpel oder anspruchsvoll, analytisch oder intuitiv, sozial oder egoistisch – **Hauptsache wirksam!**

GEBRAUCHSANWEISUNG

Zusatzmaterial

Wenn Sie beim Ausprobieren Lust auf „mehr entscheiden" bekommen, schauen Sie gerne auf unserer Buchwebseite www.wenigerschlechtentscheiden.com vorbei. Wir stellen dort Material zum Download bereit, zum Beispiel für die Durchführung verschiedener Tools, Arbeitsblätter etc.

Außerdem gibt es dort mehr über die Autorinnen und Autoren zu erfahren und ein paar Termine für Veranstaltungen rund ums Thema Entscheidungskompetenz. Über die Seite können Sie auch Kontakt mit uns aufnehmen. Wir freuen uns über Ihre Anmerkungen, Erfahrungen und Ideen!

Gender

Zuletzt noch das Gender-Thema: Wir haben uns um genderneutrale Bezeichnungen bemüht. Wo das nicht ging, haben wir abwechselnd mal die weibliche, mal die männliche Sprachform verwendet bzw. vorangestellt und hoffen, dass sich alle Geschlechter trotzdem angesprochen fühlen.

Viel Spaß beim Entscheiden!

Doris Schäfer und Annika Serfass

PS: Es sind natürlich nicht zufällig genau 42 Methoden zur Entscheidungsfindung. Im Zweifel sollte die Antwort auf die *„Frage nach dem Leben, dem Universum und dem ganzen Rest"* schließlich jede Methode überflüssig machen. Keine Panik – und vergessen Sie das Handtuch nicht! 😉

INHALTSVERZEICHNIS

- Gebrauchsanweisung 5
- Theoriehappen & Tools 13

I. **Theoriehappen 1: Betriebswirtschaftslehre** 13
   Entscheiden wie ein Betriebswirtschaftler: Nutzenmaximierung als Entscheidungsgrundlage 14
   1. **BCG-Matrix**: Lohnt sich eine Investition? 19
   2. **Eisenhower-Prinzip**: Wie Sie sich selbst besser organisieren 24
   3. **Entscheidungsbaum**: Visuell & mathematisch zur Entscheidung ... 29
   4. **SWOT**: Ein Rundumblick auf innen, außen, heute & morgen 34
   5. **Business Value Poker**: Der Wertbeitrag von Optionen als Entscheidungsgrundlage 39
   6. **Story Points**: Agile Schätzmethode zur Priorisierung von Aufgaben .. 43
   7. **Vesters Papiercomputer**: Abhängigkeiten erkennen & Prioritäten setzen .. 48
   8. **Den Zufall entscheiden lassen**: Effizient & einfach entscheiden durch Würfeln 53

II. **Theoriehappen 2: Systemtheorie** 57
    Entscheiden – systemtheoretisch betrachtet 58
    9. **Sechs Hüte des Denkens**: Perspektiven hörbar & allen zugänglich machen .. 65
    10. **Tetralemma**: Kreativ raus aus dem Dilemma 70
    11. **B-L-U Loop**: beobachten, lernen, umsetzen – und all das kontinuierlich .. 76
    12. **Peer2Peer-Consulting**: Kollegen als beratende Experten nutzen 82
    13. **Musterbeobachtung zur Rahmenklärung**: Ein systemisches Erkenntnistool zum Erklären von Nichtentscheidungen 85
    14. **Entscheiden mit Spannungsfeldern**: Handlungsfähig bleiben in scheinbar unentscheidbaren Zuständen 91
    15. **Entscheidungsräume**: In einem Rundgang emotional entscheiden & rational überprüfen 97
    16. **Decision Journey Mapping**: Verborgene Dilemmata, Hindernisse und Blockaden aufdecken 101
    17. **Design Thinking**: Designing statt deciding – kreative Lösungen für komplexe Fragestellungen 106

INHALT

III. Theoriehappen 3: Gruppendynamik 111
    Entscheidungen in Gruppen treffen: die Sicht der Gruppendynamik 112
    18. Bohmscher Dialog: Gesprächsreise zu neuen Horizonten 117
    19. Widerstandsabfrage: Als Team eine Lösung finden, die alle einbezieht 121
    20. Entscheidungstrichter: Im Team schneller & nachhaltiger entscheiden durch systemisches Konsensieren 125
    21. Einwandintegration in Großgruppen: Gemeinsam Erkenntnisse erlangen & Entscheidungen treffen. 130
    22. Konsultativer Einzelentscheid: Jemand wird beauftragt, für alle zu entscheiden 136
    23. Delegation Poker: Entscheidungszuständigkeiten explizit machen 140
    24. Konsent: Eine Art integrative Entscheidungsfindung im Team 144
    25. Kollegiale Rollenwahl: Wie Verantwortung auf viele Schultern verteilt werden kann 149
    26. Team-Prototyping: Kreativität für komplexe Rollenentscheidungen 154
    27. Retrospektiven: Kontinuierlich gemeinsam über Entwicklung entscheiden 160

IV. Theoriehappen 4: Psychologie & Intuition 165
    Entscheidungen in der Psychologie: Die Intuition, dein Bauchgefühl und du... 166
    28. Entscheidungsgärung: Die Zeit ist deine Freundin – und die deines Bauchgefühls 172
    29. Affektbilanzen: Körperempfindungen als Entscheidungsgrundlage 176
    30. Motto-Ziele des Zürcher Ressourcenmodells: Wenn das Unterbewusste über Bilder entscheiden hilft. 180
    31. Digital Decision Making: Radikal entscheiden durch binäre Zuspitzung.. 186
    32. Bodenanker: Mehr Übersicht durch Körpergefühl & Perspektive(n) 193
    33. Case Clinic: Komplexe Anliegen durchdenken, durchfühlen & spiegeln lassen 198
    34. Sandwich-Spaziergang: Wie Bewegung zu dritt zu besseren Entscheidungen führt 203
    35. Be Your Story's Hero: Connecting to Our Hero's Quest in Moments of Truth 207

INHALT

V. Theoriehappen 5: Philosophie & Werte ... **213**
Entscheidungen in der Philosophie: Wie Werte & Ethik unser Handeln prägen ... 214
36. **Immanuel Kants drei Fragen**: Philosophischer Entscheidungskompass ... 222
37. **Action Values**: 80 Handlungsoptionen am Entscheidungsweg ... 227
38. **Design Thinking fürs Leben**: Lebenspläne entwerfen & ausprobieren wie ein Designer ... 232
39. **Guided Journaling**: 17 Fragen als Reset-Button im Alltag ... 237
40. **Sei kein Idiot!** Ein persönliches Entscheidungsmantra finden ... 242
41. **Purpose Driven Decision Making**: Die Zukunft wird im Team entschieden ... 244
42. **Gesetz des Karmas**: Wir ernten, was wir säen ... 248
Why worry? Ein Nicht-Tool gegen das Grübeln vor und nach Entscheidungen ... 251

VI. Exkurs als Theoriehappen 6: Neurowissenschaften ... **253**
Wie unser Gehirn entscheidet: The Neuroscience of Decision Making ... 255

- Digitale Tools für Entscheidungsfindung ... 260
- Autorinnen & Autoren ... 265
- Danke! ... 269
- Für schnelle Hilfe! ... 270

I.
Betriebswirtschaftslehre

Entscheidungslogik: Nutzenmaximierung
Leitfrage: „Was bringt mir am meisten?"

Ich denke oft zuerst an die Folgen. Manchmal überlege ich nicht, was mir eigentlich am meisten bringt.

Ewig lange herumrechnen und eigentlich denkt keiner wirklich drüber nach, ob wir das Ding tatsächlich brauchen. Echt unmöglich!

Kosten und Nutzen können nicht immer klar bewertet werden.

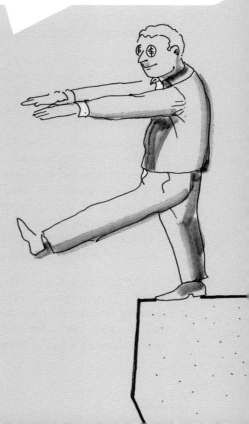

Entscheiden wie ein Betriebswirtschaftler: Nutzenmaximierung als Entscheidungsgrundlage

Annika Serfass

> „Überlasse die Entscheidung nicht der Leidenschaft, sondern dem Verstand!"
> *Epicharm*

Grundannahmen: das, was meistens nicht in Frage gestellt wird

In der Wirtschaftslehre – egal ob Volks- oder Betriebswirtschaft – sind Entscheidungen Teil eines Maximierungsstrebens. In der VWL versuchen „Akteure", ihren Nutzen zu maximieren – was auch immer diese als Nutzen empfinden. In der BWL wird Umsatz maximiert, Gewinn, Unternehmenswert, Einkommen oder Kosteneffizienz. Auch Non-Profit-Organisationen wollen mit den ihnen zur Verfügung stehenden Mitteln das Bestmögliche erreichen. Ob Maximierung „gut" oder „schlecht" ist, ob es wirklich überall so ist und weiter so sein sollte, wird an anderer Stelle diskutiert. Aber für jeden, der Standard-Entscheidungstools der BWL einsetzt, gilt die Grundannahme: Mehr ist besser. Optimum ist am besten.

Was ist eine Entscheidung?

Entscheidungen sind laut Erich Gutenberg eine „Abfolge von Wahlakten" zwischen Alternativen. Nicht überraschend und auch nicht viel anders als in anderen Definitionen. Erst die weiterführende Definition bringt eine BWL-spezifische Sicht. Er beschreibt in seinem Standardwerk der deutschen Betriebswirtschaftstheorie verschiedene „Schichten" von Entscheidungen:

1. Eine irrationale Schicht, die der Betriebswirtschaft nicht zugänglich ist, weil sie in der Gabe begründet ist, „Argumenten, die für oder gegen eine Entscheidung sprechen, das richtige Gewicht zu geben" (Gutenberg S. 131).
2. Eine rationale Schicht des „klaren und systematischen Durchdenkens und Vorausdenkens", da nur mit der „gedanklichen Strenge planender Rationalität" die Unternehmung umsetzbar wird (ebd. S. 132).
3. Außerdem eine weitere Schicht: das „Gestaltend-Vollziehende", das in einer organisatorischen Funktion „Menschen und Dinge … verknüpft" (ebd. S. 132).

Als eine Einheit sind sie nicht voneinander zu trennen. Damit macht er deutlich, dass die Führung von Unternehmen und damit die Führungsentscheidungen nie völlig rationalisiert werden können. In den meisten BWL-Grundlagenkursen beschäftigt man sich allerdings mit der zweiten Schicht. Das rationale Element an Entscheidungen kann erhoben, analysiert, quantifiziert und berechnet werden.

Damit gibt es eine eindeutige Lösung des Entscheidungsproblems und dem Maximierungsstreben ist Genüge getan.

Wozu entscheiden? Gewolltes realisieren, Ziele erreichen oder doch einfach maximieren?

Für Erich Gutenberg ging es darum, über Entscheidungen *das mit der Unternehmung Gewollte* Realität werden zu lassen: Dafür wählt die Geschäftsleitung in größerem Kontext und alle Mitarbeiter im kleineren ständig zwischen sich präsentierenden Alternativen aus. Die Maximierung war zwar eine notwendige Nebenbedingung, aber eben nur das – und nicht mehr.

Nobelpreisträger Herbert A. Simon beschreibt dies als Konzept der Zweckgerichtetheit. Alle Entscheidungen in einer Organisation werden auf ein allgemeines Ziel hin ausgerichtet. Mitarbeiter und mittlere Führungskräfte wählen also – sofern sie sich rational verhalten – jeweils diejenige Alternative, die zur Erfüllung der gesetzten Ziele förderlich ist (vgl. Simon, S. 50). Diese oberen oder „endgültigen" Ziele werden von der obersten Hierarchiestufe gesetzt bzw. von den Eigentümern.

Das von Gutenberg postulierte „Gewollte" rückte allerdings zunehmend in den Hintergrund[1]. Während die Eigentümer früher häufig selbst Teil des Unternehmens waren oder der Staat als Eigentümer dafür sorgte, dass bestimmte Waren und Dienstleistungen zur Verfügung standen, ist eine Eigentümerstruktur bei vielen – auch mittelständischen Betrieben – heute komplex, vor allem bei Aktiengesellschaften. Allein weil die Vielzahl und die Unterschiedlichkeit der Eigentümer so groß ist, entfällt die Auseinandersetzung darüber, was mit dem Unternehmen gewollt wird jenseits der finanziellen Existenz. Nur wenn es ein „Gewolltes" gibt (vgl. Gutenberg), das über eine Maximierung hinausgeht und für das die Eigentümer einstehen, kann auch die Geschäftsführung ihre Entscheidungen danach ausrichten. Entfällt das Gewollte, entfällt auch die Entscheidungsgrundlage: Dann gibt es zwei Optionen:

1. Die Nebenbedingung der Maximierung wird selbst zum Zweck und Ziel. Investoren und am Unternehmen beteiligte Führungskräfte wollen einen maximierten Unternehmenswert oder maximierte Gewinnausschüttung, Mitarbeiter wollen maximiertes Einkommen, Kunden maximierten Nutzen für ihr Geld. Entscheidungen werden nach diesen Kriterien getroffen.
2. Das Gewollte wird ersetzt durch intern formulierte Ziele. Oft gibt es auch eine **Unternehmensvision** oder ein **Mission Statement** als verschiedene Arten von „Oberzielen". Die Operationalisierung dieser Oberziele wird in Form von Strategien definiert, die für 3–6 Jahre gelten sollen. Außerdem werden als Basis häufig ein Unternehmensleitbild oder Unternehmenswerte beschrieben. Alle zusammen sollen den Entscheidenden auf allen Ebenen ein roter Faden sein:

---

[1] Vielleicht erlebt es aber auch wieder eine Renaissance, wie die Beschreibung und Beobachtung von „Purpose Driven Organizations" belegt.

Mit einem klaren Ziel, einem wertebasierten Rahmen und einer maximierenden Nebenbedingung ist guten Entscheidungen ein fruchtbarer Boden bereitet.

Warum dann doch schlechte Entscheidungen entstehen

1. Die verschiedenen Elemente der Entscheidungshilfen – Vision, Mission, Strategie, operative Ziele, Werte etc. – lassen einen roten Faden schnell zu einem Knäuel werden, wenn sie nicht kohärent sind, sich teilweise auch widersprechen.
2. Die Hierarchie der sich widersprechenden Elemente der Entscheidungsgrundlage ist oft nicht klar und verändert sich über die Zeit. Manchmal verändern sich Oberziele zu Zwischenzielen oder sind eigentlich dasselbe (vgl. Simon, S. 60).
3. Der offiziell postulierte Entscheidungshandlungsrahmen passt oft nicht zur Realität der einzelnen Entscheider. Zum Beispiel wird ein Vertriebsmitarbeiter dann die höchste Bezahlung erhalten, wenn er möglichst viel verkauft, nicht wenn er dazu beiträgt, „dem Kunden ein einzigartiges Serviceerleben" zu ermöglichen. Oder jemand wird dann befördert, wenn er quantitative Ziele erreicht, nicht wenn er im Sinne des Leitbildes zu „einem integrativen und vielfältigen Miteinander" beiträgt.
4. Die Ziele – egal ob Ober-, Zwischen- oder Unterziele – werden der Maximierung untergeordnet. Dieses Effizienzkriterium beeinflusst Entscheidungen oft als stärkstes Kriterium und ist zentraler Faktor in der Kontrolle von Entscheidungen (vgl. Simon, S. 58).

Zu diesen eher strukturellen Schwierigkeiten kommt auch noch – oh, je! – die menschliche Natur. Zum Beispiel identifizieren sich Menschen mit ihrer unmittelbaren Gruppe. Sie entscheiden dann „im Hinblick auf die Folgen ihrer Handlung für die Gruppe", zum Beispiel im Hinblick auf die Folgen für die eigene Abteilung, aber nicht im Sinne des Unternehmenswohls oder des Unternehmensziels (vgl. Simon, S. 56–57).

Wenn es „das Gewollte" nicht gibt und die Ersatzziele mit Vision, Mission etc. nicht authentisch im Unternehmen gelebt werden, leidet schnell die Motivation. Wer hat schon Lust, sich für das strategische Ziel „*5 % mehr EBIT bis 2025*" richtig anzustrengen und jeden Tag sein Bestes zu geben?

Und nicht zuletzt: Wenn das Gewollte ersetzt wird durch eine reine Maximierungsübung, wird all das, was für ein Unternehmen zwar **wertvoll, aber nicht quantifizierbar** ist, zu wenig Aufmerksamkeit erhalten. Wichtige Faktoren wie Erfahrung, zukunftsträchtige Ideen und Entwicklung, integrative und motivierte Mitarbeiter etc. können schlecht in Zahlen abgebildet werden und damit auch nicht Teil mathematischer Optimierungsfunktionen werden.

Wie die BWL auch zu guten Entscheidungen verhilft

Erich Gutenbergs Unterscheidung von Entscheidungen hat bis heute Gültigkeit. Man unterscheidet (vgl. ebd. S. 141–143):

1. **Entscheidungen unter Sicherheit:** Hier ist die Frage der „richtigen" Entscheidung eine Frage der mathematischen Maximierung, weil jede Alternative zu einem eindeutigen und auch noch bekannten Ergebnis führt. Man erstellt beispielsweise eine Preisabsatzfunktion, setzt die bekannten Mengen anstelle der Variablen und – voilà – kennt man den Preis, den man verlangen sollte, um seinen Gewinn zu maximieren.
2. **Entscheidungen unter Risiko:** Man weiß zwar nicht genau, welches Ergebnis mit einer Maßnahme erreicht wird, aber man kennt sowohl die möglichen Ergebnisse als auch die Wahrscheinlichkeit, mit welcher jedes dieser Ergebnisse eintritt. Die Wahrscheinlichkeit der einzelnen Ergebnisse ist meist aus statistischen Erhebungen bekannt. Auch hier wird eine Entscheidung über Berechnungen getroffen. Man wählt also jene Maßnahme, die mit der höchsten Wahrscheinlichkeit ein erwünschtes Ergebnis liefert.
3. **Entscheidungen unter Unsicherheit:** Erst hier endet die reine Berechnung einer optimalen Alternative, denn es nicht bekannt, welche Folgen eine Maßnahme nach sich zieht oder mit welcher Wahrscheinlichkeit diese Ergebnisse eintreten. Obwohl Gutenberg auf die Kenntnis relevanter Daten verweist, beschreibt er hier die Notwendigkeit, dass die Entscheider „*unternehmerischen Instinkt, … Weitsicht und Urteil*" besitzen.

Wer diese Unterscheidung zur Klärung seiner Ausgangslage nutzt, ist einer weniger schlechten Entscheidung schon ein ganzes Stück nähergekommen:
- Gibt es eine begrenzte Zahl an möglichen Ergebnissen?
- Kann ich abschätzen oder sogar mit ziemlicher Sicherheit sagen, mit welcher Wahrscheinlichkeit jede der möglichen Konsequenzen eintritt?
- Habe ich bisher überhaupt darüber nachgedacht, wie ich in dieser Entscheidung „Nutzen" definieren würde, und macht es für mich Sinn, diesen zu maximieren?
- Ja? Prima, dann stellen Sie Ihrer Entscheidung diese nutzenmaximierende Komponente bei und machen Sie sich die Arbeit der Informationsbeschaffung.
- Nein? Gut; dann wissen Sie, dass Sie andere Wege der Entscheidungsfindung wählen müssen.

Quellen und Weiterlesen

- Gutenberg, Erich: Grundlagen der Betriebswirtschaftslehre. Band 1: Die Produktion. Springer-Verlag, Berlin/Heidelberg 1951, 2. Abschnitt. „Die dispositiven Faktoren", 4. Kapitel.
- Simon, Herbert: Entscheidungsverhalten in Organisationen. 3. Auflage, Verlag Moderne Industrie, Landsberg am Lech, 1981.

1. DIE BCG-MATRIX

Lohnt sich eine Investition?
Annika Serfass

„Es ist besser, unvollkommene Entscheidungen zu treffen, als ständig nach vollkommenen Entscheidungen zu suchen, die es niemals geben wird."
Charles de Gaulle

Weniger schlecht entscheiden

… durch Klarheit, in welche Alternativen man investiert
… dank visueller Verortung seiner Projekte
… bei Entscheidungen zu einem klaren Ziel unter starken Restriktionen
… sofern man die zukünftige Entwicklung der Umstände relativ gut einschätzen kann

Die Boston Consulting Group entwarf dieses Modell in den frühen Siebzigerjahren. Für die strategische Planung wurden alle Geschäftseinheiten darin platziert, um zu entscheiden, in welche davon sich eine Investition lohnt. Mit ein bisschen Fantasie lässt sich dieser Ansatz auch auf private „Projekte" übertragen: In welche meiner Tätigkeiten – beruflich und privat – sollte ich weiter investieren: Geld, Zeit, Emotionen, Mühe?

ENTSCHEIDUNGSTYP:
Entweder/Oder, mehrere Optionen, Priorisierung

WER ENTSCHEIDET?
Einer, Team, Viele

BRAUCHT:
Blatt Papier, Flipchart, Infos zu Alternativen

DAUER:
Alleine 15 Min., im Team – je nach Kenntnis der Alternativen – bis zu einem halben Tag

ANWENDUNG

Anwendung

Schritt 1: Erstellen Sie die Skalen:
- Waagerecht für den jetzigen relativen Marktanteil in Prozent: oder Sie finden eine eigene Bezeichnung für die Skala mit „niedrig", „mittel" und „hoch" in Bezug auf den derzeitigen Zustand: „Grad an persönlicher Befriedigung", „Anteil an meinem Gesamteinkommen", „Umsatz im Vergleich zum Gesamtumsatz" etc.
- Die senkrechte Achse bezieht sich auf die **unmittelbare Vergangenheit**: klassischerweise das Marktwachstum pro Jahr in Prozent über die letzten 3 Jahre. Oder aber: „wird besser", „gleich", „wird schlechter" für eine eigene Bezeichnung. Sie muss allerdings direkt mit der waagerechten Beschriftung korrespondieren: „Zufriedenheitsempfinden in den letzten Monaten", „Entwicklung an meinem Gesamteinkommen", „Entwicklung des Umsatzes" etc.

Wenn Sie das Potenzial Ihrer Projekte oder Produkte ziemlich genau kennen, können Sie die senkrechte Achse auch **auf die Zukunft** beziehen bzw. auf das vermeintliche Potenzial: „Wie zufrieden mich dieses Projekt machen könnte", „erwartetes Einkommen dieser Art in den nächsten 3 Jahren", „erwartete Entwicklung des Umsatzes im Zeitraum x".

Schritt 2: Verorten Sie Ihre Projekte, Produkte/Produktgruppen, Geschäftseinheiten, auf beiden Skalen.

Schritt 3: Ziehen Sie die Konsequenzen:
- Projekte bzw. Produkte, die derzeit wenig bringen und auch keine positive Entwicklung gezeigt haben bzw. erwarten lassen, sind „Poor Dogs". Die Boston-Berater empfehlen: **beenden, auslaufen lassen, verkaufen**. Außer sie sind aus anderen Gründen strategisch relevant, bspw. Freundschaftsdienste, Image sichern etc.
- Projekte/Produkte, die derzeit gut dastehen, aber wenig positive Entwicklung haben, sind „Cash Cows". Die Berater sagen: melken, mitnehmen, was geht.
- Projekte, die viel Geld, Zufriedenheit, Status etc. bringen und eine positive Entwicklung zeigen oder erwarten, sind „Stars". Die Berater empfehlen, hier zu investieren, um sie langfristig nutzen zu können – im Idealfall auch noch als Cash Cows.
- Zuletzt die Projekte/Produkte, die sich derzeit zwar schwertun, aber sich positiv entwickeln oder zumindest das Potenzial dafür haben. Sie sind „Fragezeichen". Sie könnten Stars werden oder zu „Dogs" verkommen. Hier sagen die Berater: **weitere Umstände in die Entscheidung einbeziehen**.

ANWENDUNG

Ein Arbeitsblatt zum Download finden Sie auf www.wenigerschlechtentscheiden.com

AUS DER PRAXIS

Eine Bekannte von mir hat ein vielfältiges Berufsleben: Sie ist Schauspielerin, Coach, Kursleiterin an der Volkshochschule und neuerdings auch Synchronsprecherin. Sie wollte ihr Einkommen maximieren und merkte, dass die Vielzahl ihrer Berufe sie allmählich überforderte. Sie wollte entscheiden, welche Jobs sie ausbauen und welche anderen sie auslaufen lassen sollte. Wir benannten die Achsen waagerecht mit „derzeitiger Anteil am Gesamteinkommen" und die senkrechte mit „geschätztes Einkommenspotenzial". Die Verortung der Einkommensquellen sah so aus:

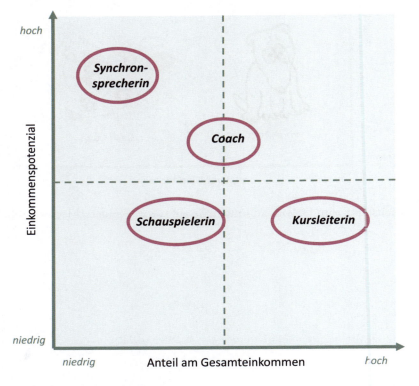

Sie entschied sich, die Schauspielerei zunächst sein zu lassen: Hohe Konkurrenz drückte das Potenzial, und obwohl sie viel Zeit für Castings verwandt hatte, war der Anteil am Gesamteinkommen verhältnismäßig gering.
Die Kurse an der Volkshochschule wollte sie weitermachen – aber nur als Wiederholungen und nicht zu neuen Themen oder für neue Zielgruppen. Sie entschied, stärker in das Synchronsprechen und das Coaching zu investieren, und fühlte sich erleichtert.

Achtung! Was man sich einhandeln könnte:

Wenn die Entscheidung nur zu einem Kriterium gefällt wird, ist sie häufig eindimensional. Sie eignet sich daher nur eingeschränkt für komplexe Entscheidungen, sondern eher für Entscheidungen, die auf ein klares Ziel ausgerichtet werden können oder müssen. Im Beispiel war das: „Ich muss/möchte mein Einkommen maximieren!"

Quellen und Weiterlesen

- Henderson, Bruce D.: The Experience Curve Reviewed, IV. The Growth Share Matrix of the Product Portfolio. The Boston Consulting Group, Perspectives Nr. 135, Boston 1973.

2. EISENHOWER-PRINZIP

Wie Sie sich selbst besser organisieren
Doris Schäfer

„I have two kinds of problems, the urgent and the important.
The urgent are not important, and the important are never urgent."
Dwight D. Eisenhower

Weniger schlecht entscheiden

... durch eine visuelle Übersicht der zu erledigenden Aufgaben
... dank Fokussierung auf die wichtigen Themen: klare Ziele = gute Ergebnisse
... weil eigene Schwerpunkte, Stärken und Kompetenzen berücksichtigt werden
... durch besseres Selbstmanagement und somit weniger Stress

Diese Methode ist nach dem ehemaligen US-Präsidenten Dwight D. Eisenhower benannt und geht auf eine Rede zurück, die er 1954 hielt. Um seine Ziele zu erreichen, organisierte er seine Aufgaben nach Wichtigkeit und Dringlichkeit und fokussierte damit auch sich selbst. Dies bedeutet für Sie: Egal welche Aufgaben auf Ihrem Tisch landen: Sortieren Sie diese zunächst (zumindest gedanklich) nach dem Eisenhower-Prinzip. Erst dann entscheiden Sie, was Sie wann tun werden. Begehen Sie nicht den Fehler, sich auf die vermeintlich dringenden Dinge zu stürzen und dann keine Zeit mehr für die wirklich wichtigen Aufgaben zu haben. Wann erledigen Sie die Tätigkeiten, die wichtig sind, aber nicht dringlich? Mit diesen machen Sie nämlich einen Unterschied, unterbrechen langweilige Routinen und investieren in die Zukunft.

ENTSCHEIDUNGSTYP:
Mehrere Optionen, Priorisierung

WER ENTSCHEIDET?
Einer, Team

BRAUCHT:
Papier oder Flipchart, Haftnotizen, Übersicht über anstehende Aufgaben

DAUER:
Alleine ca. 20 Min., im Team bis zu 4 Stunden

Anwendung

Knappe Ressourcen, wie etwa Ihre Zeit, lassen sich nur durch Fokussierung und Priorisierung managen. Diese Übung können Sie für sich alleine durchführen, aber auch gemeinsam mit Ihrer Familie, mit Kolleginnen oder im Rahmen eines Teamworkshops.

Schritt 1: Schreiben Sie alle Aufgaben auf, die zu erledigen sind.
Sie können eine Liste erstellen oder – besser noch – diese auf Haftnotizen schreiben.

Schritt 2: Zeichnen Sie die Eisenhower-Matrix auf ein Flipchart oder ein Blatt Papier.
- Die senkrechte Achse steht für **wichtige Aufgaben**, die waagrechte für **dringende Aufgaben**.
- **Positionieren Sie nun die zu erledigenden Aufgaben.** Sie können diese Aufgabe auch gleich gemeinsam machen. Hilfreiche Fragen dazu:
  - Was steht gerade an? Werfen Sie dazu einen Blick auf Ihren Kalender mit den entsprechenden Aufgaben, Projekten, Meetings …
  - Was passiert, wenn Sie die Aufgaben erst später erledigen?
  - Was kommt eigentlich zu kurz?
  - Was würde passieren, wenn Sie die Tätigkeit nicht in der bisherigen Form durchführten? Wem fiele das überhaupt auf? Macht es tatsächlich einen Unterschied?
  - Damit Sie mehr Zeit für wichtige Aufgaben haben: Wie sollten Sie sich anders/besser organisieren?
  - Welche dieser Aufgaben machen Sie selbst wirklich gerne?
  - Wo liegen Ihre Stärken/Schwächen, wo die Stärken/Schwächen der anderen?
  - Wie kann ich deren Stärken betonen und ihre Schwächen kompensieren?
  - Gibt es weitere Personen, an die Tätigkeiten übertragen werden können (kurzfristig oder langfristig) – und was braucht es dazu?

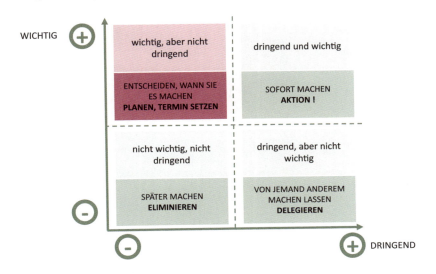

ANWENDUNG

Schritt 3: Ziehen Sie Konsequenzen:
Welche Ihrer Aufgaben gilt es daher zu

- reduzieren: Warum sollen *Sie* diese Tätigkeiten erledigen?
  Das betrifft alles, was Sie nicht unbedingt selbst tun müssen: vor allem dringende, aber nicht wichtige Aufgaben.
- eliminieren: Warum sollen diese Aufgaben *überhaupt* erledigt werden? Welche der nicht wichtigen und nicht dringenden Aufgaben können wegfallen?
- intensivieren & terminieren: Warum auf diese Art und Weise?
  Geht es auch *anders, effizienter*? Braucht es mehr Zeit? Wann und wie kommen die wichtigen, aber nicht dringenden Aufgaben dran?
- absolvieren: Welche Feuer müssen gelöscht werden? Die wichtigen und dringenden Aufgaben bedürfen einer Aktion! Aber gibt es Flämmchen, die immer wieder entflammen? Wie kann das in Zukunft verhindert werden? Und: Finden Sie eine Selbstregulierungsstrategie, damit Aktionismus nicht zum Marathon wird!
- etablieren: Was gilt es neu zu entwickeln, zu *kreieren*?
  Das würde Ihnen helfen, eine große Wirkung zu erzeugen, erfolgreicher zu sein, wirklich einen Unterschied zu machen. Das gilt für alle Felder!

Die Aufgabenverteilung ändert sich

Am Wochenende gab es bei uns zu Hause so etwas wie eine Familienkonferenz. „Mir ist alles zu viel", erklärte ich meinen beiden Teenagern, „alles hängt an mir, das ist unfair, ich schaffe das nicht mehr und ich möchte auch nicht mehr allein für all die Dinge verantwortlich sein, die es zu Hause und im Garten zu erledigen gibt."

Ich bat meine Kinder, auf Haftnotizen all jene Aufgaben aufzuschreiben, die wir als Familie zu tun haben. Jeder produzierte einen Stapel davon und wir diskutierten anschließend darüber, welche der Tätigkeiten eine hohe Relevanz haben, wirklich gemacht werden müssen und wer dafür verantwortlich ist. Wir sorgten auch dafür, uns jener Aufgaben zu entledigen, über die eigentlich niemand mehr nachgedacht hatte, die aber trotzdem laufend (von mir) gemacht wurden. Ein Projekt riefen wir sogar neu ins Leben (die Beregnungsanalage), weil uns dieses zukünftig viel Zeit sparen wird. Darüber hinaus entschieden wir uns, Dinge an Dritte auszulagern, weil wir selbst unglaublich lange damit beschäftigt waren, beispielsweise können wir die Hecke selbst nicht gut schneiden und uns allen bereitet diese Tätigkeit gar keine Freude, sondern – im Gegenteil – ist uns ein Gräuel.

Dieses Bild war entstanden (ein Auszug):

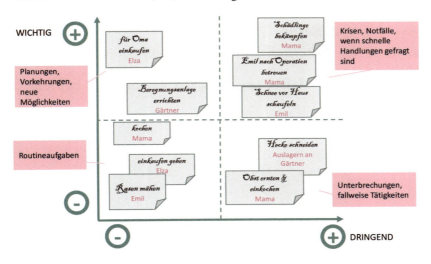

Vereinbart haben wir, dass wir so starten und nach einem Monat nochmals gemeinsam auf unsere Matrix schauen – denn „Kurskorrekturen" sind sicherlich erforderlich, nachdem wir unsere Erfahrungen gemacht haben.

ACHTUNG

Varianten

Sie können dafür auch digitale Tools nutzen. Beispielsweise basiert www.appfluence.com auf dem Eisenhower-Prinzip, oder auch www.klaxoon.com. Um Prioritäten zu setzen, können Sie www.gobrief.com oder www.stormboard.com nutzen. Weiter kann es hilfreich sein, zuvor mit einer SWOT-Analyse zu beginnen, um sich über die eigenen Schwerpunkte klar zu werden (→ SWOT, S. 34).

> **Achtung! Was man sich einhandeln könnte:**
>
> Sie können sich tiefgründig damit auseinandersetzen, welche Ihrer Tätigkeiten in anderer Art und Weise ausgeführt werden könnten. Damit können Sie Ihre Stärken besser nutzen und Ihre Schwächen besser kompensieren. Dafür braucht es Bereitschaft und Mut! Einfacher ist es, so weiterzumachen wie bisher, brav abzuarbeiten, was hereinkommt, und zu stöhnen, dass man doch so viel zu tun hat und eigentlich unentbehrlich ist. Es liegt also an Ihnen. Und manchmal tut es richtig weh, wenn Veränderung bei einem selbst beginnt.

Quellen und Weiterlesen

- Zach, Davis: Vom Zeitmanagement zur Zeitintelligenz. Peoplebuilding-Verlag, Geretsried, 2011.
- Covey, Stephen: Focus. Achieving your highest priorities. Brilliance Audio, 2012.

3. ENTSCHEIDUNGSBAUM

Visuell und mathematisch zur Entscheidung
Doris Schäfer und Annika Serfass

„Die meisten Leute verpassen die Gelegenheit,
weil sie in einen Overall gekleidet ist und nach Arbeit aussieht."
Thomas Edison

Weniger schlecht entscheiden

… weil jede Alternative mit Erträgen und Kosten bewertet wird und so die nutzenmaximierende ausgewählt werden kann

… weil Chancen und Risiken abhängig von gewählten Alternativen bewertet werden

… weil Eintrittswahrscheinlichkeiten mitberücksichtigt werden

… weil die Grafik hilft, Entscheidungen übersichtlich und verständlich darzustellen

Ein Entscheidungsbaum ist eine grafische Darstellung von Entscheidungsoptionen. Entscheidungsbäume ermöglichen es Einzelpersonen und Unternehmen, verschiedene Lösungsansätze und Entscheidungsmöglichkeiten im Hinblick auf Kosten, Wahrscheinlichkeit, Vor- und Nachteile miteinander zu vergleichen. Die Methode ist besonders geeignet, wenn aus einer Entscheidung eine oder mehrere Folgeentscheidungen resultieren, die im Hinblick auf das zu erreichende Ziel ebenfalls in Augenschein genommen werden sollten.
Die Methode findet heute in der BWL Anwendung, um Alternativen in Bezug auf ihren Ertrag laut Netto-Barwert zu vergleichen, sowie in der IT, um mithilfe von Algorithmen bestimmte Regeln aus vorhandenen Daten abzuleiten.

ENTSCHEIDUNGSTYP:
Ja/Nein, Entweder/Oder, mehrere Optionen, Priorisierung

WER ENTSCHEIDET?
Einer, Team

BRAUCHT:
Guten Überblick über Alternativen, Informationen zu Zahlen, Daten, Fakten und Wahrscheinlichkeiten

DAUER:
Eine bis mehrere Stunden, je nach Detaillierungsgrad

ANWENDUNG

Anwendung

Der Entscheidungsbaum wird in der BWL immer von links nach rechts gezeichnet und dann von rechts nach links berechnet. Es werden die folgenden Symbole verwendet:

Entscheidungsknoten
Stehen für zu treffende Entscheidungen

Zufallsknoten
Stehen für Möglichkeiten bzw. Unsicherheiten

Alternative Verzweigungen
Jede Verzweigung steht für ein mögliches Ergebnis oder eine mögliche Maßnahme

Abgelehnte Alternative
Repräsentiert eine Option, die nicht gewählt wurde

Endknoten
Repräsentiert ein Endergebnis - das Ende des Zweigs.

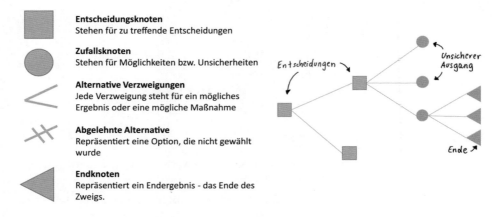

Schritt 1: Entscheidungsbaum zeichnen und Alternativen bewusst machen
1. Beginnen Sie mit dem Rechteck links = der Entscheidung, die Sie treffen möchten.
2. Zeichnen Sie nun Linien nach rechts: Jeweils eine für jede Alternative, notieren Sie die Alternative an der Linie.
3. Überlegen Sie am Ende jeder Linie:
   - Ist das Ergebnis dieser Alternative unsicher? Dann zeichnen Sie einen Kreis.
   - Steht am Ende der Alternative eine weitere Alternative, dann zeichnen Sie ein weiteres Rechteck, weil hier eine weitere Entscheidung zu treffen ist.
   - Ist der Zweig beendet? Dann zeichnen Sie ein Dreieck.
4. Betrachten Sie die verzweigte Baumstruktur: Gibt es noch weitere Alternativen? Sollte Ihr Baum unübersichtlich geworden sein, zeichnen Sie ihn ordentlich neu und lassen Sie gegebenenfalls unattraktive Alternativen gleich weg.

Wir zeigen hier ein Beispiel aus dem privaten Bereich: eine Person überlegt, ob und welche Zusatzausbildung sie machen möchte. Das wichtigste Nutzenkriterium ist das zu erwartende Jahreseinkommen – dieses wird in Euro berechnet.

Schritt 2: Optionen bewerten
1. Die Kreise bedeuten Chancen bzw. Wahrscheinlichkeiten: Tragen Sie hinter jedem Kreis die Wahrscheinlichkeit des Eintretens jener Option in Prozent ein. In Summe sollten die Wahrscheinlichkeiten der möglichen Ausgänge jedes Zufallsknotens 100 % ergeben.
2. Danach notieren Sie hinter jedem Endpunkt den möglichen generierten Erfolg in Euro (hier: erwartbares Jahreseinkommen) – meistens werden Sie diesen schätzen.

Schritt 3: Den Erwartungswert aller Alternativen berechnen
Die Kreise berechnen Sie wie folgt:
Multiplizieren Sie die Wahrscheinlichkeit des Eintretens mit dem Wert des Nutzens (im Beispiel das erwartete Jahreseinkommen) und summieren Sie die Zweige auf. Die Beispielrechnung ist unten grau hinterlegt. Im Beispiel bedeutet ein Masterabschluss den höchsten Erwartungswert.

Schritt 4: Den Wert abzüglich der Kosten berechnen und entscheiden
Fast jede Entscheidung oder Alternative verursacht Kosten. Diese notieren Sie jeweils an der Linie. Der Wert jeder Alternative ergibt sich aus dem erwarteten gewichteten Nutzen jedes Knotens abzüglich der Kosten.
Da ein Master mit 10.000–11.000 € pro Jahr ziemlich teuer ist, sinkt der Wert der Alternativen dementsprechend. Eine kleine Ausbildung kostet nur 5.500 €, keine Zusatzausbildung zu machen kostet nichts.

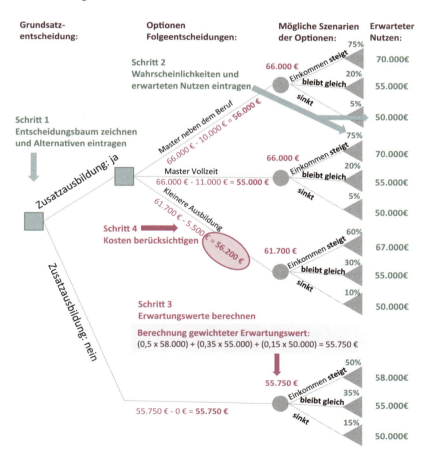

Fazit für dieses Beispiel: Denkbar knapp gewinnt die Option einer kleineren Ausbildung. Da die Erwartungswerte für die einzelnen Optionen so eng beieinander liegen, probieren wir, den Entscheidungsbaum mit einem qualitativen Kriterium durchzuführen.

Entscheidungsbaum mit qualitativem Kriterium

Das zweite wichtige Entscheidungskriterium war – neben dem Jahreseinkommen – die persönliche Zufriedenheit im Job. Weitere Optionen wären „berufliche Aufstiegschancen", „Möglichkeit interessanter Aufgaben" etc. Wir empfehlen, nur die 1–3 wichtigsten Kriterien in Bäumen abzubilden. Sonst wird das Ganze zu einer Sisyphosarbeit, die hauptsächlich Beschäftigung und nicht Erkenntnis bedeutet.

Wir haben den Entscheidungsbaum noch einmal ausgefüllt mit einer quantifizierten Version für das qualitative Kriterium „Zufriedenheit": wir verwendeten eine Skala von 1 bis 5, wobei 1 = *unzufrieden* und 5 = *sehr zufrieden* bedeutet.

Da der Master – sowohl neben dem Beruf als auch in Vollzeit – viel Zeit kostet, haben wir 1 bzw. 1,5 „Zufriedenheitspunkte" als Quasi-Kosten vom Erwartungswert abgezogen. Für die kleine Ausbildung haben wir für das Zeitinvestment 0,5 Punkte als Kosten veranschlagt, von der Option „keine Zusatzausbildung" wurden keine „Zeitkosten" abgezogen. Der Baum sah wie folgt aus:

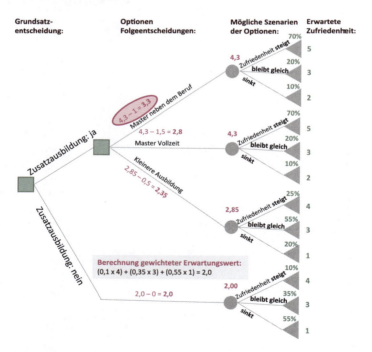

Die Option „Master neben dem Beruf" hatte klar die Nase vorn. In Verbindung mit dem Entscheidungsbaum zum erwarteten Jahresgehalt hat der Entscheider diese Option gewählt, eine Mischung aus monetärem und emotionalen Nutzen.

Varianten

Entscheidungsbäume lassen sich auch online erstellen, zum Beispiel über www.lucidchart.com

> **Achtung! Was man sich einhandeln könnte:**
> Wenn sehr viele Alternativen und Möglichkeiten miteinzubeziehen sind, kann aus dem Baum schnell ein „Gestrüpp" werden, dessen Äste nicht mehr zu überblicken sind.
> Die Methode eignet sich nur für gut abgegrenzte Entscheidungen, die hinsichtlich ihres Nutzens getroffen werden sollen. Sie lässt alle anderen Faktoren außer Acht – dessen sollte man sich bewusst sein.

4. SWOT

Ein Rundumblick auf innen, außen, heute und morgen
Doris Schäfer

„Man muss nur den Mut haben, alles auf die Spitze zu treiben. Wer ausweicht, weicht sich selbst aus, und wer sich selbst ausweicht, der findet sich nicht."
Lina Loos

Weniger schlecht entscheiden

… indem die eigenen Stärken ganz bewusst betrachtet werden

… weil Umwelt- und Umfeldentwicklungen in die Betrachtung einbezogen werden

… wenn Schwächen und Risiken für die zukünftige Ausrichtung und Schwerpunktsetzung beleuchtet werden

Die SWOT-Analyse ist ein Instrument, mit dem die Stärken (Strengths), Schwächen (Weaknesses), Möglichkeiten (Opportunities) und Risiken (Threats) eines Vorhabens identifiziert werden. Sie wurde in den 1960er-Jahren an der Harvard Business School entwickelt und wird bei der strategischen Planung und Schwerpunktsetzung von Unternehmen herangezogen. Sie ist allerdings vielseitig einsetzbar: Für Business-Entscheidungen ebenso wie für persönliche Entscheidungen und Positionierungen, wenn etwa die Frage geklärt werden soll: Wohin möchte ich mich entwickeln? Welches sind meine persönlichen Stärken und Schwerpunkte? Wie organisiere ich mich zukünftig besser, wenn ich meine Stärken berücksichtige?

ENTSCHEIDUNGSTYP:
Ja/Nein, Entweder/Oder, mehrere Optionen, Priorisierung

WER ENTSCHEIDET?
Einer, Team, Viele

BRAUCHT:
SWOT kann vollständig bearbeitet werden oder bei großen Gruppen bearbeiten Teilgruppen die einzelnen Quadranten

DAUER:
1 bis mehrere Stunden, je nach Detaillierungsgrad

ANWENDUNG

Anwendung

Die SWOT-Analyse kombiniert externe Faktoren und Entwicklungen mit internen Analysen.

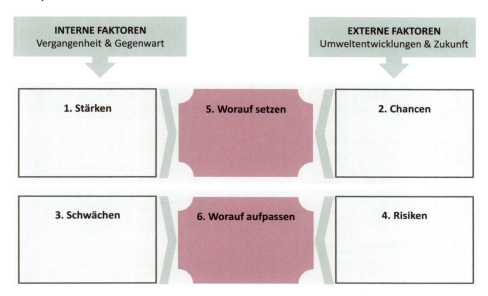

Diese Grafik gibt es als Arbeitsblatt zum Ausfüllen unter www.wenigerschlecht-entscheiden.com

Schritt 1: Machen Sie sich zu den **vier Quadranten** Gedanken.
Reflektieren Sie anhand folgender Fragestellungen:
1. **Welches sind unsere Hauptstärken**? Beispiele: wofür uns Kunden loben, was Mitarbeitende als Erstes nennen, wenn sie etwas Positives über das Unternehmen sagen, wofür wir schon mal ausgezeichnet worden sind, wo wir Branchenstandards setzen, was sich gut verkauft etc.
2. **Welche Chancen bietet der Markt bzw. das Umfeld**? Beispiele: Von welchen neuen Technologien könnten wir profitieren? Welche Zielgruppen entwickeln sich neu oder um? Welche Kompetenzen – die wir als Stärken eventuell bereits besitzen – verlangt der Markt? Welche Trends (Digitalisierung, Individualisierung, Überalterung etc.) können wir leicht beantworten? Was machen Branchenführer, Neu-Einsteiger, Quer-Einsteiger?
3. **Welche Schwächen haben wir**? Beispiele: Welche Spannungsfelder müssen wir immer wieder klären (Robustheit vs. Flexibilität etc.)? Welche Beschwerden hören wir oft von Kunden (Kompliziertheit, schlechte Erreichbarkeit, etc.)? Was nennen Mitarbeitende, wenn sie nach etwas Negativem zu unserer Organisation gefragt werden? Welche strukturellen Schwächen machen uns zu schaffen (veraltetes IT-System etc.)?
4. **Welche Risiken bestehen am Markt/im Umfeld**? Beispiele: Sprunghafte Innovationen, die wir evtl. nicht mitgehen können? Herausfordernde Trends, für die wir nicht aufgestellt sind (Agilität, Nachhaltigkeit)? Wegbrechen von Zielgruppen?

ANWENDUNG

Hohe Abhängigkeit oder schwierige Verfügbarkeit von Materialien und anderen Ressourcen (Silizium, Wasser, Öl, Fachexperten etc.)? Produktionsstandorte in Gebieten mit gehäuften Naturkatastrophen? Robustheit von Zulieferern?

Schritt 2: Ziehen Sie erste Schlüsse: An welchen **Stellhebeln** sollen wir drehen?
5. **Worauf wollen wir setzen?** Entscheiden Sie, welche Stärken Sie unbedingt erhalten oder ausbauen wollen, um Chancen zu nutzen.
6. **Worauf werden wir aufpassen?** Erstellen Sie für die Risiken eine „Vulnerabilitätslandkarte", die Verletzlichkeiten aufzeigt; markieren Sie die *wahrscheinlichsten* und die *schwerwiegendsten* Risiken darauf. Analysieren Sie, welche Schwächen in Verbindung mit externen Risiken eine besonders große Tragweite hätten.

Schritt 3: Die **nächsten Schritte** setzen, **Entscheidungen** treffen
Dabei hilft Ihnen das Modell SCAMPER:

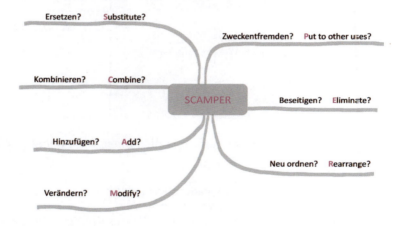

Beispiele:
- Entscheiden Sie über den Umgang mit **Stärken**:
  – **Ausbauen**: in mehr desselben investieren
  – **Hinzufügen**: Welche angrenzenden Stärken könnten sinnvollerweise noch aufgebaut werden?
- Entscheiden Sie über den Umgang mit **Schwächen**:
  – **Verändern/ersetzen**: Wo gibt es Trainings, Prozessanpassungen, Investitionen?
  – **Aushalten**: Wo gibt es derzeit leider keine Möglichkeit der Verbesserung, aber eine sensibilisierte Wahrnehmung für das Thema?
- Welche **Chancen** wollen Sie nutzen?
  – **Kombinieren** vorhandener Stärken, von Produkten und Dienstleistungen etc.
  – **Verändern** des Geschäftsmodells, der Vertriebs-/Marketingstrategie etc.
  – **Neu ordnen** der Bereiche und ihrer Zusammenarbeit für Synergieeffekte etc.
- Wie gehen Sie mit **Risiken** um?
  – Setzen Sie die markierten Risiken auf eine „**Watchlist**" und entscheiden Sie, wer die Wächter darüber sind und wer bei Eintreffen welcher Risiken zuständig ist.
  – **Beseitigen** von Risiken bspw. durch Investitionen, strategische Partnerschaften, Merger/Akquisitionen etc.

Varianten

Scamper kann auch virtuell durchgeführt werden, zum Beispiel auf www.miro.com. Eine SWOT kann mit www.klaxoon.com erstellt werden.

Eine Person denkt über sich selbst nach

Für Einzelpersonen eignet sich die SWOT-Analyse, um sich auf die eigenen Stärken zu besinnen und zu reflektieren, was man wirklich gut kann und worauf man auch Lust hat, in Verbindung damit, was das Umfeld an Möglichkeiten und Risiken bietet. Das Bild wird realistisch und abgerundet durch die Fragen: „Wo sollte ich mich verbessern? In welchen Bereichen kann ich mich weiterentwickeln?"

Die SWOT-Analyse kann auch herangezogen werden, das eigene Selbstmanagement zu reflektieren: „Wie organisiere ich mich besser, welche Themen könnte ich eigentlich an andere delegieren (weil ich sie nicht gut kann, weil sie mir keinen Spaß machen …)?"

Ein Unternehmen will sich neu ausrichten

Im Rahmen einer Großgruppenveranstaltung mit 150 Mitarbeitenden arbeiten wir mit der SWOT-Analyse. Es geht um die zukünftige Neuausrichtung und um strategische Weichenstellungen. Die Geschäftsführung möchte das Wissen und die Erfahrung aller Mitarbeiter nutzen. In einem großen Raum hängen an vier Wänden die vier Quadranten. Die Mitarbeiter wandern in kleinen Gruppen von Wand zu Wand. Die Beiträge zu den Strengths, Weaknesses, Opportunities und Threats werden jeweils von einer Person moderiert. 20 Minuten haben die Gruppen Zeit, um die Themen zu bearbeiten und zu diskutieren, dann geht's zur nächsten Station. Nach einer Stunde werden die Ergebnisse vom jeweiligen Moderator im Plenum präsentiert. Die Geschäftsführung gibt ein kurzes Feedback und sagt, wie weitergearbeitet wird bzw. wann und wie Entscheidungen über das weitere Vorgehen getroffen werden. Das Ergebnis: energetisierende Zusammenarbeit für alle Beteiligten, vielfältiger und relevanter Output in kurzer Zeit, Beteiligung aller Mitarbeitenden. Kritische Themen wurden angesprochen und es ist klar, was als Nächstes passiert.

ACHTUNG

Achtung! Was man sich einhandeln könnte:

Das Modell scheint einerseits etwas beliebig und zu weit weg von konkreten Entscheidungen – weil die Überschriften recht generisch sind. Andererseits kann man sich in der Anwendung auch zu schnell auf der Detailebene festhaken. Die obigen Fragen helfen bei der Wahl der passenden Flughöhe.

In größeren Gruppen können gruppendynamische Phänomene die inhaltliche Auseinandersetzung stören.

Es ist durchaus frustrierend, zu erkennen, dass nicht alle Chancen genutzt und nicht alle Risiken eliminiert werden können. Damit muss man leben (lernen).

Quellen und Weiterlesen

- Nagel, Reinhart/ Wimmer, Rudolf: Systemische Strategieentwicklung: Modelle und Instrumente für Berater und Entscheider. 5. Auflage, Schäffer Poeschel, Stuttgart, 2008.
- Dietl, Walter: Strategieentwicklung für Unternehmensfunktionen: Operative Bereiche und Funktionen strategisch ausrichten. Schäffer Poeschel, Stuttgart, 2018.

5. BUSINESS VALUE POKER

Der Wertbeitrag von Optionen als Entscheidungsgrundlage
Doris Schäfer und Annika Serfass

„Besser eine Entscheidung aus dem hohlen Bauch
als von einem hohlen Kopf."
Fritz-J. Schaarschuh

Weniger schlecht entscheiden

… weil eine klare Entscheidungsgrundlage gewählt wird: der Nutzen
… weil das Wissen relevanter Personen einbezogen wird
… weil Prioritäten ganz schnell klar werden
… weil Diskussionsrunden auf Augenhöhe funktionieren
… weil langes Nachdenken, Reflektieren und Überlegen bewusst zeitlich begrenzt wird
… weil es in kurzer Zeit eine klare Entscheidung gibt

Der Begriff Business Value Game wurde 2007 von Andrea Tomasini geschaffen und basiert auf der Idee des Planning Poker aus der agilen Softwareentwicklung, bei dem es um Schätzen und Planen von Aufgaben geht. Es geht darum, herauszufinden, welchen Geschäftswert („Business Value") ein Produkt, ein Projekt, eine Funktion oder eine Aufgabe hat im relativen Vergleich mit anderen Optionen.
Das Ergebnis der Methode ist eine Prioritätenliste für das Unternehmen, für Abteilungen oder für Projekte.
Bestenfalls werden Vertreter der Betroffenen zur Teilnahme eingeladen: Ihre Perspektive wird gehört und sie übernehmen damit auch Mit-Verantwortung für wesentliche Weichenstellungen. Die Letztentscheidung liegt bei der Leitung.

ENTSCHEIDUNGSTYP:
Mehrere Optionen, Priorisierung

WER ENTSCHEIDET?
Team

BRAUCHT:
Business Value Poker-Karten, Moderator, Uhr für Time-Boxing

DAUER:
30 Minuten bis 2 Stunden

ANWENDUNG

Anwendung

Schritt 1: Alle **Betroffenen werden zu einem Treffen eingeladen**, das zeitlich strikt begrenzt ist (2–4 Stunden). Bei diesem Treffen wird um den Geschäftswert einzelner Produkte, Projekte, Aufgaben … gepokert.

Schritt 2: Zu Beginn der Runde stellt die Führungskraft die zu diskutierenden bzw. zu entscheidenden Themen kurz vor und beantwortet Fragen.

Schritt 3: Ein allen bekanntes Produkt, eine Anforderung, … wird als Referenzwert herangezogen und bekommt einen mittleren Geschäftswert zugeordnet: 500 oder 800.

Schritt 4: Jeder Akteur erhält ein Business Value Poker-Kartenset mit 8 Karten. Die Karten zeigen die Werte 100 – 200 – 300 – 500 – 800 – 1200 – 2000 – 3000. Sie sind an eine Fibonacci-Folge angelehnt (in der immer die vorherigen beiden Werte addiert den nächsten Wert ergeben), aber leicht angepasst, um „krumme" Zahlen zu vermeiden, die man sich schlechter vorstellen kann. Die Idee ist, dass bei niedrigeren Werten kleinere Abstände nötig sind als bei großen, um sie gut zu schätzen. Fibonacci-Folgen spielen bei allerlei Planungsprozessen im Scrum eine wichtige Rolle.

Schritt 5: Nun wird um das erste Produkt, Projekt … gepokert. Die Grundsatzfrage lautet: *„Wie hoch ist der Geschäftswert in Relation zum Referenzwert?"*

Jeder Akteur schätzt den Wert des Produktes, des Projektes, der Anforderung anhand der folgenden Kriterien:

(N) New Business: bringt neue Kunden, eröffnet einen neuen Markt oder eine neue Einnahmequelle.
(U) Up-Selling: bringt mehr Geld von bestehenden Kunden.
(R) Retainment: Nicht-Implementieren wird Ertrag von bestehenden Kunden kosten.
(O) Operative Effizienz: Spart operative Kosten.

Die Teilnehmenden wählen jeder für sich die Karte aus, von der sie glauben, dass sie den Geschäftswert im Vergleich zum Referenzprojekt am besten widerspiegelt. Wenn sie bspw. das Projekt für weniger als halb so ertragreich halten wie das Referenzprojekt mit dem Wert „500", so wählen sie eine 200. Halten sie das Projekt für mindestens drei Mal so wertvoll, wählen sie die 2000 usw.

Schritt 6: Alle legen ihre **gewählte Karte verdeckt** vor sich hin. Sobald alle Karten auf dem Tisch/Boden liegen, werden sie gleichzeitig umgedreht.

Schritt 7: Die Teilnehmenden, die den höchsten und den niedrigsten Wert schätzen, erläutern kurz ihre Einschätzung in Bezug auf die vier genannten Kategorien (NURO).

Schritt 8: Eventuell gibt es nun **Klärungsbedarf**: Ist dies der Fall, werden nun noch Fragen geklärt und Perspektiven erläutert. Dafür wird Time-Boxing angewandt: Vorab wird vereinbart, wie viel Zeit sich die Teilnehmenden für die Diskussion eines Themas nehmen möchten.

Schritt 9: Nun folgt eine **zweite Pokerrunde** – wie in Schritt 5–6: Haben sich die Werte verändert bzw. aufeinander zubewegt? Die Moderatorin notiert entweder alle Einzelwerte oder die Gesamtsumme aller Teilnehmenden zum Projekt.

Schritt 10: Das gleiche Verfahren wird **für alle zur Entscheidung stehenden Themen** angewandt. Das Ergebnis ist eine Bewertung bzw. Priorisierung aller Themen in puncto Geschäftswert.

Die Person, die die Entscheidung letztendlich vertreten muss (im Scrum der Product Owner), trifft die Letztentscheidung, welche Themen umgesetzt werden.

Varianten

Das Spiel wird fortgesetzt, bis die Beteiligten eine Einigung über den Wert erzielt haben oder die Führungskraft bzw. der Product Owner beschließt, die Anforderung in kleinere Komponenten aufzuteilen, um den Wert besser zu klären.

Einen Satz Business Value Poker-Karten erhalten Sie zum Ausdrucken als Download unter www.wenigerschlechtentscheiden.com

> **Ein Querulant bringt Einsichten**
> Ein Kollege und ich arbeiteten mit einem Team aus drei Geschäftsführern und ihren sechs Bereichsleitern an einer neuen Art der Projektbearbeitung. Sie wollten neue Entscheidungsfindungswege kennenlernen, da es „irgendwie nicht flutscht". Der Hauptgeschäftsführer hatte das Gefühl, ein Engpass für Entscheidungen zu sein, weil zu viele Entscheidungen an ihn delegiert wurden. Er fühlte sich als „Schlichter" bzw. „Schiedsrichter". Einer der Bereichsleiter wurde außerdem in den Eingangsinterviews als „bockig" und „aus Prinzip immer dagegen" beschrieben. Neben einigen strukturellen und prozessualen Änderungen probierten wir mit dem Team vier neue Entscheidungsmethoden aus. Erst beim Business Value Poker platzte der Knoten: Wir verglichen vier anstehende Projekte, die nach Wertbeitrag priorisiert und dann umgesetzt werden sollten. Die Bewertung in Relation zu einem kürzlich abgeschlossenen Projekt verursachte Verwunderung, dann aber Erkenntnisse: Ein IT-Upgrade-Projekt schied die Geister. Zunächst hatte es Bewertungen zwischen 200 und 3000 gegeben. Das erzeugte Klärungsbedarf. Die Verfechter der hohen Werte zeichneten ein Horrorszenario, dass Kunden reihenweise abwandern würden, wenn nicht bald die Funktionen x und y zur Verfügung stünden (Retainment). Der „ewige Blockierer" entpuppte sich mit seiner niedrigen Bewertung als kühler Kalkulierer, der den Finger auf die Schwachstelle legte: Das Projekt würde NICHTS zu New Business, Up-Selling oder Operative Excellence beitragen, und widersprach dazu noch der strategischen Ausrichtung des Unternehmens, das sich eigentlich in naher Zukunft von diesem Produkt verabschieden wollte. Er hatte als Einziger die vier Kriterien in Verbindung mit dem tatsächlichen Business Value und der strategischen Ausrichtung gesehen und die Angst überwunden, einige große Kunden eventuell zu verlieren. Die Geschäftsführer entschieden (auch im Vergleich zu den anderen 3 Projekten), das Upgrade-Projekt erst im dritten Quartal umzusetzen und Möglichkeiten zu prüfen, es nur in einer „Lightweight"-Variante umzusetzen, die deutlich weniger Zeit und Geld kosten würde. Das Team war zufrieden mit dem Ergebnis und der als Querulant gehandelte Bereichsleiter war erleichtert und fühlte sich zum ersten Mal wirklich gehört.

ACHTUNG

Achtung! Was man sich einhandeln könnte:

Es gibt hier nur genau eine Entscheidungsgrundlage: den Business Value. Es wird nichts Weiteres berücksichtigt wie Machbarkeit, Nachhaltigkeit, strategische Passung, Akzeptanz bei den Mitarbeitenden etc. Wir empfehlen daher die Anwendung eher zur Priorisierung von bereits (anders) entschiedenen Vorhaben.

Quellen und Weiterlesen

- In dieser Variante kennengelernt in der Arbeit mit Stephan Kasperczyk
- Weiterführende Informationen und Pokerkarten zum Kaufen: https://www.agile42.com/en/business-value-game/
  Lizenz: Business Value Game by agile42: under a Creative Commons Attribution-Share Alike 3.0 Germany License
- Cohn, Mike: Agile Estimating and Planning. Robert C. Martin Series. Prentice Hall, 2005.

6. STORY POINTS

Agile Schätzmethode zur Priorisierung von Aufgaben
Benjamin Igna

„As an author of the Agile Manifesto I want that stupid story format to go away so that people can get to the essence of user stories."
@RonJeffries (Twitter)

Weniger schlecht entscheiden

… denn vergleichende/abstrakte Schätzungen sind **schneller durchführbar** als das Schätzen absoluter Größen: Menschen können schlecht absolute Dinge schätzen. Sie können aber gut Dinge zueinander in Relation setzen und erkennen, was größer oder kleiner ist.

… weil **Komplexitätsschätzungen nicht altern**: Werden konkrete Zeitmaße verwendet, müssen diese Schätzungen im Laufe eines Projektes häufig durch Neuschätzung korrigiert werden. Beispielsweise dauert das Erstellen einer Formular-Eingabe zu Beginn eines Projektes durch fehlende Erfahrung vielleicht deutlich länger als im späteren Projektverlauf. Die Komplexität hingegen bleibt die gleiche und muss deshalb im Projektverlauf nicht angepasst werden.

… aufgrund **erhöhter Objektivität**: Durch die Trennung von Komplexität und Aufwand können Komplexitätsschätzungen abgegeben werden, ohne die umsetzenden Individuen zu kennen. Bei der Schätzung der Komplexität muss nicht bereits die Geschwindigkeit unterschiedlicher Umsetzer einkalkuliert werden, was die Schätzung aufwendig und personenbezogen machen würde.

… dank **Einbindung des Teams**: Durch die Diskussion mit und in dem Team über die anstehenden Aufgaben bekommt das Team ein gemeinsames Verständnis für diese. Unklarheiten werden früh erkannt und offene Fragen können schon vor der Umsetzung geklärt werden.

ENTSCHEIDUNGSTYP:
Priorisierung

WER ENTSCHEIDET?
Team

BRAUCHT:
Ein Kartenset oder Klebezettel und Stifte

DAUER:
Ca. 10–15 Minuten pro Story

ANWENDUNG

Eine Aufwandsschätzung ist wichtiger Bestandteil der Planung eines Softwareprojektes. Klassisch wird dabei das Lastenheft analysiert und den Anforderungen eine Anzahl konkreter Personentage zugeordnet. Die Erfahrung (nicht nur der agilen Projektwelt) hat aber gezeigt, dass das **vergleichende Schätzen in abstrakten Schätzmaßen** zu deutlich **schnelleren und besseren Ergebnissen** führt. Ein wichtiger Unterschied zu klassischen Schätzverfahren liegt zunächst in der Unterscheidung zwischen Komplexität und Aufwand. Geschätzt wird nicht mehr der Aufwand, sondern nur die Komplexität einer umzusetzenden Aufgabe.

Die Story Points wurden entwickelt, um eine Brücke zwischen Business und (Software-) Entwicklung zu schließen. Die Entwicklungsaufgaben wurden als **User Stories** formuliert – also als kurze Geschichte dessen, was diese Aufgabe dem Kunden bzw. Nutzer letztendlich bringt. Story Points sind eine theoretische Maßeinheit, die jeder Story eine Anzahl Punkte zuweist – je mehr Punkte, desto komplexer die Umsetzung der Story.

Der Wegbereiter dieser Methodik war Barry W. Boehm, der mit der Function-Point-Analyse den Fokus von der Umsetzungsdauer weg und hin zur Komplexität einer Funktion verschoben hat.

In agilen Projekten wird großer **Wert auf das Commitment und die Selbststeuerung eines Teams** gelegt. Deshalb ist es beim Schätzen besonders wichtig, dass das gesamte Team einbezogen wird und die Schätzwerte stützt. Eine im agilen Umfeld weitverbreitete Technik ist das Ermitteln der Story-Point-Werte über Schätz-Poker.

Anwendung

Schritt 1: Stories schreiben

Im Kontext agiler Projekte hat sich das Schätzen in abstrakten Schätzmaßen durchgesetzt. Hier wird nicht ein großes Lastenheft „am Stück" vor Projektstart geschätzt. Stattdessen werden die Anforderungen in „Stories" zerlegt. Jede Story beschreibt eine einzelne Anforderung, die für den Kunden einen Mehrwert darstellt, und zwar als eine „Geschichte" aus der Perspektive des zukünftigen Nutzers. Die Stories sind so zu formulieren, dass sie innerhalb eines Sprints (= Arbeitszyklus von etwa 2 Wochen) abgearbeitet werden können.

Der Vorteil dieser Zerlegung besteht darin, dass sich Stories dieser Größe in ihrer Komplexität schnell schätzen lassen. Als Einheit werden Story Points verwendet, die durch das Vergleichen verschiedener Stories vergeben werden (Analogieverfahren).

Schritt 2: Individuelle Schätzung

Bei der individuellen Schätzung wird ein Kartenset benötigt, das die Story Points repräsentiert. Dafür bekommt jedes Teammitglied einen Stapel mit 9 Spielkarten mit den Nummern entsprechend der Fibonacci-Folge (0, 1, 2, 3, 5, 8, 13, 20, 50). Diese Folge wurde gewählt, um sich Detaildiskussionen bei Stories, die inhaltlich zu umfangreich sind, zu ersparen. So wird man bei den nächsten wichtigen Stories sofort eine kleinere Granularität bekommen. Pro Story legt jedes Teammitglied verdeckt (und damit von anderen unbeeinflusst) eine Karte mit dem geschätzten Komplexitätswert auf den Tisch. Dann werden alle Karten gleichzeitig aufgedeckt.

Schritt 3: Abgleich im Team
Gibt es nach dem Aufdecken der Karten große Abweichungen in der Einschätzung, wird im Team über diese unterschiedlichen Bewertungen diskutiert. Nach ein bis zwei weiteren Schätzrunden sollten die Werte dann konvergieren.
Auf diese Weise gelangt das Team schnell zu einem tieferen Verständnis der umzusetzenden Stories und zu guten Schätzwerten.

Schritt 4: Priorisierung anhand der Schätzwerte
Nachdem die Komplexität abgeschätzt wurde, muss diese in Relation zum Geschäftswert gesetzt werden. So kann der Product Owner (bzw. derjenige, der für die letztendliche Priorisierung verantwortlich ist) den maximalen Geschäftswert für die geringste Komplexität aus seinem Projekt herausholen. Er wird dann die Stories in eine Reihenfolge bringen, die im sogenannten Backlog festgehalten wird. Dank der Story Points und (bei eingespielten Teams) der Kenntnis, wie viele Story Points das Team innerhalb der nächsten 2 Wochen abarbeiten kann (= die „Velocity"), werden Aufgaben verlässlicher umgesetzt als in klassischen Schätzmethoden.

Wie wird aus der abstrakten Schätzung eine Aufwandsabschätzung?
Zur Aufwandsschätzung gelangt man durch die Velocity. Diese gibt an, wie viele Story Points in einem definierten Zeitbereich umgesetzt werden können.
Im Wesentlichen gibt es drei Möglichkeiten zur Ermittlung der Velocity:
1. *Historische Daten*: Aus der Vergangenheit ist bekannt, wie viele Story Points das Team pro Zeiteinheit schafft. Dabei ist es wichtig, dass die Teamzusammensetzung vergleichbar ist.
2. *Vorprojekt:* Ein kleiner Ausschnitt des Gesamtprojektes wird in einem kurzen Vorprojekt umgesetzt und daraus die Velocity-Kennziffer ermittelt.
3. *Schätzen:* Liegen keine historischen Daten vor und kann kein Vorprojekt durchgeführt werden, dann wird ein grober Velocity-Wert aus der Erfahrung des Teams geschätzt. Natürlich können dann alle abgeleiteten Aufwandsschätzungen nur sehr grobe Näherungen darstellen.

Der Kunde bestimmt

Das einfachste Beispiel ist wohl die Bezahlstrecke in einem Online-Shop. Jeder kennt die Story, wie man sich durch den Warenkorb, den Versand und schließlich zur Zahlung durch das System durcharbeitet. Nun stehen wir an folgendem Punkt: Als Kunde möchte ich mit meinem präferierten Zahlungsmittel bezahlen (Paypal, Rechnung, Kreditkarte, Lastschrift, Bitcoin), damit ich bequem und sicher einen Kaufvertrag abschließen kann.

Doch so einfach ist das in der Entwicklung nicht umzusetzen, da diese Story ein hohes Maß an Komplexität beinhaltet. Nachdem wir dies mit Story Points herausgefunden haben, können wir nun die Story kleinteiliger schneiden, um sie so bearbeiten und priorisieren zu können:

1. Als Kunde möchte ich mit *Paypal* bezahlen, damit ich bequem und sicher einen Kaufvertrag abschließen kann.
2. Als Kunde möchte ich mit *Rechnung* bezahlen …
3. Als Kunde möchte ich mit *Kreditkarte* bezahlen …
4. Als Kunde möchte ich mit *Lastschrift* bezahlen …
5. Als Kunde möchte ich mit *Bitcoin* bezahlen …

Nun wird der Product Owner, entsprechend den Daten aus dem Shop, auswählen, welche Bezahlmöglichkeit am besten zu seinen Kunden passt und diese Story entsprechend hoch priorisieren.

Varianten

Eine Variante der Abschätzung ist das Vorhersagen über historische Daten, das gerade in der Kanban-Welt großen Zulauf genießt. Dabei werden sogenannte Durchlaufzeiten für bestimmte Arbeitstypen ermittelt.

Einen Satz Story Point-Karten zum Ausdrucken erhalten Sie als Download unter www.wenigerschlechtentscheiden.com

> **Achtung! Was man sich einhandeln könnte:**
>
> Bei relativen Schätzmaßen wie Story Points werden zwingend Referenzen gebraucht. Gerade bei neuen Teams oder Organisationseinheiten sind deshalb die ersten Schätzungen oft daneben. Auch ergeben sich erst durch das Schätzen selbst neue Referenzen.
> Und: man kann zum Schätzen eines ganzen Programms nicht eine einzelne kleine Story nehmen.
> Teilweise kommt es vor, dass Teams inflationär mit den Punkten umgehen. Das führt dazu, dass die Velocity entsprechend steigt, ohne dass das Team etwas verändert hat bzw. seine Leistungsfähigkeit stieg.

Quellen und Weiterlesen

- Cohn, Mike: Agile Estimating and Planning. Robert C. Martin Series, Prentice Hall, 2005.
- Boehm, Barry W.: Software Engineering Economics, Prentice Hall Advances in Computing Science & Technology Series, 1981.

7. VESTERS PAPIERCOMPUTER

Abhängigkeiten erkennen und Prioritäten setzen
Stephan Kasperczyk

„Weisheit ist nicht so sehr das Wissen darum,
was schließlich zu tun ist, sondern darum,
was zunächst getan werden soll."
Herbert Hoover

Weniger schlecht entscheiden

- ... bei der Frage: Was tun wir zuerst? Und was dann? Was später? Und was vielleicht gar nicht?
- ... durch Festlegung von Prioritäten, Reihenfolgen, nächsten Schritten
- ... weil die gegenseitige Beeinflussung der Aktivitäten das Entscheidungskriterium bildet – und nicht persönliche Vorlieben
- ... denn es wird auf jene Schritte fokussiert, die tatsächlich die stärksten Hebel für Veränderung und Entwicklung haben
- ... weil eine gemeinsame Sicht auf die Vernetzung entsteht

Ab Ende der Sechzigerjahre reifte die Erkenntnis, dass in einer zunehmend komplexen und vernetzten Welt die bisherige Entscheidungslogik immer häufiger versagt. Der Biokybernetiker Frederic Vester entwickelte ein robustes, praktisches Verfahren, um Vernetzungen und Abhängigkeiten diverser Einflussgrößen zu erkennen und die richtigen Schwerpunkte bei Entscheidungen zu setzen: Welches sind die Hebel, die eine Umsetzung beschleunigen? Was muss als Erstes getan werden und was danach? Er selbst nannte dieses Verfahren „Vernetzungsbetrachtung" oder „Papiercomputer". Einflussmatrix ist ebenfalls ein häufig verwendeter Begriff dafür. Es wird untersucht, wie sich Tatbestände oder geplante Aktivitäten gegenseitig beeinflussen. Verknüpfungen und Abhängigkeiten werden aufgedeckt und dadurch können informierte, fokussierte Entscheidungen getroffen werden.

ENTSCHEIDUNGSTYP:
Priorisierung

WER ENTSCHEIDET?
Einer, Team

BRAUCHT:
Flipchart oder Rechner mit Projektor und Excel; bei Teams eine Moderatorin

DAUER:
Abhängig von der Zahl der zu betrachtenden Entscheidungsmöglichkeiten: 1–4 Stunden

ANWENDUNG

Anwendung

Schritt 1: Definieren Sie zunächst **Themen**, Aktionen, (Teil-)Projekte, Maßnahmen, etc., die im Hinblick auf eine Frage als Entscheidungsoptionen aufwarten.
Eine solche Frage kann etwa lauten: „Was können wir tun, damit wir unsere Projekte effizienter managen?"

Schritt 2: Die identifizierten **Themen** tragen Sie untereinander in der ersten Spalte der **Wirkungsmatrix ein**. Tragen Sie die Themen auch in die Felder der ersten Zeile ein und behalten Sie unbedingt die Reihenfolge bei.

Wirkungsmatrix

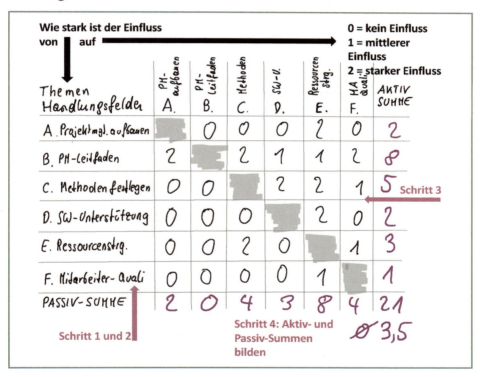

Schritt 3: Im nächsten Schritt **tragen Sie ein, wie stark die Themen und Aktionen zusammenhängen und sich gegenseitig beeinflussen**. Dazu verwenden wir den paarweisen Vergleich. Stellen Sie die Frage: „Wie stark ist der Einfluss von … auf …?" und bewerten Sie die Einflussstärke mittels einer dreistufigen Skala: 0 = kein Einfluss; 1 = mittlerer Einfluss; oder 2 = starker Einfluss.
Gehen Sie so jedes Feld in jeder Zeile durch, stellen Sie die Frage nach der Beeinflussung und tragen Sie die Einschätzung ein. Stellen Sie die Frage immer aus der Perspektive des Themas in der Zeile, die Sie gerade abfragen. Im Beispiel wäre dies:
1. Wie stark ist der Einfluss des aufzubauenden Projektmanagements auf den PM-Leitfaden?
2. …

49

ANWENDUNG

Schritt 4: Gesamtbeeinflussung der Themen oder Aktionen: Berechnen Sie die Summen unter jeder Spalte und am Ende jeder Zeile. Nun wissen Sie:
1. dank der *Aktivsummen* am Ende der Zeile: Je höher die Summe, desto stärker beeinflusst das Thema die anderen Themen.
2. dank der *Passivsummen* unter den Spalten: Je höher die Summe, desto stärker der Einfluss anderer Themen auf dieses Thema

Schritt 5: Im letzten Arbeitsschritt können Sie das Ergebnis grafisch verorten:
1. **Die Quadranten der Grafik entstehen**: Bestimmen Sie die durchschnittliche Beeinflussung (= Mittelwert aller Aktiv- oder Passivsummen) – im Beispiel eine „3,5". Zeichnen Sie zwei Linien, ausgehend vom errechneten Mittelwert.
2. **Übertragen Sie die Themen** oder Aktivitäten aus der Wirkungsmatrix in das Diagramm. Positionieren Sie die Themen anhand ihrer jeweiligen Aktiv- und Passivsumme.

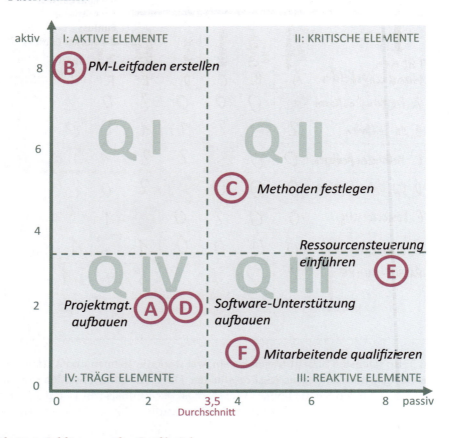

Schritt 6: Schlüsse aus der Grafik ziehen:
Q I – Aktive Elemente: Diese Themen haben die größte Hebelwirkung, weil sie andere stark beeinflussen, selbst aber nur in geringem Umfang beeinflusst werden. Geben Sie diesen Themen oder Aktionen Priorität in der Umsetzung, um den größten Effekt zu erzielen.

Q II – Kritische Elemente: Diese beeinflussen zwar stark, werden selbst aber ebenfalls stark beeinflusst. Auch diese Themen können Sie prioritär umsetzen. Allerdings sind Aufmerksamkeit und Fingerspitzengefühl gefragt: Diese Themen haben den Nachteil, dass sie Kettenreaktionen auslösen können. Wirkung und Reaktion sind daher eng zu überwachen.

Q III – Reaktive Elemente: Sie haben selbst wenig Einfluss, werden aber von anderen Elementen stark beeinflusst. Sie eignen sich zur nachrangingen Umsetzung, sind aber gut geeignet als Indikatoren zur Beurteilung der Entwicklung der Gesamtsituation.

Q IV – Träge Größen haben weder Einfluss auf andere Elemente noch werden sie selbst beeinflusst. Da sie wenig zur Dynamik beitragen, können sie bei der Priorisierungsentscheidung weitestgehend vernachlässigt werden. Sie haben den Vorteil, dass sie unabhängig – sprich: jederzeit – angepackt werden können.

Schritt 7: Treffen Sie Ihre Priorisierungsentscheidung unter Berücksichtigung des Werkzeuges, aber treffen Sie sie selbst. Überlassen Sie die Entscheidung nicht dem Tool. Und vor allem: Begreifen Sie Ihre Entscheidung als eine Hypothese und beobachten Sie, was im Rahmen der Umsetzung geschieht.

Mit Vernetzung Schwerpunkte setzen:
Eine Sparkasse optimiert ihr Projektmanagement

Eine mittelgroße Sparkasse im ländlichen Raum bemerkte erhebliche Probleme bei der Realisierung ihrer Projekte, vor allem bezüglich Kosteneinhaltung und Termintreue. Um die Situation zu verbessern, sollte eine umfassende Qualifizierungskampagne für Projektmitarbeiterinnen durchgeführt werden: mehrstufige Seminare, Zertifizierungen, Ausbildungen etc. Als Berater schien uns das nach einigen Diskussionen mit den Auftraggebern zu kurz gegriffen. Im Rahmen eines Workshops identifizierten wir mit den Beteiligten die aktuellen Defizite im Projektmanagement. Es wurde sehr deutlich, dass Qualifizierung allein die Probleme nicht lösen würde. Eine Liste wichtiger Maßnahmen wurde erarbeitet und deren gegenseitige Beeinflussung mit dem Papiercomputer untersucht. Aus der Vernetzungs- oder Wirkungsmatrix ergab sich obiges Bild.

Es war allen Beteiligten klar, dass zunächst eine grundsätzliche Einigung über das Vorgehen bei Projekten (PM-Leitfaden) erzielt werden musste. Danach sollte ein einheitliches Methodenkonzept erarbeitet und ein Verfahren zur Ressourcensteuerung entwickelt werden. Daran schloss sich dann die Qualifizierungskampagne an. Auf eine umfassende EDV-Unterstützung wurde verzichtet, wie auch auf die Einführung einer Multiprojektsteuerung.

ACHTUNG

Varianten

Wer es gerne komplizierter mag, kann auch negative Werte in die Betrachtung einführen (positiv = fördernd, negativ = hemmend). Für ganz fortgeschrittene Anwenderinnen bietet sich die Möglichkeit, die Einflüsse und ihre Wirkungen z. B. mit Aufwand oder Zeit zu bewerten. So lassen sich sogar komplexe Simulationsmodelle entwickeln. Geeignete Unterstützung dazu bietet die Software iModeler (siehe Digitale Tools, S. 260).

Ein Arbeitsblatt zum Download erhalten Sie unter www.wenigerschlechtentscheiden.com

> **Achtung! Was man sich einhandeln könnte:**
>
> Das Verfahren kann sehr gut in Workshops angewendet werden, allerdings sollten es dann nicht mehr als sieben Faktoren sein, deren Abhängigkeit betrachtet wird. Sonst gestaltet sich der Verlauf sehr ermüdend und langatmig – dann ist mit Frustration zu rechnen.
>
> Jede Teilnehmerin hat ihre Vorstellungen und Erwartungen, häufig nicht bewusst. Das Verfahren fokussiert auf einen anderen Blickwinkel und führt so regelmäßig zu unerwarteten Ergebnissen. Diese sind nicht immer „lieb Kind" von Beteiligten und Beeinflussenden. Es sollte auch klar sein: Die Bewertung der Abhängigkeiten ist nicht die einzige Realität, sondern nur das Bild, das die Teilnehmerinnen haben.

Quellen und Weiterlesen

- Nagel, Kurt: 200 Strategien: Prinzipien und Systeme für den persönlichen und unternehmerischen Erfolg. Moderne Industrie, 6. Auflage, Landsberg/Lech, 1995.
- Vester, Frederic: Ausfahrt Zukunft: Strategien für den Verkehr von Morgen – eine System-Untersuchung. Wilhelm Heyne Verlag, 2. Auflage, München, 1990.
- Vesters Papiercomputer lässt sich auch mittels einer Software anwenden. Auf der Seite von Consideo finden Sie zusätzliche Informationen: https://www.consideo.de/imodeler.html

8. DEN ZUFALL ENTSCHEIDEN LASSEN

Effizient und einfach entscheiden durch Würfeln
Annika Serfass

„Herr Janosch, schwere Entscheidungen, wie trifft man die?"
„Man schreibt die Alternativen tabellarisch auf einen Zettel. Anschließend legt man den Zettel nieder und wirft einen Löffel auf den Zettel. Dann geht man weg und lässt den Löffel das regeln.
Sein Problem."
Janosch

Weniger schlecht entscheiden

… bei Zeitdruck

… wenn die Optionen sich sowieso ähneln, bspw. die *Wahl zwischen Pest und Cholera*

… weil man Zeit und damit viel Geld spart: Informationskosten, Opportunitätskosten, Kosten zur Beseitigung von Informationsasymmetrien etc

… durch Einbeziehen verschiedener Persönlichkeitsanteile

Der Psychologe George Cockcroft veröffentlichte 1971 unter dem Pseudonym „Luke Rhinehart" den Roman „Der Würfler". Die Hauptfigur – ein Psychiater – entwickelt eine Art therapeutisches Würfeln. Die zugrunde liegende Idee ist, dass jeder Mensch verschiedene – zum Teil höchst widersprüchliche – Persönlichkeitsanteile besitzt: Die brave Software-Entwicklerin lässt als Fußballfanatikerin mal so richtig die Sau raus, die unscheinbare Hausfrau verkleidet sich jedes Jahr zum Fasching als aufreizende Wildkatze und Drag Queens haben sich gleich ein komplettes Alter Ego zugelegt. Werden die nicht so dominanten Persönlichkeitsanteile permanent unterdrückt, ist das ungesund. Das Würfeln gibt die Möglichkeit, auch den etwas unpopulären, „schrägen", niederen, expressiven, Mut erfordernden Verhaltensoptionen eine (zumindest kleine) Chance des Auslebens einzuräumen. Dies schafft einerseits

ENTSCHEIDUNGSTYP:
Ja/Nein, Entweder/Oder, mehrere Optionen

WER ENTSCHEIDET?
Einer, Team

BRAUCHT:
Einen oder mehrere Würfel

DAUER:
Ein paar Minuten

ANWENDUNG

Erleichterung („*Puh, ich muss es nicht machen!*") und andererseits Commitment („*Aber wenn beim nächsten Würfeln eine 6 kommt, mache ich es wirklich!*").
In Teams oder Paarbeziehungen ist es außerdem oft einfach praktisch, die Entscheidung – und damit die Verantwortung für die Konsequenzen – an einen Unbeteiligten (= den Würfel) delegieren zu können. Und oft können die Beteiligten mit einer Niederlage durch den Zufall besser leben, als argumentativ oder autoritär überstimmt zu werden.

Anwendung

Schritt 1: Definieren Sie die Entscheidungsoptionen
Das heißt alle Optionen, die Sie berücksichtigen wollen – nicht alle die es grundsätzlich eventuell gäbe.

Schritt 2: Ordnen Sie die Optionen einem Würfelergebnis zu
Dieser Schritt ist der Kern der Methode. Denn durch die Zuordnung bestimmter Wurfkombinationen zu bestimmten Entscheidungsoptionen können Sie mit Wahrscheinlichkeiten spielen. Varianten:

- **Alle Optionen sind gleichwertig**: Vergeben Sie statistisch gleich hohe Wahrscheinlichkeiten. Beispiel: Es gibt 3 gleichwertige Optionen: Beim Würfeln einer 1 oder 2 fällt die Entscheidung für die erste Option, bei 3 oder 4 für die zweite, bei 5 oder 6 für die dritte.
- **Die Optionen sind nicht ganz gleichwertig**: Eventuell hat eine Diskussion gezeigt, dass eine Mehrheit für die erste Option ist. Dann könnte man das folgendermaßen berücksichtigen: bei einer 1, 2, 3 oder 4 fällt die Entscheidung zugunsten der ersten Option, bei einer 5 für die zweite, bei einer 6 für die dritte.
- **Die Optionen haben sehr unterschiedliche Wertigkeit**: Vielleicht möchten Sie eine – auch gegenüber sich selbst – eher unpopuläre Idee auswürfeln? Dann verwenden Sie einfach mehrere Würfel: zum Beispiel, wenn gleich drei Würfel eine 6 zeigen, machen Sie es.

Schritt 3: Würfeln Sie
Aber erst nachdem Sie bei sich bzw. dem Team das Commitment eingeholt haben, der Entscheidung des Würfels auch wirklich zu folgen.

Schritt 4: Umsetzen
Tun Sie das, was der Würfel sagt.
Oder nicht – dann hat Ihre Intuition oder haben Ihre Werte vielleicht ein Veto eingelegt?

AUS DER PRAXIS

Ehebruch per Würfel
Angeblich erzählte ein Klient bei einem mir bekannten Therapeuten ständig von seinem Bedürfnis, seine Frau zu betrügen. Einerseits liebte er seine Frau und wollte sie nicht verletzen. Andererseits gab es da nun schon seit einem Jahr eine neue Kollegin, die ihm ganz eindeutige Avancen machte. Auf diese Avancen einzugehen reizte ihn schon sehr. Er verwendete so viel Zeit darauf, sich mit dieser Frage zu beschäftigen – inner- und außerhalb der Therapie –, dass es sich auf andere Lebensbereiche auswirkte, z. B. seine Leistungen am Arbeitsplatz. Ständig schwirrten seine Gedanken um den möglichen Seitensprung. Der Therapeut gab ihm drei Würfel (denn die Erzählungen des Klienten machten deutlich, dass er einen Betrug eigentlich für moralisch unvertretbar hielt) und gab ihm folgende Anweisungen: Einmal in der Woche, immer sonntagabends um 20 Uhr, solle er würfeln. Zeigten die Würfel alle drei eine 1, so solle er den Seitensprung begehen. Bei allen anderen Kombinationen nicht. Aber er solle endlich aufhören, seine ganze Freizeit dieser Frage zu widmen. Der Mann – so behauptet mein Bekannter – habe nach über einem Jahr erst aufgehört zu würfeln (als die reizende Kollegin den Standort wechselte). Er wurde nie ehebrüchig und konnte in dem Jahr des Würfelns trotzdem diesem Bedürfnis Rechnung tragen.

Varianten

Alternativ kann man auch eine Münze werfen oder einen „Magic-8-Ball" schütteln. Sie können auch digital per Zufall entscheiden: Im Wheel of Names (→ siehe Digi-Toolbox S. 260.) geben Sie Ihre möglichen Optionen ein und schon dreht sich das Glücksrad und entscheidet für Sie.

ACHTUNG

Achtung! Was man sich einhandeln könnte:

Wie in dem Kultbuch beschrieben, könnte man natürlich sein Leben nur noch von Würfeln bestimmen lassen – so ein Lebensentwurf ist nur schwer vereinbar mit unseren offiziellen und inoffiziellen Regeln, sprich: Gesetzen, Normen, Werten etc.
Es ist außerdem eine sehr egozentrische Methode der Entscheidung – mit allen Konsequenzen, die dies impliziert.

Quellen und Weiterlesen
- Rhinehart, Luke: Der Würfler. Ullstein Verlag, Berlin, 2001.

II.
Systemtheorie

Entscheidungslogik: Perspektivenvielfalt
Leitfrage: „Welche Perspektiven kann ich einbeziehen?"

> Ich hatte meine Alternativen so tief analysiert und von allen Seiten betrachtet, aber dabei vergessen, was ich eigentlich will – oder brauche.

> Ich habe das Gefühl, wir drehen uns im Kreis! Es wäre gut, sich mal die Muster anzuschauen, statt immer an den Einzelentscheidungen herumzudoktern.

> „Für Ihr Problem weiß ich keinen Rat. Am besten warten Sie vielleicht einfach ab, um wenigstens erleben zu können, wenn es explodiert. Oder anders gesagt: Bei hoher Komplexität stellen sich ja im Allgemeinen wie von selbst Selektionsmuster ein."
> Niklas Luhmann

Entscheiden – systemtheoretisch betrachtet

Gerhard P. Krejci

> „Eine Mutter schenkt ihrem Sohn zwei Hemden. Um ihr seine Dankbarkeit und Zuneigung zu zeigen, wählt er bei nächster Gelegenheit eines davon aus und zieht es an. Als sie ihn mit dem gewählten Hemd sieht, meint sie enttäuscht: „Oh, das andere Hemd gefällt dir gar nicht?"
> *Nach Greenburg, zit. In Watzlawick et al. 1990*

Systemtheoretische Grundannahmen

Nähert man sich einer Thematik „systemtheoretisch" an, muss zunächst geklärt werden, worauf man in dieser Art von Theorie genauer achtet. Wenn es um Systemtheorie geht, liegt es auf der Hand, dass man mit „Systemen" arbeitet. Etymologisch wird unter dem altgriechischen Begriff „sýstēma" ein Ganzes verstanden, das aus mehreren Einzelteilen zusammengesetzt ist. Diese Einzelteile, auch Elemente genannt, werden entweder von jemandem zusammengesetzt (wie es beispielsweise bei Maschinen der Fall ist) oder sie produzieren sich eigenen Regeln und Mechanismen folgend selbst. Im zweiten Fall spricht man von „lebenden Systemen" wie beispielsweise Pflanzen, Menschen oder eben soziale Systeme.

Für unsere Zwecke hier wollen wir uns auf jene lebenden Systeme beschränken, auf die wir im Zusammenhang mit Entscheidungen im Führungs- und Beratungsalltag treffen, und zwar psychische Systeme und soziale Systeme. Dies lässt sich besonders gut verstehen, wenn man kurz die Elemente und die „Lebensmechanismen" dieser Systemtypen untersucht:

1. **Psychische Systeme** (oder einfach nur „Psychen" genannt) bestehen aus Gedanken und Gefühlen (vgl. Simon 2018) und sind „in den Menschen" zu finden. Beispielsweise können wir davon ausgehen, dass der/die Leser/-in bei der Lektüre dieser Zeichen zu *Gedanken* angeregt wird oder vielleicht ein *Gefühl* der Ungeduld verspürt, das zu einem Abbruch der weiteren Lektüre führt (und man sich gedanklich lieber mit dem nächsten Urlaub beschäftigt).

   Wir erkennen: Eine Entscheidug bedeutet, dass aus zumindest zwei Alternativen („hier weiterlesen" oder „lieber in Urlaubsgedanken schwelgen") eine ausgewählt wird. Man schwankt hin und her, ist noch unsicher. Was spricht dafür, was dagegen? Die Konsequenz der „Entscheidung" liegt darin, dass der Prozess (hier eben eine gedankliche Auseinandersetzung, ein Abwägen etc., mit dem der/die Leser/-in gerade beschäftigt ist) fortgesetzt wird.

2. Betrachtet man sogenannte „soziale Systeme", dann hat man es mit jenen Systemtypen zu tun, deren Elemente aus Kommunikationen bestehen (vgl. Simon 2018). Man stelle sich zwei Frauen vor, die gleichzeitig an einer Bushaltestelle stehen und auf den nächsten Bus warten. Es soll schon des Öfteren vorgekommen sein, dass Busse nicht den vorgeschriebenen Ankunftszeiten folgen. Eine

der beiden wird ungeduldig (ein psychischer Prozess, gleichzeitig für andere nicht beobachtbar), schüttelt anschließend den Kopf und blickt auf die Uhr (beides beobachtbare Ereignisse). Die andere Frau bemerkt dies, lächelt die erste an und hebt die Schultern. Wir haben es mit einem kommunikativen Prozess zu tun (spätestens seit Watzlawick et al. 1990 ist in unser Allgemeinwissen vorgedrungen, dass Kommunikation nicht notwendigerweise nur verbal erfolgen muss). Die erste Frau lächelt zurück: „Ja, ja, unsere Verkehrsbetriebe, wieder mal unpünktlich!" Solange Kommunikation auf Kommunikation folgt, so lange „lebt" dieses soziale System an der Haltestelle.

Eine der beiden meint: „Das scheint nichts mehr zu werden mit dem Bus, wollen wir gehen?" und bringt dadurch eine Entscheidungssituation ein, denn wir haben es wieder mit zwei Alternativen zu tun, in diesem Fall sogar mit konkreten Handlungsalternativen: „warten und bleiben" oder „gehen".

Nehmen wir an, diese beiden Damen haben sich für „gehen" entschieden und kommen ins Gespräch über ihre Hobbys und Interessen. Wir haben es immer noch mit einem sozialen System zu tun, genau genommen bezeichnen wir dieses speziell als **Interaktionssystem**. Ein Interaktionssystem ist daran erkennbar, dass Kommunikation unter Anwesenheitsbedingungen stattfindet. Im Zuge dieser Interaktion werden Themen wie Hobbys und Interessen, Kenntnisse und Fähigkeiten ausgetauscht. Eine der Frauen schlägt plötzlich vor: „Wie interessant! Wir können beide programmieren und haben beide die gleichen Ideen. Wir könnten doch über eine weitere Zusammenarbeit nachdenken. Vielleicht sogar gemeinsam ein Unternehmen gründen!" (Nun ja, das klingt alles sehr konstruiert, aber es hilft für unsere Fälle.)

3. Neben Interaktionssystemen wird ein weiterer Typus sozialer Systeme erkennbar: **Organisation**. Dabei haben wir es mit speziellen Kommunikationen zu tun, nämlich jenen von Entscheidungen. Diese erfordern (anders als reine Interaktionssysteme) nicht die Bedingung der Anwesenheit, sondern es kann auch in Abwesenheit kommuniziert werden – was ziemlich sinnvoll ist, denn man stelle sich vor, dass alle Akteure in einer Organisation bei allen Entscheidungen immer anwesend sein müssten. Natürlich wird in Organisationen auch unter Anwesenheit kommuniziert (Interaktionen) und dabei müssen nicht immer nur Entscheidungen mitgeteilt werden. Dennoch ist das wichtigste konstitutive **Merkmal von Organisationen, dass Entscheidungen kommuniziert werden.**

Was ist eine Entscheidung?

Entscheidungen sind jene Situationen, die zumindest zwei (Handlungs-)Alternativen zum Gegenstand haben. Ohne Alternativen keine Entscheidungssituation – und damit wird regelmäßig signalisiert, dass es so, aber auch anders sein kann. Eine solche „kontingente" Situation liefert die sachliche Grundlage von Entscheidungen, die man übrigens auch nach der getroffenen Entscheidung nicht los wird: Einerseits weiß man, wofür, aber auch wogegen entschieden wurde. Systemtheoretisch Denkende berücksichtigen regelmäßig beide Seiten einer Entscheidung.

Zusätzlich zur sachlichen Fragestellung wird die zeitliche Dimension erkennbar, denn eine Entscheidung über eine dieser beiden Alternativen, die man jetzt in der Gegenwart trifft, ist mehr oder weniger eine Festlegung auf eine unbekannte, nicht vorhersehbare Zukunft und die damit verbundenen Konsequenzen Diese Gemengelage liefert eine nicht zu beseitigende Unsicherheit, mit der umgegangen werden muss. Dafür kann man Wissen heranziehen, das sich auf vergangene Erfahrungen bezieht, die von den jeweiligen Beobachtern und deren Kommunikationen und Handlungen abhängig sind. Man könnte auch das Bauchgefühl heranziehen oder knobeln. Es wird erkennbar, dass man mit einer Entscheidung die Unsicherheit, wie die Zukunft wird, vorübergehend loswird, denn man schlägt mit der Entscheidung eine Richtung ein, welche die Zukunft für einige Zeit festlegt. Entscheiden ersetzt quasi die Unsicherheit über die Zukunft mit dem Risiko, eine „falsche" Entscheidung getroffen zu haben.

Wozu entscheiden?

Alle diese Tätigkeiten wie Erinnern, Zurückblicken, Abwägen, Einschätzen etc. betreffen die Entscheidungssituation, und solange in dieser Entscheidungssituation verweilt wird, wird es wohl „nicht weitergehen". Als Individuum (also in der Psyche) kann man sich dem Verweilen in der Entscheidungssituation unendlich lange hingeben. Mit dem Blick auf soziale Systeme hingegen wird dies schwieriger, insbesondere wenn es um Organisationen geht, denn auf den Punkt gebracht sind Entscheidungen „der Stoff, aus dem Organisationen bestehen". Solange Entscheidungen getroffen werden, so lange existiert die Organisation, d. h., Entscheidungen sind zentral – und liefern Anlässe zu weiteren Entscheidungen.

Einmal getroffene Entscheidungen haben oftmals Auswirkungen auf später zu treffende Entscheidungen. So gesehen werden Entscheidungen zu „Prämissen" für andere Entscheidungen (vgl. Luhmann 2000). Einige Beispiele dafür:

- **Zweckprogramme**: die Festlegungen auf einen bestimmten Zweck (z. B. ein Produkt, eine bestimmte Dienstleistung etc.) oder Ziele
- **Konditionalprogramme**: die Entscheidungen über Vorgehensweisen, Abläufe, Prozesse etc.
- **Formale Kommunikationswege**: die Definition von Stellen bzw. Zuständigkeiten und Verantwortlichkeit, also jenen Ordnungsprinzipien, die man üblicherweise auch Hierarchie nennt
- **Personen**: die Entscheidungen darüber, wer mit welchen Fähigkeiten, Kompetenzen oder anderen zugeschriebenen Eigenschaften in der Organisation tätig wird

Diese hier genannten Beispiele stellen als sogenannte entscheidbare Entscheidungsprämissen eine Besonderheit in Organisationen dar. Sie dienen der Reduktion (oder Absorption) von Unsicherheit, denn es muss nicht immer neu entschieden werden, wer was wie und warum entscheidet. Viele Entscheidungen fallen so weg und man kann sich auf andere Entscheidungen konzentrieren. Solche Entscheidungen über Entscheidungen (genannt Entscheidungen zweiter Ordnung) fallen typischerweise in die Aufgabenstellung von Führung, wobei hier mit Absicht nicht von „Führungskräften" gesprochen wird. Führung wird als Funktion in einem sozialen System verstanden – von wem auch immer diese Art der Kommunikation bzw. Entscheidung getroffen wird.

Eine besondere Form von Prämissen für Entscheidungen stellen übrigens informelle **Kommunikationen und Kultur(en)** dar. Informelle Kommunikationswege verweisen auf jene Seilschaften, Cliquen, Freundeskreise, Kaffeeküchengespräche etc., die für viele Entscheidungen relevant werden können. Kultur(en) erkennt man an jenen unausgesprochenen Kommunikations- und Verhaltensregeln, gegen die keinesfalls verstoßen werden darf, um nicht aufzufallen beziehungsweise keine affektgeladenen Reaktionen wie beispielsweise heftigen Widerspruch oder entrüstetes Kopfschütteln zu provozieren. Es liegt auf der Hand, dass man solche Entscheidungsprämissen nicht explizit entscheiden kann (man kann zum Beispiel weder festlegen, wer mit wem unter vier Augen beim Mittagstisch über welche Themen sprechen darf, noch kann entschieden werden, dass ab 1. Januar eine neue Führungskultur gilt). Solche auch **nicht entscheidbaren Entscheidungsprämissen** müssten über entscheidbare Entscheidungsprämissen bearbeitet werden und brauchen entsprechend lange, um verändert werden zu können. Und selbst dann ist das Ergebnis kaum vorhersehbar (vgl. Simon 2007).

Gute und schlechte Entscheidungen?

Alternativen, Entscheidungen und die jeweiligen Auswirkungen werden von unterschiedlichen Beobachtern unterschiedlich beschrieben, bewertet und erklärt. Damit werden die jeweiligen **subjektiven Wirklichkeitsvorstellungen** der an der Kommunikation Beteiligten erkennbar. Zur Erinnerung: Individuen sind systemtheoretisch nicht „Teile" eines Systems. Vielmehr betrachtet man sie als wichtige Quellen, Autoren und Adressen der Kommunikation. Systemtheoretisch Denkende sehen die Wirklichkeit nicht als objektiv und eindeutig, sondern erkennen das gemeinsame Verstehen als das Ergebnis eines kommunikativen Prozesses (Simon 1991). Daher ist es aus dieser Sichtweise nicht so wichtig, ob es sich objektiv um „*gute*" oder „*schlechte*" Entscheidungen handelt. Eine solche Bewertung ist vom jeweiligen Beobachter abhängig und unterliegt dessen Ex-post-Zuschreibung. Eine Entscheidung, die in der Gegenwart „gut" war, kann sich im Lauf der Zeit auch als „weniger gut" herausstellen. Das Gleiche gilt für die Bewertung „schlecht".

Im Entscheidungsprozess kommt neben den unterschiedlichen (subjektiven) Sichtweisen noch das Phänomen der **begrenzten Rationalität** („bounded rationality" March & Simon 1958) ins Spiel: Hat man es mit zu vielen, mitunter einander widersprechenden Informationen zu tun, so kann eine solche komplexe Gemengelage oftmals nicht adäquat verarbeitet werden. Herrscht Entscheidungsdruck, so wirkt neben einer quantitativen auch eine zeitliche Komponente, denn ohne Entscheidung herrscht Stillstand. Üblicherweise greift man auf bekannte, in der Vergangenheit liegende Schemata zurück, die im Entscheidungsprozess entsprechende Sicherheit bieten und „**gut genug**" sind, um akzeptiert zu werden. Man vertraut dem Bekannten und schafft es, mit der unsicheren Situation umzugehen.

Mitunter wird aus diesen Ausführungen erkennbar, dass vielmehr die Frage wichtig wird, *wie* Entscheidungen getroffen wurden. Damit rücken die in der Organisation etablierten Erwartungsstrukturen und Muster in den Mittelpunkt des Interesses, also jene sich wiederholenden (die Handlungen koordinierenden) Kommunikationen, die für die Systemtheorie eben die zentralen (weil lebenswichtigen) Elemente darstellen. Nach welchen Regeln und Logiken arbeitet das System Organisation? *Wofür* war dies für die Entscheidungen „gut", *welche Funktionen* wurden dadurch erfüllt bzw. bedient? Und schließlich: Mit *welchen Folgen* ist zu rechnen?

Warum systemtheoretisch auf Entscheidungen blicken?

Ist man als Leser immer noch nicht von den **Vorteilen systemtheoretischer Perspektiven** im Umgang mit Entscheidungen überzeugt, so wollen wir anhand des eingangs erwähnten Zitates auf die Behandlung mit besonderen Entscheidungssituationen hinweisen.

Grundsätzlich wird man feststellen: „Na, ist doch egal, wie der oben zitierte Sohn entscheidet; Hauptsache, er hat eines der beiden Hemden angezogen." Dennoch zeigt die kurze Geschichte, wie leicht man in eine scheinbar ausweglose Situation geraten kann, denn egal wie sich der junge Mann entscheiden würde, die Enttäuschung seiner Mutter wäre ihm in jedem Fall garantiert. Konstellationen wie diese, die erstmals in der Schizophrenie-Forschung bearbeitet und als „**Double-Bind**" bezeichnet wurden (vgl. Bateson et al. 1956), lassen sich regelmäßig in vielen sozialen Konstellationen beobachten – insbesondere in Organisationen.

Unter einer **Doppelbindung** wird eine Handlungsaufforderung verstanden, die einfach ausgedrückt lauten könnte: Man muss eine Entscheidung zwischen mindestens zwei Alternativen treffen, die beide jeweils richtig sind und jeweils die andere ausscheiden. Und man kann sich der Entscheidung nicht entziehen. Es muss entschieden werden. Solche Situationen stellen sogenannte „pragmatische Paradoxien" dar (vgl. Simon 2013).

Bei einem **Paradoxon** handelt es sich um **„eine scheinbar falsche Aussage (…), die aber bei genauerer Analyse auf eine höhere Wahrheit hinweist**" (vgl. Duden 2006, S. 758). Über lange Zeit verstand man Paradoxien als rhetorische Denkfiguren, die allerdings auch von der Mathematik und Logik entdeckt wurden. Wir wollen uns jedoch weder rhetorischen noch logischen Paradoxien widmen, sondern das spezielle Feld der „pragmatischen" Paradoxien in den Blick nehmen, die jene sozialen Situationen betreffen, die Handlungsaufforderungen erkennen lassen, „die sich im Sinne der zweiwertigen Logik gegenseitig ausschließen" (vgl. Watzlawick et al. 1990).

In Organisationen können zahlreiche pragmatische Paradoxien (die wir hier im Folgenden der Einfachheit halber nur „Paradoxien" nennen) beobachtet werden. Stellen wir uns folgendes Szenario vor:

- Die oben erwähnten Programmiererinnen von der Bushaltestelle entwickeln eine Software, die bei vielen Unternehmen großen Anklang findet. Die Nachfrage ist sehr hoch, sodass sie viele neue Kundenkontakte bearbeiten müssen. Gleichzeitig bitten viele bestehende Kunden um Ergänzung bzw. Anpassung ihrer Software an spezielle Fragestellungen und die beiden kommen unweigerlich in die Situation, dass sie sich entscheiden müssen zwischen ihrer Verfügbarkeit für bestehende Kunden oder der Verkaufstätigkeit in Richtung Neukunden. Sie entscheiden sich dafür, die bestehenden Kundenkontakte am Vormittag zwischen 9 und 13 Uhr

zu pflegen, und vereinbaren die Termine für die Neukunden für die Zeit von 13 bis 18 Uhr. Somit lösen die beiden dieses Problem über *zeitliche* Dispositionen.
- Allerdings gibt es da auch noch administrative Tätigkeiten wie Rechnungslegung und Buchhaltung. Und da sie mittlerweile schon so viele Kunden gewonnen haben, wird deren Betreuung so intensiv, dass sie sich überhaupt nicht auf Neukunden konzentrieren können. Sie entscheiden sich, weitere Mitarbeiterinnen aufzunehmen, die genau diese Tätigkeiten übernehmen sollen. Auf eine solche Art werden die verschiedenen Aufgaben *funktional aufgeteilt*.
- Nach einiger Zeit entsteht eine weitere Entscheidungssituation: Die bestehenden Arbeitsabläufe müssten erneuert werden. Gleichzeitig schläft die Konkurrenz nicht und es entsteht der Bedarf, neue Produktlösungen zu entwickeln. Die vorhandenen Ressourcen sind jedoch sehr eingeschränkt und es muss eine klare Entscheidung getroffen werden. Unsere Jungunternehmerinnen kommen zum Schluss, dass in einem Jahr in die Entwicklung und im anderen Jahr in die Verbesserung der Abläufe investiert wird. In diesem Fall wird zwischen diesen beiden Polen „*oszilliert*".

Wie im Ablauf dieser Szenen erkennbar wird, liefert jede Fragestellung eine Paradoxie, auf die reagiert (also entschieden) werden muss – man kann sich der Entscheidung nicht entziehen, denn es muss weitergehen.

Wie können Paradoxien entschieden werden?

Üblicherweise werden Entscheidungen nach einer Problemlösungslogik bearbeitet, bei der beide Alternativen gegenübergestellt und bewertet werden, um dann eine eindeutige Entscheidung zwischen beiden Alternativen herbeizuführen. Das ist die tägliche Managementpraxis, bei der ein „Dilemma" beseitigt und Eindeutigkeit hergestellt wird. Bei einer paradoxen Entscheidungssituation hingegen gerät man sehr rasch an seine eigenen Grenzen, denn immerhin sind ja beide Seiten der Unterscheidung für sich richtig und sie schließen die jeweilig andere Seite aus, d. h., wir sprechen auch nicht mehr von Eindeutigkeit.

In unserem Beispiel kann man sich der Entscheidung, ob man nur bestehende Kunden betreuen möchte, ohne neue Kunden zu gewinnen, auf Dauer nicht entziehen. Jede der beiden Seiten der Entscheidung ist für sich richtig, und selbst wenn man sich dafür entscheidet, dass man vorerst eine der beiden wählt, so verschwindet die Alternative nicht. Sie meldet sich früher oder später umso drängender zurück. Oder es entstehen neue Fragen, über die entschieden werden muss (z. B., dass neben der Kundenarbeit auch administrative Tätigkeiten behandelt werden müssen).

Anhand des genannten Beispiels wird relativ leicht erkennbar, dass in paradoxen Situationen jede vermeintliche „Lösung" früher oder später das „Problem" wieder liefert oder an anderer Stelle ein neues verursacht (vgl. Luhmann 1993). Die Besonderheit bei Paradoxien liegt darin, dass sie nicht endgültig gelöst und „aus der Welt geschafft" werden können. Man wird daher mit einer Problemlösungslogik nicht vorankommen. Da wir oben bereits als Besonderheit des systemtheoretischen Denkens angemerkt haben, dass beide Seiten der Entscheidung im Blick bleiben, erweist sich diese Sichtweise im Fall von paradoxen Fragestellungen als besonders hilfreich. Dabei bietet es sich beispielsweise an, das ganze (Entscheidungs-)Feld zu sondieren und zu ergänzen. Man könnte auch sagen, man erweitert das Feld der Alternativen, indem man sie

- um die Frage ergänzt, was denn wäre, wenn man sich sowohl für die eine als auch für die andere Alternative entschiede oder
- weder für die eine noch für die andere (und somit eine dritte Variante erarbeitet).

Diese Gemengelage lässt sich anhand der oben erwähnten Fragen nach den Funktionen („funktionale Methode") in Kombination mit Tools wie dem „Tetralemma" (siehe S. 70) sehr gut bearbeiten. Es wird erkennbar, dass man Paradoxien nicht einfach wie Probleme lösen (und somit aus der Welt schaffen) kann, sondern dass man sie „entfalten" muss (vgl. Luhmann 1993). Und dafür bieten kommunikative Prozesse gute Bearbeitungsmöglichkeiten. Dies gilt vor allem für Organisationen, die einerseits aufgrund von Paradoxien gegründet werden und andererseits diese immer wieder produzieren und bearbeiten – eben weil entschieden wird. Somit wird ein weiterer Vorteil systemtheoretischer Herangehensweisen erkennbar: Selbst in scheinbar unentscheidbaren Situationen bleibt man entscheidungsfähig.

Quellen und Weiterlesen

- Bateson, Gregory, Jackson, Don D., Haley, Jay, Weakland, John: Toward a Theory of Schizophrenia. Behavioral Science, Vol 1(4), 1956, pp 251–254.
- Luhmann, Niklas: Die Paradoxie des Entscheidens. Verwaltungsarchiv 84, Heft 3. 1993, S. 287–310.
- Luhmann, Niklas: Organisation und Entscheidung. Suhrkamp, Frankfurt/Main, 2000.
- March, James, Simon, Herbert A.: Organizations. Basil Blackwell, Cambridge, MA, 1958.
- Simon, Fritz B.: Einführung in Systemtheorie und Konstruktivismus. Carl-Auer Compact, Heidelberg, 1991.
- Simon, Fritz B.: Einführung in die systemische Organisationstheorie. Carl-Auer Compact, Heidelberg, 2007.
- Simon, Fritz B.: Wenn rechts links ist und links rechts: Paradoxiemanagement in Familie, Wirtschaft und Politik. Carl-Auer Verlag, Heidelberg, 2013.
- Simon, Fritz B.: Formen: Zur Kopplung von Organismus, Psyche und sozialen Systemen. Carl-Auer Verlag, Heidelberg, 2018.
- Watzlawick, Paul; Beavin, Janet H., Jackson, Don D.: Menschliche Kommunikation: Formen, Störungen, Paradoxien. Verlag Hans Huber, Bern et al., 1990.

9. SECHS HÜTE DES DENKENS

Perspektiven, die im Raum sind, hörbar und damit allen zugänglich machen
Manfred Bouda

„Perspektiven verändern Wahrnehmungen und Wahrheiten."
Friedrich Nietzsche

Weniger schlecht entscheiden

- … bei Vorschlägen bzw. Optionen, zu denen viele Aspekte, Emotionen, Sichtweisen berücksichtigt werden sollen
- … bei komplexen Problemstellungen oder Entscheidungen
- … wenn alle Mitentscheidenden und ihre Argumente gleichberechtigt in der Entscheidungsfindung berücksichtigt werden sollen
- … weil auch wenig beachtete oder „unpopuläre" Argumente ganz gezielt und quasi „legitim" aufgegriffen und angesprochen werden können
- … durch Gleichwertigkeit aller Perspektiven und Personen bzw. ihrer Argumentationskraft
- … durch die Bewertung und Verbesserung von Ideen aus verschiedenen Blickwinkeln
- … durch die Auflösung latenter Spannungen unter den Gruppenmitgliedern, die sich in einer zerfahrenen und weit ausufernden Diskussion zeigen

ENTSCHEIDUNGSTYP:
Ja/Nein, Entweder/Oder, mehrere Optionen

WER ENTSCHEIDET?
Einer, Team

BRAUCHT:
6 verschiedenfarbige Hüte, Karten oder sonstige Gegenstände, mit denen die verschiedenen Rollen symbolisiert werden. Alternative: Ein Flipchart mit den 6 Hüten und Erklärungen dazu. Moderator

DAUER:
60 Minuten

ANWENDUNG

Bei den sechs Denkhüten von Edward de Bono nehmen die Teilnehmer sechs verschiedene Rollen und Blickwinkel auf ein Thema bzw. Problem ein. Dadurch wird eine einseitige Betrachtung seitens der Teilnehmer verhindert. Außerdem können kontroverse Gedanken und Ideen geäußert werden, ohne dass die vorschlagende Person sich rechtfertigen muss. Die Teilnehmer können sich immer auf die jeweilige Rolle berufen, wodurch das Konfliktpotenzial gesenkt wird. Sie müssen ihre eigene Sicht nicht preisgeben oder verteidigen.

Ursprünglich von Edward de Bono als Kreativitätstechnik gedacht, eignen sich die sechs Denkhüte generell für eine multiperspektivische Beleuchtung eines Themas und besonders gut für emotional besetzte Themen oder Situationen. Die Methode sieht sechs verschiedene Rollen vor, die nach Farben benannt sind: Weiß, Rot, Schwarz, Gelb, Grün und Blau. Diese Rollen werden durch Hüte repräsentiert und entsprechen bestimmten Perspektiven auf das Thema. Die Gruppenteilnehmer schlüpfen gemeinsam oder in Untergruppen in diese Rollen – setzen sich also bildlich gesprochen einen bestimmten Hut auf den Kopf – und beleuchten die Entscheidung oder das Problem aus der jeweiligen Perspektive.

Anwendung

Der Moderator stellt der Gruppe zuerst die Aufgabe bzw. das Problem vor, das besprochen werden soll. Anschließend werden der Gruppe die sechs Denkhüte und die Methodik erklärt. Der wichtigste Aspekt dabei ist die Erklärung der Rollen, die durch die verschiedenfarbigen Hüte symbolisiert werden. Die Bedeutung der Farben ist wie folgt:

ANWENDUNG

- Weiß steht für neutrales, analytisches Denken. Diese Rolle beschäftigt sich ausschließlich mit Zahlen, Fakten, Daten und den benötigten Informationen. Sie vermeidet, sich eine subjektive Meinung zu bilden und bewertet nicht.
- Rot: Diese Farbe steht für subjektives, emotionales Denken. Diese Rolle bildet sich eine persönliche Meinung und betrachtet positive wie negative Gefühle. Hier dürfen auch Widersprüche auftreten.
- Schwarz: Diese Rolle repräsentiert den pessimistischen Skeptiker. Sie konzentriert sich auf objektive Argumente und negative Aspekte. Mitglieder mit schwarzem Denkhut denken an Risiken und Einwände.
- Gelb: Hier ist realistischer Optimismus gefragt. Positive Argumente werden gesammelt. Chancen und Vorteile sind Thema des „gelben Denkers".
- Grün: Der grüne Denkhut steht für Innovation, Neuheit und Assoziation. Die grüne Rolle produziert ausschließlich neue Ideen und kreative Vorschläge, alle Ideen werden gesammelt.
- Blau: Die blaue Rolle sorgt für Ordnung und Überblick. Ihre Aufgabe ist, Ideen und Gedanken (neu) zu strukturieren.

Nachdem die Teilnehmer mit den Rollen vertraut sind, erfolgt die eigentliche Kreativarbeit gemäß folgendem Schema:

1. **Festlegen der Startfarbe**, danach rotieren die Farben zu den Teilnehmern, sodass am Ende jeder Teilnehmer die Perspektive jeder Farbe eingenommen hat.
2. **Beschäftigung der Teilnehmer mit dem Thema** unter Rücksichtnahme des gewählten oder zugeteilten Denkhuts. Sie können dies allein, in Tandems oder Kleingruppen tun. Zum Beispiel indem sie sich im Raum auf die „Hüte" verteilen und dort gemeinsam diejenige Perspektive einnehmen und sich darüber austauschen. Alle paar Minuten, nach einem Tonsignal, wandern sie zum nächsten „Hut" weiter.
3. **Die Teilnehmer dokumentieren** ihre Gedanken. Diese werden nach einer bestimmten Bearbeitungszeit vom Moderator abgerufen. Wenn für jeden Denkhut ein Flipchart/Whiteboard/Plakat zur Verfügung steht, ist auch die Dokumentation direkt darauf möglich. Es ist bei Kleingruppen sinnvoll, einen Berichterstatter zu bestimmen, der die Gruppenergebnisse dem Plenum mitteilt.
4. **Diskussion und Bewertung** der entstandenen Ideen, Vorschläge und Gedanken im Plenum: Was hat sich gezeigt? Was ist an neuen bzw. unterbelichteten Aspekten aufgetaucht?
5. **Entscheidung der Gruppe** für oder gegen einen Zugang zum Problem oder eine Entscheidungsalternative auf Basis der erweiterten und multiperspektivischen Informationsgrundlage.
6. **Fazit:** summarische Bewertung der getroffenen Entscheidung und ggf. Aufnahme von Zusatzaspekten in die Lösung, die in der Diskussion von einer Mehrheit als wichtig erkannt oder ausgewählt wurden.

AUS DER PRAXIS

Mehr Struktur und Ordnung in der Agenturführung
In einem Restrukturierungsprojekt bei einer Werbeagentur haben wir diese Methode zur finalen Bewertung und Abstimmung zu einer von allen Gesellschaftern und den z. T. überlappenden Geschäftsführungsrollen akzeptierten Geschäftsordnung verwendet. Dem waren mehrere Vorbereitungsrunden vorangegangen: Interviews mit den Geschäftsführern und Partnern, Sammlung der Hauptanliegen, Strukturierung der Kernthemen, Wünsche/Vorschläge zu Rollen und Verantwortungen, Entscheidungsarten und -methoden sowie zu der Verteilung von Aufgaben und Handlungsspielräumen.

Trotz guter inhaltlicher Fortschritte wurde erkennbar, dass einzelne Mitwirkende mit gewissen Aspekten der neu entstandenen Geschäftsordnung (noch) nicht ganz einverstanden waren. Unterschiedliche Argumente, Befindlichkeiten, Fragen und Vorbehalte tauchten auch gegen Ende des Abschluss-Workshops in der Diskussion immer wieder auf. Dahinter standen ganz unterschiedliche Bedürfnisse: noch nicht genug Informationen und Varianten, Unwohlsein mit der Abgabe von Verantwortungen oder Aufgaben, Abschied von eingespielten Routinen, Genervtheit mit dem Thema generell, zu viel Bürokratie für eine relativ kleine Organisation, Sorge, sich mit Struktur zu übernehmen …

Die 6 Anwesenden waren mit der Methode der 6 Denkhüte im Sinne einer weniger zerfahrenen Diskussion mit dominanten Meinungsführern sehr einverstanden. In diesem Fall wurden alle Teilnehmenden gebeten, sich nacheinander je 7 Minuten in eine der 6 Rollen hineinzuversetzen. Der Moderator sorgte für die Einhaltung der Zeit und dokumentierte die jeweiligen Perspektiven aus den unterschiedlichen Rollen.

In der Fazitrunde gelang es, eine Entscheidung für einen dreimonatigen Probelauf mit der neuen Geschäftsordnung zu treffen und aus den vielen „Ja, abers…" einige „Ja UND…"-Verbesserungen einzubauen, mit denen letztlich alle sehr einverstanden waren.

Varianten

1. **Wechsel der Farbe für alle Teilnehmer** nach vorher festgelegter Reihenfolge.
2. **Mehrfache Wiederholung der Schritte 2 und 3**, solange frische Ideen und Gedanken geäußert werden, mindestens jedoch so oft, dass alle sechs Rollen von allen Teilnehmenden durchgearbeitet wurden.
3. **Nachdenkzeit:** Alle nehmen alle dokumentierten Argumente mit. Erst beim nächsten Workshop wird dann eine Entscheidung getroffen.
4. Eine mögliche Verknüpfung mit dem **konsultativen Einzelentscheid** (siehe S. 136) delegiert die tatsächliche Entscheidung nach dieser Dichte, Vielfalt und Austausch an eine einzelne Person.

Achtung! Was man sich einhandeln könnte:

- Wird bei mehreren Entscheidungsoptionen nicht (oder nicht so gut) funktionieren wie bei einer sehr vielseitigen Option.
- Die Diskussion kann nach allen gehörten Denkhüten beim Fazit neuerlich aufbranden und benötigt dann recht stringente Moderation, wenn einzelne Hierarchen oder Meinungsführer zu dominant argumentieren.
- Entscheidungsverbesserung oder -abrundung ist in der Praxis immer zu erzielen – eine Garantie gibt es aber auch mit den 6 Hüten nicht. Manchmal kommt man zwar in die „richtige" Richtung weiter und dennoch nicht ganz ans Ziel.
- Die Frage: *„Wie treffen wir nun eine Entscheidung unter Einbeziehung dieser vielfältigen Perspektiven?"* gehört geklärt.

Quellen und Weiterlesen

- Bono, Edward de: Six Thinking Hats. Penguin Books, London u. a., 1990.
- Bono, Edward de: Das Sechsfarben-Denken: Ein neues Trainingsmodell. Econ, Düsseldorf, 1989.

10. TETRALEMMA

Kreativ raus aus dem Dilemma
Doris Schäfer

„Between two evils, I always pick the one I haven't tried before."
Mae West

Weniger schlecht entscheiden

... durch Erweiterung von Entscheidungs- und Handlungsspielräumen
... durch Klarheit über Prioritäten und Bedürfnisse
... dank Durchbrechen von Mustern, die einer Entscheidung bisher im Weg standen
... durch Auflösen von Entscheidungsblockaden in (scheinbaren) Dilemmata

Entwickelt wurde das Tetralemma als Entscheidungstool von Matthias Varga von Kibéd und Insa Sparrer, basierend auf einem Schema aus der indischen Logik.
Als Entscheidungsmethode eignet es sich besonders dann, wenn Entscheidungen anstehen, die scheinbar unvereinbare Optionen bereithalten, vor allem Dilemmata und Mehrdeutigkeiten.
Der Entscheidungs- und Handlungsraum wird durch das Durcharbeiten der Positionen des Tetralemmas erweitert und oft werden neue Perspektiven deutlich. Anhand der fünf Positionen, die man zu der Entscheidung einnehmen kann, werden Varianten durchgespielt und neue, kreative Optionen entwickelt. Anwendungsfelder sind etwa strategische Entscheidungen in Unternehmen, persönliche Entscheidungen von größerer Tragweite oder auch Projekt- bzw. Personalentscheidungen.

ENTSCHEIDUNGSTYP:
Entweder/Oder, ev. Erschaffen von Optionen

WER ENTSCHEIDET?
Einer, Team

BRAUCHT:
Papier, besser Flipchart, zumindest bei Teamentscheidungen eine Moderatorin

DAUER:
Alleine 45 Min., im Team 1–4 Stunden plus ggf. Recherchezeit zu den (neuen) Optionen

Anwendung

Schritt 1: Skizzieren Sie eine Entscheidung, die scheinbar nur zwei Optionen bietet: Bekommen wir ein Kind oder gehen wir ins Ausland? Öffnen wir eine zweite Filiale oder vergrößern wir die erste? Mache ich den berufsbegleitenden Master oder nicht? Investieren wir jetzt verstärkt in Effizienz oder in Wachstum?
Definieren Sie die „eine" und die „andere" Option mit wenigen Worten.

Schritt 2: Versetzen Sie sich anhand der Fragen aus der Grafik tief in die Optionen: wie wäre es genau, das „Eine" oder das „Andere" zu tun?

Schritt 3: Jetzt ist kreative Kombination gefragt. Gibt es eine bisher übersehene Vereinbarkeit der scheinbar widersprüchlichen ersten beiden Positionen? Wie könnte ein „Beides" aussehen? Gibt es übersehene Überschneidungen? Kann etwas Neues aus Komponenten der ersten beiden Positionen entwickelt werden? Beispiele für solche „Beides"-Lösungen können sein: ein Kompromiss, Auflösen eines Scheingegensatzes (es bestand gar kein echtes Dilemma), die Optionen werden als Paradoxie akzeptiert und täglich neu ausbalanciert, man verändert den Kontext, sodass das Dilemma aufgelöst werden kann und eben doch „Beides" geht.
Doch auch das Gegenteil der Optionen kann neue Ideen erzeugen: „**Keines von Beidem**": Es geht um grundlegendere Fragen, die sich auf den Kontext der Entscheidung beziehen. Angenommen, das Eine und das Andere sind keine Optionen, sondern vielleicht nur Symptome: Worum könnte es „eigentlich" bzw. noch gehen? Aber auch: Worum könnte es *statt* des Einen und des Anderen gehen?

Schritt 4: Wenn Sie jetzt genervt feststellen, dass Sie eigentlich gar keine Entscheidung mehr zu dem Thema treffen wollen, sind Sie schon mitten in der letzten Position: „ … **all dies nicht – und selbst das nicht!**" Keine der vier durchgearbeiteten Positionen beinhaltet alle Aspekte der sich stellenden Herausforderung. Der Zusatz „… und selbst das nicht!" bedeutet, dass als Konsequenz dieser Erkenntnis aber keine neue Position eingenommen wird. Dies führt zu einer Musterunterbrechung, weil sie die ursprüngliche Fragestellung komplett verlässt. Aus der Erkenntnis heraus, dass nie alle Aspekte einer Situation gekannt und einbezogen werden können, können wir frei wieder eine klare Stellung beziehen – und diese spezielle Entscheidung komplett sein lassen.

ANWENDUNG

Hilfreiche Fragen dazu:

ALL DIES NICHT UND SELBST DAS NICHT
- Wenn Sie an all Ihre Ressourcen und Stärken denken – wohin zieht es Sie am meisten?
- Was macht Ihnen Freude und gibt Energie?
- Welche Gedanken und Möglichkeiten tauchen sonst noch auf? Welche Impulse haben Sie?
- Was täten Sie gerne, statt sich dieser Entscheidung zu stellen? Könnte das diese Entscheidung obsolet werden lassen?

DAS ANDERE
- Was „zieht" Sie zu diesem „Anderen"? Welche Energien weckt es?
- Was macht die Option attraktiv, was nicht?
- Was brauchen Sie, um sich zu verändern?
- Wann bzw. wie könnte eine Veränderung funktionieren?
- Wer bzw. was kann Ihnen helfen, die Veränderung umzusetzen/zu verhindern?
- Wie sehr möchten Sie die Veränderung? Warum?
- Wie sähe Ihr Leben konkret aus, wenn Sie das Andere täten?

KEINES VON BEIDEN
- Was könnten Sie sonst noch tun?
- Wofür könnten die beiden ersten Positionen stehen, quasi als „Symptome"?
- Worum könnte es Ihnen „eigentlich" gehen und wie könnten Sie dies ganz anders erreichen?
- Was haben Sie bisher noch nicht ausprobiert?
- Gibt es andere Personen, an die Sie evtl. noch nicht gedacht haben, und was würden diese Ihnen raten?

BEIDES
- Welche Kombinationsmöglichkeiten gibt es?
- Welche Befriedigung Ihrer Bedürfnisse steckt vielleicht in beiden Optionen und könnte anders erreicht werden?
- Was wäre ein Kompromiss, der Anteile beider Optionen enthielte?
- Könnten Sie Ihren Kontext so ändern oder erweitern, dass „Beides" problemlos möglich wäre?
- Könnten Sie beides „ein bisschen" machen?
- Wie weit brächte Sie die Kombination Ihrem Ziel näher?
- Worauf müssten Sie verzichten, um „Beides" erreichen zu können?

DAS EINE
- Was ist das Gute an der jetzigen/der „Einen" Situation?
- Was finden andere gut daran?
- Wer profitiert davon?
- Was hat (bisher) gut funktioniert/was nicht?
- Welche Vorteile hat diese Position in der Vergangenheit gehabt?
- Was brauchen Sie, um es bewahren zu können?
- Gäbe es Widerstand, wenn Sie es bewahren werden?
- Woran erkennten Sie, dass es sich gelohnt hat, zu bewahren?
- Wie sähe Ihr Leben konkret aus, wenn Sie das Eine täten?

- Wer profitiert von der jeweiligen Position/wer nicht?
- Wer würde Sie jeweils unterstützen, wer hindern?
- Was würde Ihr Umfeld (wer genau) sagen, wenn Sie die Situation beibehalten bzw. verändern?
- Was würde ein Außenstehender empfehlen, warum Sie etwas verändern/nicht verändern sollten?

Haus, Wohnung oder lieber doch etwas ganz anderes?
Die Wohnung ist eindeutig zu klein geworden, weil F. nun gemeinsam mit seiner Freundin lebt. Heftige Diskussionen sind im Gange: Wie könnte ein neues Wohnmodell aussehen? Irgendwie kommen die beiden nicht zu einer guten gemeinsamen Lösung – sie sind zwischen zwei Optionen festgefahren:

1. Wir bleiben einfach in der bisherigen Wohnung und unternehmen viel in unserer Freizeit, fahren über die Wochenenden fort, denn letztendlich: Zum Schlafen reicht sie. Sie zeigen **Mut zum Bewahren** (das Eine).

2. Wir könnten in ein Haus ziehen, denn wir lieben ja die Natur, werfen unsere jeweiligen Ersparnisse zusammen und kaufen eins. Wahrscheinlich würden wir uns dort ziemlich wohlfühlen, könnten Freunde einladen und bräuchten nicht jedes Wochenende woanders verbringen. Aber: Unsere finanziellen Reserven sind dann am Ende – im Gegenteil, wir verschulden uns ziemlich und Wochenendausflüge sind dann vielleicht gar nicht mehr möglich. Sie zeigen damit **Mut zum Verändern** (das Andere).

3. Eine weitere Option wäre, in eine neue Mietwohnung, bestenfalls mit einem kleinen Garten, zu ziehen. Dies hätte den Vorteil, dass wir uns nicht total verschulden, wir hätten auch etwas Natur vor der Türe, allerdings nicht die Größe und den Freiraum wie in einem Haus. Damit zeigen sie **Mut zur Kombination** = sie nutzen bisherige und zukünftige Vorteile (Beides).

4. Wir sehen auch, dass das Zusammenleben nicht nur Vorteile hat, wir sind ja zwei freiheitsliebende Menschen. Wie wäre es, wenn wir uns zwei Wohnungen nebeneinander organisieren, vielleicht mit einem Gartenzugang? Da gibt es ein Wohnprojekt, das am Rande der Stadt neu entsteht – und man kann noch mitgestalten. Oder, da es uns doch vielleicht nur um viel Natur geht: Mieten wir uns doch einen Kleingarten/Parzelle. Damit zeigen die beiden **Mut zu etwas ganz Neuem** (Keines von Beidem).

5. Aber wozu eigentlich das Wohnungsthema so ernst nehmen? Es gibt ja schließlich auch ganz andere Lebenskonzepte. Ganz glücklich sind wir mit unseren Jobs gerade eh nicht. Was wäre, wenn wir mal gemeinsam eine längere Auszeit nehmen und schauen, ob die Beziehung auch hält? Wir kündigen und machen uns auf zu einer zweijährigen Weltreise. Unsere Ersparnisse verwenden wir für dieses Abenteuer, das wir immer schon machen wollten. Damit öffnen sich

AUS DER PRAXIS

die beiden, werden kreativ und zeigen Mut, sich von der Entscheidung zu verabschieden und damit für ganz neue Möglichkeiten (All dies nicht – und selbst das nicht!).

```
                                          ADNUSDN
                                          Wir reisen um die
                                          Welt und
                                          machen
                                          was uns
                                          gefällt!

                    DAS EINE
                   (Wir bleiben)

KEINES VON                                   BEIDES
  BEIDEN                                  ☐☐☐☐
Wohnprojekt                              ☐☐☐☐
am Stadtrand                           Wir mieten Whg
                                        mit Garten

                   DAS ANDERE
                   🌳🏠🌳
                   Wir kaufen!
```

Varianten

Wird oft als physische Aufstellung gemacht, um sich richtig in die Optionen hineinfühlen zu können. Dann bitte nur mit erfahrener, professioneller Moderation!

Ein Arbeitsblatt wie das obige erhalten Sie zum Download unter www.wenigerschlechtentscheiden.com

Achtung! Was man sich einhandeln könnte:

Durch die vielen schönen neuen Optionen und Ideen sieht man den Wald vor lauter Bäumen nicht mehr und die Entscheidungsqualität verwässert.

Quellen und Weiterlesen

- Sparrer, Insa, Varga von Kibéd, Matthias: Ganz im Gegenteil: Tetralemmaarbeit und andere Grundformen systemischer Strukturaufstellungen. Carl Auer-Verlag, Heidelberg, 2000.
- Röhring, Peter und Scheinecker, Martina (Hg.): Lösungsfokussiertes Konflikt-Management in Organisationen: Mit dem Tetralemma Spannungskompetenz aufbauen. Managerseminare, Bonn, 2019.

11. B-L-U LOOP

Beobachten, lernen, umsetzen – und all das kontinuierlich
Pascale Grün und Doris Schäfer

„Man kann einen Menschen nichts lehren,
man kann ihm nur helfen, es in sich selbst zu entdecken."
Galileo Galilei

Weniger schlecht entscheiden

... durch Fokussierung auf Stärken, Ressourcen und Potenziale
... dank erlangter Klarheit über Handlungsfelder und Prioritäten
... durch kontinuierliche Verbesserung und Adaption

Wir entwickelten den B-L-U Loop anlässlich der COVID-19 Krise 2020: Der Lockdown zwang Organisationen und deren Mitarbeiterinnen, ihre Arbeitsweisen, ihre Zusammenarbeit, ihren Kundenzugang, ihr Entscheidungsverhalten, Führung und an manchen Stellen auch ihr Geschäftsmodell zu verändern. Innerhalb weniger Wochen fand unglaublich viel Lernen, Kreativität, Innovation und Veränderung statt, obwohl es vorrangig darum ging, „die Krise zu managen", Risiken zu minimieren und kurzfristige Pläne zu entwerfen. So sehr mit dem Managen der Veränderung beschäftigt, fehlte oft ein Blick auf die Stärken: auf all jenes, was bereits gelungen war, was gelernt wurde, auf Potenziale, die sich entfalteten. Die Selbstbeobachtung, die genaue Beobachtung des Umfeldes und der Blick auf die eigenen Stärken sind allerdings notwendig, um einen reflektierenden Prozess des nachhaltigen Lernens in Gang zu setzen. Nur wenn man weiß, was man kann, kann man selbstbewusst in eine unbekannte Zukunft blicken. Dieses Selbstbewusstsein führt zu guten Entscheidungen im richtigen Moment – und wenn diese Beobachtungen im Team geteilt werden, entsteht eine bessere gemeinsame Entscheidungskultur.

ENTSCHEIDUNGSTYP:
Priorisierung, Erschaffen von Optionen

WER ENTSCHEIDET?
Einer, Team, Viele

BRAUCHT:
Papier oder besser Flipchart, bei Teamentscheidungen eine Moderatorin

DAUER:
Alleine ca. 45 Min., im Team bzw. Großgruppe 3–5 Stunden plus ggf. Recherchezeit zu Optionen

ANWENDUNG

Anwendung

Schritt 1: Beobachtung: Es gibt immer Anlass, sich lernend auszutauschen: ein dynamisches Umfeld, Bewegung am Markt, veränderte Kundenbedürfnisse, träge oder komplizierte Prozesse, mangelnde Zusammenarbeit, neue und innovative Wettbewerber etc. Die intensive Auseinandersetzung damit, wie „die Dinge gerade sind", und oft: „Warum funktioniert es denn letzten Endes doch fast immer – irgendwie?" bieten ein weites Feld, um Stärken und Ressourcen bewusst zu machen und auszubauen:

Wählen Sie mehrere (wir empfehlen zunächst 2–3) **Beobachtungsfelder** aus und formulieren Sie dazugehörige Fragen. Was genau interessiert Sie, wenn Sie an die Felder denken? Was möchten Sie erkunden?

Machen Sie ein paar Notizen mit Ideen, dann laden Sie Kolleginnen bzw. Mitarbeiterinnen zum Beitragen ein.

ANWENDUNG

MÖGLICHE BEOBACHTUNGSFELDER

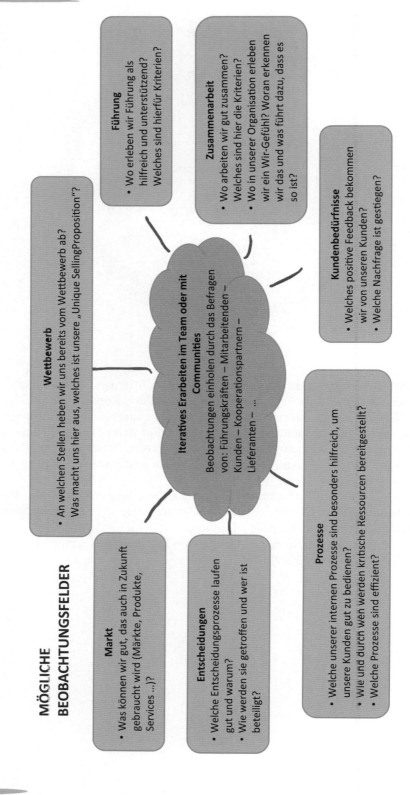

Iteratives Erarbeiten im Team oder mit Communities

Beobachtungen einholen durch das Befragen von: Führungskräften – Mitarbeitenden – Kunden – Kooperationspartnern – Lieferanten – …

Markt
- Was können wir gut, das auch in Zukunft gebraucht wird (Märkte, Produkte, Services …)?

Wettbewerb
- An welchen Stellen heben wir uns bereits vom Wettbewerb ab? Was macht uns hier aus, welches ist unsere „Unique SellingProposition"?

Führung
- Wo erleben wir Führung als hilfreich und unterstützend? Welches sind hierfür Kriterien?

Zusammenarbeit
- Wo arbeiten wir gut zusammen? Welches sind hier die Kriterien?
- Wo in unserer Organisation erleben wir ein Wir-Gefühl? Woran erkennen wir das und was führt dazu, dass es so ist?

Kundenbedürfnisse
- Welches positive Feedback bekommen wir von unseren Kunden?
- Welche Nachfrage ist gestiegen?

Prozesse
- Welche unserer internen Prozesse sind besonders hilfreich, um unsere Kunden gut zu bedienen?
- Wie und durch wen werden kritische Ressourcen bereitgestellt?
- Welche Prozesse sind effizient?

Entscheidungen
- Welche Entscheidungsprozesse laufen gut und warum?
- Wie werden sie getroffen und wer ist beteiligt?

Schritt 2: Lernen: In regelmäßig stattfindenden Meetings werden die gewählten Beobachtungsfelder besprochen und die eigenen Beobachtungen geteilt. Unsere Empfehlung zur iterativen Durchführung: Legen Sie einen konkreten Tag fest. Dann treffen Sie sich als Team/Community im definierten Zeitfenster. Bewährt hat sich ein Treffen von 1,5 Stunden im Abstand von 2 Wochen. Wir empfehlen eine Teilnahme von 4 bis maximal 10 Personen.

→ Das Team sollte dies gemeinsam entscheiden und auch im Verlauf prüfen, ob Anpassungen sinnvoll sind.

Anregende Fragen können sein:
- Welche Vorgehensweisen, Methoden, Verhaltensweisen, Abstimmungs- und Entscheidungsprozesse, Dokumente, Programme ... sind gerade besonders hilfreich und nützlich? Wobei helfen sie uns jetzt im Moment? Und was können wir damit in Zukunft erreichen?
- Was ist uns in letzter Zeit besonders gut gelungen?
- Wie könnten wir dies übertragen, ausbauen oder adaptieren?
- Wen müssten wir einbinden, um dieses Vorgehen zu verändern, und was müssten wir im Gegenzug eliminieren?
- Wie können wir eine Veränderung risikoarm ausprobieren? Was wäre ein erster Schritt?

Nachdem Sie die **Handlungsfelder identifiziert** haben, ist der nächste Schritt deren **Priorisierung**. Um Prioritäten zu setzen, siehe auch das Eisenhower-Prinzip (S. 24). Anschließend sollte für die Top-Handlungsfelder **Verantwortung** übernommen werden. Setzen Sie hier, angelehnt an die agile Logik, auf Freiwilligkeit: „Wer hat Lust dazu, sich um ein bestimmtes Thema zu kümmern bzw. daran mitzuarbeiten?" Vielleicht ist es möglich, die Themen in kleine Häppchen aufzuteilen: Das, was Sie sich vornehmen, soll im vereinbarten Zeitraum bearbeitbar sein. Sollten es komplexere Aufgabenstellungen sein, definieren Sie Teilschritte, die in zwei Wochen lösbar sind.

Damit starten Sie einen iterativen Prozess der Veränderung und der kontinuierlichen Verbesserung.

Schritt 3: Umsetzung: In den nächsten zwei Wochen sollten die „Action Items" umgesetzt werden. Bringen Sie die Ergebnisse in das nächste Meeting ein. Bald werden Sie als Team kalibriert sein auf eine gute Anzahl und einen passenden Komplexitätsgrad der möglichen Action Items je Bearbeitungszyklus.

Varianten

Prioritäten können auch mit digitalen Tools kollaborativ gesetzt werden – siehe dazu www.gobrief.com oder www.stormboard.com.

Ein Arbeitsblatt zum Ausdrucken oder Plotten erhalten Sie zum Download unter www.wenigerschlechtentscheiden.com

AUS DER PRAXIS

Trauern, jammern, leiden, sich fürchten – oder was draus machen?
Die Geschäftsführerin einer Filiale eines Einzelhandelskonzerns leitet ein Team von Abteilungsleiterinnen und Einkäuferinnen. Bedingt durch die COVID-19-Krise befinden sich alle Abteilungen, wie auch der Verkauf, in Kurzarbeit und weitestgehend im Homeoffice. Die Arbeit wird zwar langsam wieder hochgefahren, doch die Stimmung ist im Keller. Die Zahlen sind schlecht, die liegen gebliebenen Warenberge hoch. Die Geschäftsführerin führt mit ihren Führungskräften den B-L-U Loop-Prozess ein. Jeden zweiten Montag um 15.00 Uhr trifft sich das neunköpfige Team zu einem virtuellen Meeting für 1,5 Stunden. Eine interne Moderatorin ist dabei, damit das Team sich auf die Inhalte fokussieren kann. Nach einer Einstiegsrunde werden die Beobachtungen und Erkenntnisse der letzten zwei Wochen gesammelt. Die Kernfrage dieser Beobachtungen lautet: „Was ist uns gut gelungen und woran konnten/können wir dies festmachen?" Es werden etwa die gestiegenen Zahlen des Online-Handels, die vereinfachten Bestellprozesse und die verständnisvolle Kooperation mit den Lieferanten benannt. Es ist erstaunlich, wie viele positive Entwicklungen im Team zusammengetragen werden, und gleichzeitig ist spürbar, wie dieser Prozess die Stimmung von Minute zu Minute hebt. Gemeinsam erarbeiten die Führungskräfte nun, was genau dazu geführt hat, dass diese positiven Entwicklungen entstanden sind. Im nächsten Schritt wird ausgewertet, welche der identifizierten Praktiken explizit beibehalten oder gegebenenfalls auch auf andere Bereiche übertragen werden sollen. Aus diesen Erkenntnissen werden konkrete Handlungen und Zuständigkeiten abgeleitet, die in den darauffolgenden zwei Wochen durchgeführt und ausprobiert werden. Jede Führungskraft nimmt eigenverantwortlich passende Action Items mit, welche sie in dieser Zeit verfolgen möchte. Nach zwei Wochen trifft sich das Team erneut und wertet die zurückliegende Zeit aus. Die nächste Iteration des B-L-U Loop beginnt. Nach vier „Loops" ist die Offenheit im Team gestiegen und es fällt zunehmend leichter, Stärken zu erkennen und zu nutzen, sie auf andere Bereiche zu übertragen und auszubauen.

Achtung! Was man sich einhandeln könnte:

Die Stärken und Ressourcen werden zwar klar, aber die Umsetzung scheitert: Wissen ist noch nicht tun!

Der Schritt „Welche unserer Ressourcen könnten uns zukünftig helfen für …?" kann schwerfallen, denn die Zukunft ist ungewiss und ein Zukunftsbild kann in einem volatilen Umfeld schwierig zu entwickeln sein.

Quellen und Weiterlesen

- Entwickelt von Pascale Grün und Doris Schäfer, 2020.
- Angelehnt an kontinuierliche Verbesserungszyklen und agile Retrospektiven

12. PEER2PEER-CONSULTING

Kollegen als beratende Experten nutzen
Doris Schäfer

„Everything we hear is an opinion, not a fact.
Everything we see is a perspective, not the truth."
Marcus Aurelius

Weniger schlecht entscheiden

... weil das Know-how und die Erfahrung von Kolleginnen genutzt wird
... weil die Perspektiven von weiteren Expertinnen miteinbezogen werden
... weil die Beratung oftmals „augenöffnend" und inspirierend ist

Peer2Peer-Consulting, auch als **kollegiale Fallberatung** bezeichnet, ist angelehnt an die Methode der Supervision bzw. Intervision und nutzt Elemente der systemischen Psychotherapie bzw. des Coachings. Kolleginnen werden eingeladen Ideen für ein konkretes Problem (für einen Fall) zu finden, den eine Kollegin einbringt. Dabei steuern sie ihre Expertise und Erfahrung bei. Es handelt sich um einen strukturierten Prozess mit strenger Zeitvorgabe, der auf jeden Fall moderiert werden sollte. Nur so kann sichergestellt werden, dass Peer2Peer-Consulting in der vorgegebenen Zeit stattfindet und sich die Teilnehmerinnen an die in den jeweiligen Schritten vorgegebene Struktur halten. Die Zeit macht's aus: Längere Analysen, Diskussionen, Erklärungen und Rechtfertigungen bringen erfahrungsgemäß keine besseren Ergebnisse für die Fallbringerin.

ENTSCHEIDUNGSTYP:
Ja/Nein, Entweder/Oder, mehrere Optionen, Priorisierung, Erschaffen von Optionen

WER ENTSCHEIDET?
Einer

BRAUCHT:
Ein Blatt Papier oder Flipchart, eine Moderatorin und Zeitwächter (kann auch eine der beratenden Kolleginnen sein) und Kolleginnen, die ihre Zeit und ihr Wissen zur Verfügung stellen

DAUER:
60 Minuten

ANWENDUNG

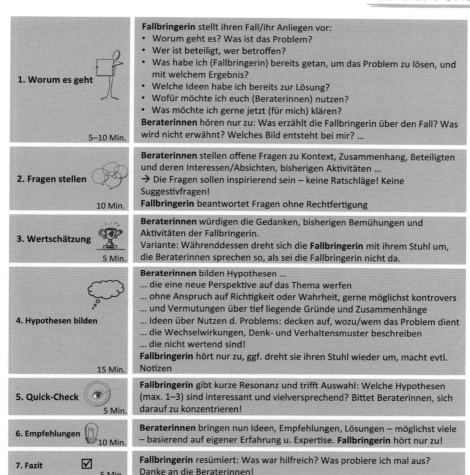

1. Worum es geht 5–10 Min.		**Fallbringerin** stellt ihren Fall/ihr Anliegen vor: • Worum geht es? Was ist das Problem? • Wer ist beteiligt, wer betroffen? • Was habe ich (Fallbringerin) bereits getan, um das Problem zu lösen, und mit welchem Ergebnis? • Welche Ideen habe ich bereits zur Lösung? • Wofür möchte ich euch (Beraterinnen) nutzen? • Was möchte ich gerne jetzt (für mich) klären? **Beraterinnen** hören nur zu: Was erzählt die Fallbringerin über den Fall? Was wird nicht erwähnt? Welches Bild entsteht bei mir? …
2. Fragen stellen 10 Min.		**Beraterinnen** stellen offene Fragen zu Kontext, Zusammenhang, Beteiligten und deren Interessen/Absichten, bisherigen Aktivitäten … → Die Fragen sollen inspirierend sein – keine Ratschläge! Keine Suggestivfragen! **Fallbringerin** beantwortet Fragen ohne Rechtfertigung
3. Wertschätzung 5 Min.		**Beraterinnen** würdigen die Gedanken, bisherigen Bemühungen und Aktivitäten der Fallbringerin. Variante: Währenddessen dreht sich die **Fallbringerin** mit ihrem Stuhl um, die Beraterinnen sprechen so, als sei die Fallbringerin nicht da.
4. Hypothesen bilden 15 Min.		**Beraterinnen** bilden Hypothesen … … die eine neue Perspektive auf das Thema werfen … ohne Anspruch auf Richtigkeit oder Wahrheit, gerne möglichst kontrovers … und Vermutungen über tief liegende Gründe und Zusammenhänge … Ideen über Nutzen d. Problems: decken auf, wozu/wem das Problem dient … die Wechselwirkungen, Denk- und Verhaltensmuster beschreiben … die nicht wertend sind! **Fallbringerin** hört nur zu, ggf. dreht sie ihren Stuhl wieder um, macht evtl. Notizen
5. Quick-Check 5 Min.		**Fallbringerin** gibt kurze Resonanz und trifft Auswahl: Welche Hypothesen (max. 1–3) sind interessant und vielversprechend? Bittet Beraterinnen, sich darauf zu konzentrieren!
6. Empfehlungen 10 Min.		**Beraterinnen** bringen nun Ideen, Empfehlungen, Lösungen – möglichst viele – basierend auf eigener Erfahrung u. Expertise. **Fallbringerin** hört nur zu!
7. Fazit 5 Min.		**Fallbringerin** resümiert: Was war hilfreich? Was probiere ich mal aus? Danke an die Beraterinnen!

Kollegiale Fallberatung als Organisationsentwicklungsmaßnahme
Ich setze diese Methode regelmäßig in Seminaren, Workshops und Projekten ein. In einem technisch geprägten Konzern hatte ich eine Mischung aus drei Hierarchieebenen und sechs Geschäftsfeldern im Raum. Die Teilnehmenden – fast ausschließlich ältere, sehr erfahrene, männliche Führungskräfte – waren oft skeptisch und zurückhaltend. Drei Mal einen Tag lang investierte jede Gruppe von ca. 20 Personen in kollegiale Fallberatung. Neben den immer neuen Impulsen für die jeweiligen Fallbringer entstand noch eine ganz andere Kraft: die Erkenntnis: „Euch da drüben" bzw. „denen da oben geht's ja so wie mir!" Die Quintessenz: „Wir sitzen in einem Boot. Wenn wir offen drüber reden und uns Ideen geben, stärken wir uns alle." Die breitflächige Durchführung unterstützte Vernetzung im Unternehmen, brachte Entlastung für die Fallbringer und stärkte Kollegialität und Austausch – auch über die Fallberatungstage hinaus.

ACHTUNG

Achtung! Was man sich einhandeln könnte:

Es braucht vielleicht etwas Mut, einen Fall einzubringen und in einer Gruppe zu zeigen, dass man nicht immer alles „im Griff" hat – und gerne Beratung haben möchte. Dieses Vorschussvertrauen lohnt sich fast immer!

Es braucht Kolleginnen, die in die Rolle der Beraterinnen schlüpfen möchten, die nicht sofort mit Lösungen aufwarten, sondern sich in das Umfeld und in die Problemstellung der Fallbringerin wirklich einfühlen wollen, die zunächst nur Fragen stellen – Lösungen werden erst am Ende präsentiert. Da braucht es Selbstbeherrschung

Und: Die Chefin sollte definitiv nicht im Raum sein! Wenn unterschiedliche Hierarchiestufen desselben Unternehmens teilnehmen, so sollten diese unbedingt cross-funktional gemischt sein.

Quellen und Weiterlesen

- Brinkmann, Ralf D.: Intervision: Ein Trainings- und Methodenbuch für die kollegiale Beratung. Sauer-Verlag, Heidelberg, 2002.
- Franz, Hans-Werner, Kopp, Ralf: Kollegiale Fallberatung – State of the Art und organisationale Praxis. EHP Praxis, Bergisch Gladbach, 2003.
- Lippmann, Eric: Intervision: Kollegiales Coaching professionell gestalten. Springer-Verlag, Berlin/Heidelberg, 2013.
- Spangler, Gerhard: Kollegiale Beratung: Heilbronner Modell zur kollegialen Beratung. 2., wesentlich erweiterte Auflage, Mabase Verlag, Nürnberg, 2012.
- Tietze, Kim-Oliver: Wirkprozesse und personenbezogene Wirkungen von kollegialer Beratung: Theoretische Entwürfe und empirische Forschung. VS Verlag für Sozialwissenschaften, Wiesbaden, 2010.

13. MUSTERBEOBACHTUNG ZUR RAHMENKLÄRUNG

Ein systemisches Erkenntnistool zum Erklären von Nichtentscheidungen
Torsten Groth

„Es geht hier also nicht um Menschen und ihre Situationen, sondern eher um Situationen und ihre Menschen."
Ervin Goffmann

Weniger schlecht entscheiden

... bei Entscheidungslagen, in denen für einzelne Akteure vermeintlich alles klar und dann doch nichts klar ist

... in Situationen, in denen es immer wieder zu Konflikten kommt, die von den Beteiligten allein nicht gelöst werden können

... durch den Fokus auf typische Muster, die das (Nicht-)Entscheiden entscheidend prägen

... mit der Einbeziehung typischer organisationaler Rahmenbedingungen, die widersprüchliche Erwartungen an die Akteure formulieren

Eine kurze Vorbemerkung: Viele Wege führen nach Rom, so lautet ein Sprichwort. Und ganz ähnlich ist es mit dem Entscheiden. Es kann auf vielfältige Weise erfolgen und verbessert werden. Die Fülle an Entscheidungshilfen lässt sich zunächst in zwei Typen bündeln: in den Typus „normative Hinweise" und in den Typus „empirische Hinweise". Normative Hinweise geben vor, wie man „richtig" oder auch „besser" entscheiden sollte; empirische Hinweise geben vor, wie man das tatsächliche Entscheidungsverhalten beobachtet, um daraus Lehren für eine verbesserte Entscheidungspraxis zu ziehen (vgl. Groth 2019, S. 29f.). Darüber hinaus lässt sich eine Verbesserung auf zwei Arten herbeiführen: Man fokussiert auf das positive Ziel und stellt heraus, wie dieses zu erreichen ist, oder aber man fokussiert auf die

ENTSCHEIDUNGSTYP:
Weder/noch, Priorisierung, Erschaffung von Optionen

WER ENTSCHEIDET?
Einer, Team, Viele

BRAUCHT:
Zeit und Bereitschaft, sich mit den Kontexten des Entscheidens zu beschäftigen

DAUER:
30 Min. – 3h

EINFÜHRUNG

Vermeidung problematischer Entscheidungslagen und gibt Hinweise, wie sich ein Problem abstellen lässt.
Im folgenden Tool geht es um die Vermeidung von Entscheidungskonflikten, indem man den Fokus auf die Entstehung von Mustern lenkt, die durch problemerzeugende Rahmenbedingungen entstehen. Wann und warum dieser Fokus wichtig ist, zeigt ein kurzes Experiment. Im zweiten Schritt wird dann das Analysetool „Musterbeobachtung und Rahmenklärung" vorgestellt.

1. Warum ist der Rahmen so relevant?

Anstelle einer typischen Problemlage aus der Praxis soll ein Rollenspiel genutzt werden, das bezeichnet wird als „Der Psychiater und sein Patient" (vgl. Simon 1995, S. 132 ff.). Man könnte dieses Rollenspiel aber auch nennen: „Eine Übung zum Bewundern des (nicht-) funktionierenden Entscheidungsalltags". Die Übung geht im Seminarkontext folgendermaßen: Die Teilnehmenden werden gebeten, Zweiergruppen zu bilden und einer Anweisung zu folgen, die sie in Form eines Zettels überreicht bekommen. Zudem wird der Hinweis gegeben, dass sie sich nicht über die Inhalte austauschen sollen. Auf den Zetteln findet sich die folgende Anweisung:

> Bitte lesen Sie die Rollenanweisung sorgfältig und versuchen Sie, sich entsprechend zu verhalten:
> *„Sie sind Psychiater/-in und werden zu einem Patienten gerufen, von dem Sie wissen, dass er verrückt ist. Eines seiner wichtigsten Symptome ist, dass er sich für einen Psychiater hält. Bitte überzeugen Sie ihn, sich freiwillig in stationäre Behandlung zu begeben."*

Der „Witz" der Übung besteht darin, dass beide Personen die gleiche Aufforderung erhalten, ohne dass sie anfangs hiervon wissen. Sie starten gemäß der Anweisung und merken, dass die Situation sie (über)fordert. Was passiert typischerweise? Beide Personen werden um die Deutungshoheit der Situation ringen und versuchen, den anderen zu überzeugen. Es wird auch um die Definition der Rolle und der damit verknüpften Macht- und Autoritätsstellung gehen: Wer ist wer, wer darf entscheiden, wer hat hier das Sagen etc. In der Folge passiert das, was man in der Praxis womöglich des Öfteren erlebt: Es kommt zu keiner Entscheidung. Wie auch? Egal wie geschickt die beiden Teilnehmer/-innen es versuchen – ob sie mit Fragen oder Eloquenz den anderen überzeugen wollen, ob sie auf ihre Rolle oder ihre Ausbildung verweisen, ob sie externe Referenzen erfinden, ob sie erst dem anderen als vermeintlicher Patient in die Klinik folgen, um dann als Psychiater/-in wieder rausgehen zu wollen – gemeinsam werden die Spielenden in diesem Experiment zu keiner akzeptierten Entscheidung kommen. Sie verstricken sich in zirkuläre Prozesse, aus denen sie nicht herausfinden.
Dieses Experiment, das ursprünglich auf einen Bericht von Paul Watzlawick zurückgeht, führt uns wie ein Brennglas vor, **woran es in vielen Entscheidungssituationen mangelt**: Der Rahmen der Situation (s. u.) ist entweder **unklar definiert**, **widersprüchlich** oder **wird nicht beidseitig anerkannt**, woraufhin die Beteiligten die Situation vollkommen unterschiedlich interpretieren und jeweils nur für sich

„richtig" handeln. Infolgedessen entsteht ein Konfliktmuster um die Deutungshoheit, um Zuständigkeiten und letztlich um die Frage, wer wem was zu sagen habe. Sicher braucht es nicht viel Fantasie, um Entscheidungslagen aus der eigenen Erfahrung so weiterzudenken, dass eine ähnliche Dynamik entsteht wie in dem Psychiater-Patient-Rollenspiel. Sobald die jeweils andere Seite den mit der Entscheidungssituation implizit mitgelieferten „Rahmen" nicht anerkennt, kommt es zu Konflikten und Mustern der Nichtentscheidung. Erwartbar ist in solchen Fällen auch, dass die **Beteiligten die Ursache für den Konflikt jeweils weniger im ungeklärten Kontext sehen, sondern eher Gründe in den persönlichen Eigenschaften ihrer Gegenüber suchen (und finden)** – mit weitreichenden negativen Folgen.

2. **Ein Reflexionstool zum Erklären von Nichtentscheidungen**
Was ist hier bzw. in den vielen Fällen zu tun, in denen die Beteiligten dauerhaft aufgrund grundsätzlicher Probleme nicht zu Entscheidungen kommen? Es bietet sich der Einsatz eines systemischen „Meta-Tools" an, das von den Beteiligten als Instrument zur *Mustererkennung* und *Rahmenklärung* genutzt werden kann.

Ziel und Hintergrund des Meta-Tools: Die Beteiligten finden (allein oder mit externer Unterstützung) aus ihrer Situation heraus, wenn es ihnen gelingt, gemeinsam zu erkennen, wie ihr Agieren zum Erhalt eines dysfunktionalen Musters beiträgt und wie wiederum der Kontext ihr Verhalten steuert und beide in den Konflikt treibt. Die Wirksamkeit des Tools fußt auf der systemischen Idee, dass in dauerhaft auftretenden Konflikten die gemeinsame Arbeit an der Problemerschaffung mehr Wirkung zeigt als permanente Hinweise, wie man etwas verbessern könnte.
Die Aufgabe der Beteiligten besteht darin, z. B. an einer Pinnwand den konkreten Prozess der Konfliktentstehung in drei Schritten nachzuzeichnen.

Anwendung

Schritt 1: Wer ist wie beteiligt? (10 – 20 Min.)
Im ersten Schritt geht es um die Kommunikations- und Interaktionsebene: Welche Akteure (hier mit A, B, C, D gekennzeichnet) müssen was tun, sodass es zum Konflikt bzw. zur Situation der Nichtentscheidung kommt? Alle relevanten Akteure und ihre Handlungen werden an der Pinnwand o. Ä. gesammelt. Entscheidend hierbei ist einerseits das Einbeziehen bzw. die Auswahl der relevant Beteiligten und andererseits die Beschäftigung mit der Frage, wie jeweils ein „Anschluss" hergestellt wird: Wie geht es jeweils weiter?

ANWENDUNG

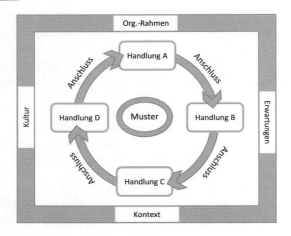

Schritt 2: Wie hängt alles zusammen? (10 – 20 Min.)
Orientiert am Schaubild wird der Fokus auf die Zusammenhänge gelegt: Wer macht was und wie geht es dann weiter? Eine kreisförmige Darstellungsform hilft zur Erkenntnis, dass viele Beteiligte gemeinsam einen Konflikt herstellen durch die Art und Weise, wie sie aufeinander reagieren.

Schritt 3: Vom Zusammenhang zum Muster (10 – 20 Min.)
Im dritten Schritt geht es darum, dass die Beteiligten das Muster, das sich infolge ihrer Kommunikations- und Handlungsabfolgen herausbildet, identifizieren. Hierbei ist es hilfreich, von der Bezeichnung einzelner Aktivitäten zu abstrahieren und einen Begriff für die Abfolge in ihrer Gesamtheit zu (er)finden: Ein Kampf um Anerkennung? Ein Wettrennen? Ein …? Zirkuläre Fragen können diesen Schritt unterstützen. Z. B. angenommen Außenstehende, welche die Details nicht kennen, müssten das Geschehen in wenigen Worten beschreiben: Welche Bezeichnung könnte denen einfallen? Die Aufforderung zur Mustererkennung und -bezeichnung lädt ein, aus der (emotional belasteten) Situation auszusteigen und gemeinsam, quasi von oben, auf den Ablauf zu schauen.

Schritt 4: Vom Muster zum Rahmen (20 – 90 Min.)
Im vierten und für die Wirkung ggf. wichtigsten Schritt wird der relevante Rahmen analysiert. Hier geht es um prägende Kontextfaktoren, die entscheidenden Anteil am Zustandekommen des Konfliktmusters haben und damit um alle Einflussfaktoren, die man typischerweise in Organisationen findet:

1. Inwieweit tragen (klare, unklare; geteilte, nicht-geteilte) formelle Regeln, z. B. Hierarchien, Zuständigkeiten, (operative, strategische) Entscheidungsvorgaben, Abteilungszuschnitte, Kommunikations- und Informationsroutinen, Prämiensysteme etc., zum Konflikt bei?
2. Welchen Anteil haben gewachsene informelle, kulturelle Praktiken?
3. Lässt sich eine Differenz zwischen formellen Vorgaben und informellen Praktiken erkennen (die als Konflikttreiber wirkt)?
4. Lassen sich Verhaltensweisen finden, die sich mit typischen Widersprüchen in Organisationen erklären lassen: zentral – dezentral; Qualität – Quantität; Routine – Innovation?

Schritt 5: Wie weiter? (10 – 60 Min.)
Abschließend ist zu klären, welche Handlungsfolgen die Beteiligten mit den Erkenntnissen verknüpfen. Oft führt allein die gemeinsame Arbeit an der Problementstehung dazu, dass Beteiligten deutlich wird, was sie zukünftig unterlassen müssen, insofern muss nicht viel Weiteres getan werden …
Zu reflektieren ist zudem, inwieweit eine Änderung der Rahmenbedingungen sinnvoll und möglich ist. Wenn ja, so schließen sich Veränderungsprozesse auf organisationaler Ebene an.

Gerade weil in konflikthaften Entscheidungssituationen der Kontext „Organisation" oft ausgeblendet bleibt, obgleich dieser strukturbedingt viele Konfliktanlässe liefert, ist diese Umfokussierung von hoher Wirksamkeit. Organisationen, so Niklas Luhmann, „vergessen sich selbst" und der Faktor „Organisation" muss gerade deshalb immer wieder in Erinnerung gebracht werden. Ansonsten erscheint der Alltag allein als ein Interaktionsgeschehen unter Kolleginnen/-en und auch die Problemursachen und -behebungen werden in dieser Welt gesucht. Erfahrungsgemäß sorgen jedoch Widersprüche in der Organisation und generelle paradoxe Problemlagen dazu, dass es zu Konfliktmustern kommt.

Mit dem Schema: „Ereignisse", „Anschlüsse", „Muster" und „Rahmen" haben Beteiligte an Nichtentscheidungen ein zwar abstraktes, dafür aber vielseitig einsetzbares Selbstanalyse-Tool zur Verfügung. Zugleich lernen sie einiges über Konfliktentstehungsprozesse, das auch im weiteren Alltag Wirkung zeigen kann. Wer erkennt, in welchem Kontext sich welche Muster verfestigen, der hat sich schon aus dem Eskalationsmuster herausbewegt.

> **Typische, problematische Entscheidungssituationen**
> Wer nun denkt, die Entscheidungsproblematik sei fernab der Welt von Management und Beratung, möge versuchen, sich an typisch problematische Entscheidungssituationen zu erinnern. Hierzu einige exemplarische Beispiele in Stichworten:
> - Ein Stabsmitarbeiter aus einer Holding ermahnt eine Geschäftsbereichsleiterin einer operativen Einheit, sich an zentrale Vorgaben zu halten …
> - Ein agiler Coach drängt auf die Einhaltung von neuen Verfahrensvorgaben …
> - Die Juniorin eines Familienunternehmens streitet mit ihrem Vater über die Notwendigkeit, verstärkt in Start-ups und digitale Geschäftsmodelle zu investieren …
> - Der neue Geschäftsführer, aus einer Konzernleitungsfunktion kommend, versucht in einem langjährig erfolgreichen Familienunternehmen, „professionelle" Managementmethoden einzuführen …
>
> Das heißt: Bei all jenen Situationen, in denen unterschiedliche Sichtweisen, Deutungen und Interpretationen des Rahmens und der Sachlage aufeinanderprallen, kommt es nicht selten zu Nicht-Entscheidungen bzw. „Patt-Situationen" mitsamt schwelenden Konflikten.

ACHTUNG

Achtung! Was man sich einhandeln könnte:

Typischerweise entstehen Konflikte, weil alle Beteiligten von der Richtigkeit ihrer Sicht überzeugt sind und das Falsche und damit die Veränderungsnotwendigkeit beim Gegenüber sehen. Mit der Übung treten ggf. „schmerzhafte" Selbsterkenntnisse zutage, dass viele Akteure gemeinsam ein Problem „heraufbeschwören" und damit mitverantwortlich sind.

Der Fokus auf die Rahmenbedingungen bezieht organisationale Strukturen mit ein und setzt diese der Reflexion aus. Die für Organisation und Führung einfache „Lösung", Entscheidungsprobleme bei Einzelpersonen zu sehen, wird hinterfragt und größere Organisationsveränderungen werden sichtbarer … will man das?

Quellen und Weiterlesen

- Goffman, Erwin: Interaktionsrituale: Über Verhalten in direkter Kommunikation. Suhrkamp, Frankfurt a.M, 1986.
- Groth, Torsten: 66 Gebote systemischen Denkens und Handelns in Management und Beratung (3. Aufl.). Carl Auer Verlag, Heidelberg, 2019.
- Luhmann, Niklas: Organisation und Entscheidung. Westdeutscher Verlag, Opladen/Wiesbaden, 2000.
- Simon, Fritz B.: Meine Psychose, mein Fahrrad und ich. Zur Selbstorganisation der Verrücktheit (5. Aufl.). Carl Auer, Heidelberg, 1995.
- Watzlawick, Paul: Wie wirklich ist die Wirklichkeit: Wahn. Täuschung, Verstehen (22. Aufl.). Piper, München, Zürich, 1994.

14. ENTSCHEIDEN MIT SPANNUNGSFELDERN

Handlungsfähig bleiben in scheinbar unentscheidbaren Zuständen
Niklas Gaupp

„Nur die Fragen, die prinzipiell unentscheidbar sind, können wir entscheiden."
Heinz von Förster

Weniger schlecht entscheiden

… in gefühlten Zwickmühlen- und Dilemmasituationen

… durch einen besseren Überblick über die Kräfte, die bei einer Entscheidung am Werk sind

… weil das Erkennen von Spannungsfeldern entlastet und man sich weniger als Getriebener fühlt

In vielen Kontexten unseres Lebens ist der Begriff der Spannung negativ besetzt. So sagt man bei emotional verlustreichen Teamkonflikten auch lapidar: „Es gibt Spannungen im Team." Und Zustände der Gespanntheit sind für uns meist nur temporär und mit der Hoffnung auf ihre baldige Auflösung aushaltbar (z. B. während der 90–120 Minuten eines Fußballspiels). Im Gegensatz dazu gibt es in der Organisationswissenschaft ein sehr viel herzlicheres Verhältnis zum Phänomen der Spannung. Sie entsteht, wenn zwei scheinbar unvereinbare Optionen unter einen Hut gebracht werden müssen: widerstreitende Kräfte, Blickrichtungen, Ziele, Handlungslogik etc. Wenn man genau hinsehe, so die Organisationstheoretiker, erkenne man sogar im Umgang mit scheinbar Unvereinbarem das Betriebsgeheimnis von Organisationen. Das führt zur These: Nur wer Spannungsfelder berücksichtigt und mit ihnen arbeitet, kann gute Entscheidungen treffen!

ENTSCHEIDUNGSTYP:
Entweder/Oder, Erschaffen von Optionen

WER ENTSCHEIDET?
Einer, Team, Viele

BRAUCHT:
Zeit, Meta-Ebene, Selbstreflexion, evtl. externe Moderation und etwas Übung sowie Fingerspitzengefühl

DAUER:
Kommt stark darauf an, wie oft und wie stark das Spannungsfeld Entscheidungen verlangt

Anwendung

Schritt 1: Erkenne, dass du dich in einem Spannungsfeld bewegst.
Spannungsfelder sind keine Probleme – sie produzieren aber gerne welche. Für Probleme gibt es (meistens) eine Lösung. Spannungsfelder dagegen begleiten uns auch dann noch, wenn das Problem gelöst scheint. Man merkt dann: Da gab es noch einen übergreifenden Kontext, den es zu berücksichtigen galt. Ein Beispiel in Organisationen wäre, dass die effizientesten Lösungen oft nicht als die nachhaltigsten angesehen werden, und gleichzeitig wird oft die Entscheidung gegen die Nachhaltigkeit zugunsten der Effizienz getroffen.

Was ist also zu tun? Zuallererst: Frag nach!
Werden unsere bisherigen Entscheidungen wirklich dem Sachverhalt gerecht, mit dem wir es zu tun haben? Oder andersherum: Hat unser Lavieren und Nicht-Entscheiden vielleicht genau damit etwas zu tun, dass wir eigentlich den größeren Zusammenhang nicht verstanden haben, in den ein Problem eingebettet ist?

Zweitens: Mach dein Unbehagen zu deinem Verbündeten!
Was lehrt mich mein Unbehagen über die aktuelle Situation und die bis zu diesem Zeitpunkt getroffenen Entscheidungen? Was fehlt noch im „Big Picture"? Was fühlt sich nach der „Lösung" noch nicht „gelöst" an? Und wäre es wirklich gut, wenn wir noch „mehr vom Selben" machen würden?
Eine wahrhaft türöffnende Formulierung in diesem Zusammenhang ist das „Ich will ja, aber..." oder „Wir wollen ja, aber...". Bei diesen Satzvervollständigungen stößt man oft direkt auf die zugrunde liegenden Spannungsfelder, z. B.: „Ich will ja schnell mit meiner Arbeit fertig werden, aber dann kann ich nicht am Kaffeeautomaten mit meinen Kollegen quatschen." Oder: „Klar wollen wir nachhaltige Baumwolle verwenden, aber unsere Zielgruppe bezahlt keine 50 Euro für ein T-Shirt." Kommt statt des Spannungsfeldes dabei eher ein „Problem" zum Vorschein, so ist das natürlich auch kein Problem! Denn Spannungsfelder sind zähe Zeitgenossen und haben die Angewohnheit, auch nach multiplen Problemlösungen immer wieder hervorzutreten.

Schritt 2: Bestimme die Pole deines Spannungsfeldes.
Wähnt man sich in den Fängen eines Spannungsfeldes, so ist es meist kein weiter Weg zu seiner Bestimmung. Dabei ist es sinnvoll sich klarzumachen, dass ein Spannungsfeld selten allein kommt. Wie bei Ölfeldern führt oft auch die Entdeckung eines Spannungsfeldes zur Entdeckung vieler Spannungsfelder.

Eine bewährte Methode zur Spannungsfeldbestimmung ist das Werte- und/oder Entwicklungsquadrat von Friedemann Schulz von Thun. Und das geht so:
Man nehme einen positiven Wert, z. B. Vertrauen, und suche seinen positiven Gegenwert. Das ist oft nicht so einfach. „Misstrauen" ist z. B. eher negativ konnotiert. Gleichzeitig könnte auch die Übertreibung von Vertrauen zu etwas Negativem führen, nämlich „naiver Vertrauensseligkeit". Mit Blick auf die negativen Übertreibungen der zugrunde liegenden positiven Werte wird deutlich, dass der komplementäre Wert zum Vertrauen die „Vorsicht" ist (siehe Abbildung).

ANWENDUNG

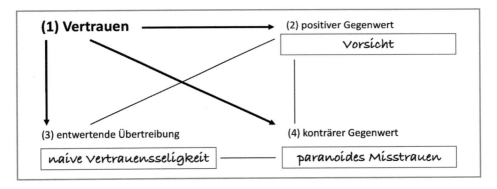

Voilà! Ein Spannungsverhältnis zeichnet sich dadurch aus, dass beide Pole potenziell „bejahbar" sind. In Unternehmen zeigen sich bspw. oft diese Spannungsfelder: Robustheit – Flexibilität, Schnelligkeit – Genauigkeit, Entschlussfreude – Abwägung, Intuition – Analyse, etc.

Schritt 3: Think inside the box!
In Spannungsfeldern zu denken ist nicht nur hilfreich, um einen vielleicht manchmal etwas vorschnellen Problemlösefokus („Was! Ein Problem? Hier ist die Lösung!") zu überwinden. Sie können auch dazu dienen, zu Problemlösungen auf einer tieferen Ebene beizutragen.
Das ist der Kern des immer populärer werdenden Ansatzes des „Integrative Thinking" von Jennifer Riel und Roger L. Martin. Dabei geht es u. a. darum, sich von der Scheinalternative, nur mittelmäßige Optionen zu haben, zu verabschieden und das auszuarbeiten und zu entwickeln, was sie „great choices" nennen. Das sind Lösungen, die ihre zugrunde liegenden Spannungsfelder wirklich hinter sich gelassen haben, weil in der Beschäftigung mit den Spannungsfeldern etwas Neues entstanden ist (→ siehe S. 70: Tetralemma und auch S. 232: Design Thinking).
Eine Methode, die sich aus ihrem umfassenden Ansatz herausgreifen lässt, sind die „Drei Pfade, um Spannungen aufzulösen":

1. Pfad: *The Hidden Gem* („das versteckte Juwel"): Man nehme einen gewünschten, aber vielleicht nicht direkt offensichtlichen Baustein aus Lösung A und einen aus Lösung B und kreiere auf Basis dieser Bausteine eine neue Lösung C. Das befreit von Entweder-oder-Denken – Motto: von beidem ein bisschen. Ein Beispiel dafür wäre einfach das Buffet: nicht Menü A oder Menü B, sondern Elemente von beiden in einer neuen Kombination.
2. Pfad: *Double Down* („den Einsatz verdoppeln"): Man nehme Lösung A oder B komplett und ergänze es um einen wichtigen Baustein aus der entgegengesetzten Lösung. Es ist de facto eine Entscheidung für eine Seite – aber um den vielleicht wichtigsten Aspekt der Gegenseite ergänzt. Ein Beispiel dafür wäre, wie geplant ein Burger-Restaurant aufzusuchen, aber eine Pizza des Italieners gegenüber einfach mitzunehmen, um den Hauptgang entscheidend zu verbessern.
3. Pfad: *Decomposition* („Zerlegung"): Man lasse Lösung A und Lösung B komplett bestehen, aber beschränke ihre Anwendung auf unterschiedliche Bereiche des Problems. Man befreie sich also von der Vorstellung, dass es nur einen zusammenhängenden Problemkomplex gäbe – unterschiedliche Lösungen für

ANWENDUNG

unterschiedliche Probleme. Ein Beispiel dafür wäre die Erkenntnis, dass bei der Beauftragung eines Lieferservices nicht alle ihr Abendessen vom selben Restaurant beziehen müssen.

Das „Integrative Thinking" basiert auf der wirklich gründlichen Beschäftigung mit den zugrunde liegenden Entscheidungsoptionen! Diese Art des Vorgehens nennen Riel und Martin mit einer Spitze gegen das sich immer weiter verbreitende „out of the box"-Thinking auch „think *inside* the box" – d. h., wenn man sich mit den Inhalten im Detail beschäftigt, gibt es die Chance, dass Widersprüche sich auflösen. Mit Wittgenstein gesprochen: „Die Lösung des Problems des Lebens merkt man am Verschwinden dieses Problems."

Schritt 4: Wenn sich Spannungsfelder trotzdem nicht auflösen lassen, verschaff dir Klarheit über deine Möglichkeiten – und handle!
Riel und Martin gestehen ein, dass integrative Lösungen nicht immer möglich sind. Trotzdem müssen wir irgendwie mit Spannungsfeldern umgehen, wenn wir uns erst einmal über ihre Existenz klar geworden sind. Martin Claßen nennt die wichtigste Strategie im Umgang mit Spannungsfeldern das „Aushalten" (oder auch „Management") des Spannungsfeldes. Die drei Alternativen – „ausschalten", „ausleben" oder „ausblenden" – sind nicht zu empfehlen. Zumindest besteht das Risiko, langfristig nicht von diesen Alternativstrategien zu profitieren. Oder noch pointierter ausgedrückt: *Wer Spannungsfelder nicht aushalten will, wird wohl in der einen oder anderen Weise unter ihnen leiden.*

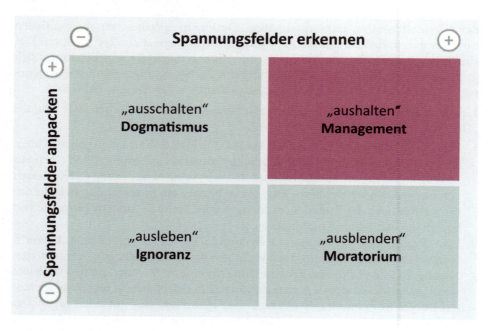

Fürs „Aushalten" zählt Claßen dann eine Reihe von Substrategien auf, wie die Umdeutung (Reframing), die Verschiebung (Shifting), die Unterscheidung (Differing), Mittelwege (Balancing), kompensatorische Konstrukte (Counterbalancing) und das bewusste Aussitzen. Letzteres ist nicht zu vergleichen mit dem unbewussten Aussitzen. Denn man hat begriffen, dass man sich in einem Spannungsfeld befindet und in Spannungsfeldern gibt es keine perfekten Lösungen.

> **Innovieren heißt Managen von Spannungsfeldern**
> In einem Innovationsprojekt setzten wir die Spannungsfelder-Methodik für den Feinschliff bei der neuen Innovationsstrategie des Kunden ein. Über Stakeholder-Interviews mit den Beteiligten am Innovationsgeschehen identifizierten wir die Hauptspannungsfelder des unternehmensweiten Innovationsprozesses.
> Eines der wichtigsten Spannungsfelder war: *Zeit für das Tagesgeschäft* vs. *Zeit für Innovationen*. Dahinter verbarg sich eine Variante von Clayton Christensens bekanntem „Innovator's Dilemma". Unser Kunde war einfach zu erfolgreich in dem, was er tat, um Zeit für Innovationen zu haben. Die Lösung bestand, wie im obigen Prozess beschrieben, zunächst einmal im Anerkennen der mit dem Innovationsprozess verbundenen Spannungsfelder. Auf dieser Basis war es möglich, sich von Entweder-oder-Lösungen und scheinbar selig machenden Standardlösungen im Bereich Innovationsmanagement zu befreien – und sich damit auf die Reise zu einem einzigartigen und für genau diesen Kunden passenden Innovationsprozess zu machen.

ACHTUNG

Achtung! Was man sich einhandeln könnte:

Das Identifizieren von Spannungsfeldern sollte niemals Selbstzweck sein. Wenn die oben beschriebene Schrittfolge durchlaufen wird, landet man beim reflektierten und innerlich gesetzten Handeln oder Nicht-Handeln (etwa im bewussten Aussitzen). Ein konstruktiver Umgang mit Spannungsfeldern reduziert das Unbehagen und setzt es gerade nicht auf Dauer!

Ein weiteres Risiko sind Scheinspannungsfelder. Schmerz über Verlust ist z. B. kein Spannungsfeld, weil schlicht keine Entscheidung verlangt wird. Außerdem sollte man bei aller berechtigten Begeisterung über den Begriff sparsam mit ihm umgehen. Die Wahl zwischen zwei super Optionen (Maserati oder Ferrari) ist kein Spannungsfeld – es sei denn, man bezieht versteckte Folgekosten mit ins Kalkül ein (in diesem Beispiel u. a. den Spritverbrauch).

Quellen und Weiterlesen

- Martin, Roger L./ Riel, Jennifer: Creating great choices: A leader's guide to integrative thinking. Harvard Business Publishing Press Boston, Massachusetts, 2017.
- Claßen, Martin: Spannungsfelder im Change Management: Veränderungen situativ gestalten. Handelsblatt Fachmedien, Düsseldorf, 2019.
- Schulz von Thun, Friedemann: Miteinander reden 2: Stile, Werte und Persönlichkeitsentwicklung. Differenzielle Psychologie der Kommunikation. Rowohlt Taschenbuch Verlag, Reinbek bei Hamburg, 2019.

15. ENTSCHEIDUNGSRÄUME

In einem Rundgang emotional entscheiden und rational überprüfen
Stephan Kasperczyk und Doris Schäfer

„Ermögliche emotionale Entscheidungen und sorge für rationale Absicherung."
Peter Brix

Weniger schlecht entscheiden

... weil Bauchgefühl zugelassen, aber rational abgesichert wird

... weil die gewählten Optionen kritisch, strukturiert und nach spezifischen Gesichtspunkten überprüft werden

... denn es wird auf jene Perspektiven fokussiert, die für die erfolgreiche Umsetzung relevant sind

Die moderne Neurowissenschaft hat verschiedentlich gezeigt, welche Rolle Emotionen und Gefühle bei Entscheidungen spielen. Auch die Protagonisten der Persönlichkeitstypologie zielen in diese Richtung: *„Zeig mir, was du für ein Typ bist, und ich sage dir, wie du entscheiden wirst."* Unser Werkzeug greift diese Ansätze auf und beschreibt einen Weg, den Sie gehen können, wenn Sie

- holistische Entscheidungen unter Einbeziehung unterschiedlicher Perspektiven treffen wollen.
- die in der ersten Emotionswelle getroffenen Entscheidungen rational überprüfen und begründen wollen.

ENTSCHEIDUNGSTYP:
Ja/Nein, Entweder/Oder, mehrere Optionen, Priorisierung

WER ENTSCHEIDET?
Einer, Team

BRAUCHT:
Flipchart, Leitfragen, ehrliche Antworten

DAUER:
1 – mehrere Stunden, abhängig von der Anzahl der zu betrachtenden Faktoren und Entscheidungsoptionen

ANWENDUNG

Anwendung

Einstieg: Treffen Sie spontan oder unterstützt von anderen Werkzeugen Ihre Entscheidung oder betrachten Sie die Entscheidung, die Sie auf den Prüfstand stellen wollen.

Gehen Sie nun die einzelnen Elemente anhand der Fragen durch und überprüfen Sie Ihre Entscheidung. Bedenken Sie: Eine gute Entscheidung ergibt Sinn, und fühlt sich noch dazu gut an!

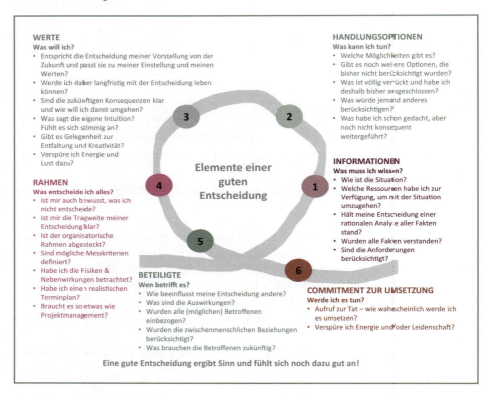

1. **Informationen. Was müssen Sie wissen?** Betrachten Sie die Ausgangslage: Was ist los? Haben Sie alle relevanten Informationen (verstanden)? Verfügen Sie über notwendige Ressourcen?
2. **Handlungsoptionen. Was können Sie tun?** Handeln Sie so, dass sich die Zahl Ihrer Optionen und Möglichkeiten erhöht! Denken Sie über den Tellerrand hinaus, was haben Sie bisher noch gar nicht berücksichtigt?
3. **Werte. Was wollen Sie?** Passt die Entscheidung zu Ihren Werten und Vorstellungen? Fügt sie sich gut ein in Ihr ganz persönliches Zukunftsbild? Passt sie zu Ihnen und zu dem, wofür Sie stehen und was Sie erreichen wollen?
4. **Rahmen. Was entscheiden Sie alles?** Was entscheiden Sie nicht? Wie sehen die (organisatorischen) Rahmenbedingungen dafür aus? Gibt es auch Risiken und Nebenwirkungen? Woran können Sie die Wirkung Ihrer Entscheidung erkennen und wie können Sie diese messen?

AUS DER PRAXIS

5. **Beteiligte. Wen betrifft sie?** Wie wirkt sich Ihre Entscheidung auf das soziale Umfeld aus und was bedeutet sie für andere? Haben Sie alle relevanten Beteiligten und Betroffenen einbezogen/bedacht? Was brauchen die Betroffenen, um die Entscheidung umsetzen zu können (Qualifizierung, Unterstützung, Werkzeuge)?
6. **Commitment zur Umsetzung.** Werden Sie es tun? Zu guter Letzt braucht es den „Aufruf zur Tat" auch für Sie selbst. Haben Sie die nötige Energie in der Sache? Sind Sie bereit, die Umsetzung einzufordern – auch dann, wenn es konfliktär wird? Was passiert, wenn die Entscheidung nicht umgesetzt wird – können Sie mit den Konsequenzen leben? Wenn ja, dann: „Let's get the show on the road!"

Wer tanzt?

Ein Tanzsportclub möchte die Arbeit im Breitensport weiter ausbauen, nachdem sich der Turniersport-Bereich aus verschiedenen Gründen als weniger attraktiv erwiesen hat. Es wird eine zweite Standard- und Latein-Breitensportgruppe gegründet. Anfangs erhält sie starken Zulauf, allerdings ist das Engagement der Beteiligten nur von kurzer Dauer und es bleiben lediglich drei Paare aktiv. Der Betrieb ist so auf längere Sicht nicht rentabel und das weitere Vorgehen wird diskutiert.

Mit dem Vorstand wandten wir den Rundgang durch die Entscheidungsräume an:

Zunächst wurden die **Informationen** zusammengetragen, warum Tanzpaare ausgeschieden waren – hier war jedoch kein Muster zu erkennen. Klar wurde aber: Wenn eine „magische Grenze" erreicht ist, folgt ein Verlust von Fördermitteln. Drei **Handlungsoptionen** wurden entwickelt: 1. „Galgenfrist" mit massiver Werbung für einen Wiedereinsteiger-Workshop, 2. Sofortige Zusammenlegung mit einer anderen Breitensport-Gruppe, 3. Einstellung der Aktivitäten, Neustart bei Nachfrage. Die Gruppe gänzlich aufzugeben, passte aber nicht zu den Zukunftsvorstellungen und **Werten** des Vereins. Der Anspruch ist, dass die Gruppen ihrem Niveau entsprechend trainiert werden. Die Zusammenlegung mit anderen Gruppen würde daher ebenfalls nicht passen. Eine Entlastung des Trainers, nur eine Gruppe trainieren zu müssen, stand dem dagegen (**Rahmen**). Von der Zusammenlegung wären beide Gruppen **betroffen**. Einerseits positiv: langfristiges Bestehen gesichert – andererseits negativ wegen der Niveauunterschiede. Das **Commitment zur Umsetzung** sah wie folgt aus: Optionen 1 und 2 wurden kombiniert, eine Werbeaktion gestartet und man gab sich sechs Monate Zeit. Sollte dies nicht klappen, würden beide Gruppen zusammengelegt und ein neues Trainingskonzept entwickelt, sodass ein Trainer mit zwei Gruppen gleichzeitig arbeiten kann.

ACHTUNG

Achtung! Was man sich einhandeln könnte:

Gelegentlich wird der Prozess bei der Anwendung in einem Team als langwierig und ermüdend erlebt. Da braucht es eine gute, straffe Moderation – ggf. unter strikten Zeitvorgaben (Time-Boxing). Wenn es dann ums Treffen der Entscheidung bzw. um das Commitment zur Umsetzung geht, eignen sich kollegiale Entscheidungsverfahren wie Widerstandsabfrage (S. 121), Konsent (S. 144) oder kollegiale Rollenwahl (S. 149).

Quellen und Weiterlesen

- Entwickelt von Stephan Kasperczyk und Doris Schäfer, 2020.

Dabei wurde folgende Literatur einbezogen:
- Gigerenzer, Gerd: Bauchentscheidungen: Die Intelligenz des Unbewussten und die Macht der Intuition. 4. Auflage, Bertelsmann, München, 2007.
- Herrmann, Ned: Das Ganzhirn-Konzept für Führungskräfte: Welcher Quadrant dominiert Sie und Ihre Organisation? Ueberreuter, Wien, 1997.

16. DECISION JOURNEY MAPPING

Verborgene Dilemmata, Hindernisse und Blockaden aufdecken
Kira Krämer

„Viele Probleme erscheinen uns nur deshalb so groß, weil wir sie mit zu wenig Abstand betrachten."
Jochen Marias

Weniger schlecht entscheiden

… bei Prozessen, die seit Jahren festgefahren sind/die noch nie bewusst reflektiert wurden

… durch Verstehen, um Weiterentwicklung und Wandel zu ermöglichen

… durch bewusste Gestaltung besserer Entscheidungsprozesse

Es gibt Entscheidungen, die wir in konkreten Situationen punktuell treffen. Oft handelt es sich aber um längere Prozesse, die einen höheren Grad an Komplexität beinhalten können. Gerade in Organisationen ist es oft nicht nachvollziehbar, wer warum welche Entscheidung getroffen hat und wodurch diese beeinflusst wurde.

Die Methode des Decision Journey Mapping wurde von mir im Rahmen eines Projektes entwickelt. Sie bietet die Möglichkeit, Entscheidungsprozesse sichtbar zu machen und somit eventuelle Blockaden und Zeitfresser aufzudecken. Die Grundlage für diese Methode bildet die „Customer Journey Map", welche im Bereich des Design Thinking ein wichtiges Instrument für die Produkt- und Serviceentwicklung ist.

ENTSCHEIDUNGSTYP:
Erschaffen von Optionen

WER ENTSCHEIDET?
Einer, Team, Viele

BRAUCHT:
Whiteboard oder großes weißes Papier, ggf. Moderator – wenn mehrere Personen teilnehmen, geschützter Raum und offenes Mindset

DAUER:
Für die Prozess-Skizze 30–60 Min. Die daraus entstehenden Gespräche und Konsequenzen gestalten sich je nach Anwendungsfall.

ANWENDUNG

Anwendung

Schritt 1: Wählen Sie einen Entscheidungsprozess aus, den Sie analysieren oder optimieren wollen. Berücksichtigen Sie dabei Kriterien wie z. B. lange Zeitdauer, anstrengender Prozess, schlechte Ergebnisse etc.

Schritt 2: Erinnern Sie sich möglichst an jeden Schritt und jedes Detail des Prozesses. Notieren Sie jedes Ereignis auf einem einzelnen Klebezettel.
Ereignisse können auf verschiedenen Ebenen stattfinden. Gliedern Sie Ihre Notizen in folgende Bereiche:

- **Ereignisebene**: Was passiert? Welche Situationen treten ein?
- **Informationsebene**: Welche Informationen erhalten Sie? (Z. B. sachliche Informationen, Feedback, Kritik, Meinungen anderer …)
- **Kommunikationsebene**: Wie erhalten Sie die Informationen? (Z. B. Konversationen, E-Mails, Meetings, Briefe, Telefonate, Versammlungen, …)
- **Personelle Ebene**: Wer hat wann Einfluss auf Sie/das Thema/den Entscheidungsprozess?
- **Individuelle Ebene**: Was löst das bei Ihnen oder anderen aus? (Z. B. Gedankenprozesse, Entschlüsse, Zögern etc.)

Tipp: Verwenden Sie für jede Ereignisebene eine eigene Farbe. Die klare Struktur unterstützt Sie, Beschlüsse für das weitere Vorgehen zu treffen.

Schritt 3: Bringen Sie nun die notierten Ereignisse in eine zeitliche Abfolge. Erstellen Sie hierfür eine Zeitachse, indem Sie eine horizontale Linie quer über Ihr Papier bzw. Whiteboard ziehen. Verteilen Sie Ihre Notizen in der entsprechenden Reihenfolge entlang der Zeitachse.
Tipp: Lassen Sie Platz zwischen Ereignissen, d. h. dort, wo längere Zeit nichts passiert. So sehen Sie leichter, wo sich mögliche Zeitfresser verbergen.

	Problem	Informationen	Möglichkeiten	Entscheidung	Umsetzung
Ereignis	Organisation ist aufgefordert, sich zu einem schwierigen Thema öffentlich zu positionieren	Recherche von Informationen durch den Verantwortlichen; Versuch, sich Expertise anzueignen	Informationen auswerten, Varianten definieren, Vor-& Nachteile ausarbeiten	Reflexion, Chancen und Risiken abwägen, Folgen bedenken	Entscheidung an Mitarbeiter und Auftraggeber kommunizieren
Information	Aufforderung von Presse und offiziellen Stellen	Es ist unklar, wer welche Informationen besitzt		Letzte Beratschlagung mit einem vertrauten Kollegen	
Kommunikation	E-Mail	E-Mail, Telefon, persönliches Gespräch, Internetrecherche		Persönliches Gespräch	E-Mail
Personell	Nur eine einzelne Person ist für das Thema zuständig und verantwortlich		Gespräche mit unterschiedlichen Kollegen: viele Meinungen, jedoch keine Expertise vorhanden		Positives Feedback von Vorgesetztem und Kollegen, alle sind zufrieden
Individuell	Neuartige Situation für den Verantwortlichen	Verwirrung	Überforderung, da keine Unterstützung und großer Zeitdruck	Schwere, einsame Entscheidung	Erleichterung
Highlights/ Tiefpunkte	😮	😮	☹ ⚡	☹ ⚡	😊

Schritt 4: Markieren Sie nun die „Highlights" und Tiefpunkte des Prozesses. Ergänzen Sie hierzu eine weitere Zeile und teilen Sie diese horizontal in zwei Bereiche. Oben sind die positiven Emotionen wie Freude, Zuversicht, Verbundenheit etc. Unten sind die negativen Emotionen wie Frust, Ärger, Streit, Genervtheit, Hilflosigkeit etc.
Gehen Sie nun jedes Ereignis durch und ordnen Sie das Ereignis auf der emotionalen Skala ein. Setzen Sie einen Punkt an die entsprechende Stelle. Verbinden Sie die einzelnen Punkte zu einer Linie.
Die Tiefpunkte zeigen an, wo es dringenden Handlungsbedarf gibt. Gleichzeitig werden aber auch positive Aspekte sichtbar. Diese gilt es parallel zu stärken bzw. auszubauen.

Schritt 5: Betrachten Sie nun die Tiefpunkte genauer. Wählen Sie einen aus und hinterfragen Sie das jeweilige Ereignis. Warum war es so negativ? Woran kann es gelegen haben? Lag es z.B. an bestehenden Strukturen, der Kommunikation, der Vorbereitung etc.?
Notieren Sie jede Aussage auf einen Zettel und kleben Sie diesen zum jeweiligen Ereignis.

Schritt 6: Ziehen Sie entsprechende Konsequenzen und entwickeln Sie mögliche Maßnahmen und Lösungen. Holen Sie die Verantwortlichen/Entscheider mit an den Tisch und durchlaufen Sie gemeinsam die von Ihnen visualisierte Decision Journey.
Noch besser: Machen Sie die Übung gemeinsam. Stellen Sie sich als Gruppe folgende Fragen: Wo besteht dringender Handlungsbedarf? Was gilt es zu verändern? Was soll abgeschafft werden? Was wollen wir stärken? Was soll neu hinzukommen? Was wollen/müssen wir tolerieren?
Die Decision Journey ist eine gute Grundlage, um die Gespräche zu bündeln und auf den exakten Ablauf zu fokussieren. Allgemeine Diskussionen und Seitenthemen werden vermieden. Sollte jemand thematisch abdriften, können Sie mit folgender Frage den Fokus neu setzen: „Wo befinden wir uns gerade in der Journey, wenn wir über Punkt X diskutieren?"
Bei Sessions mit mehreren Teilnehmenden ist eine Moderation durch eine neutrale Person sinnvoll.

Varianten

Um ein vollständiges Bild eines Entscheidungsprozesses zu erhalten, skizzieren mehrere Teilnehmer die Journey aus ihrer Sicht. Diese werden anschließend zusammengetragen und verglichen bzw. integriert.
Um Muster oder Parallelen zu identifizieren, quer über verschiedene Prozesse hinweg, werden mehrere Entscheidungsprozesse analysiert und „übereinandergelegt", d.h. miteinander abgeglichen. Ergeben sich Parallelen und Muster, haben Sie Indizien für einen oder mehrere „Fehler im System".

AUS DER PRAXIS

Eine Organisation ist unzufrieden mit ihren Entscheidungsprozessen – wie lässt sich herausfinden, woran es liegt?

In einer großen Non-Profit-Organisation, die wir beraterisch begleiten, waren Entscheidungen schon seit längerer Zeit ein leidiges Thema. Die Organisation ist auf dem Grundprinzip der Partizipation aufgebaut. Dies wird von allen Mitarbeitenden, Mitgliedern und Stakeholdern als großer Mehrwert betrachtet.

Auf der einen Seite profitierte die Organisation davon: Eine hohe Identifikation mit der Organisation entsteht und ein starker Zusammenhalt wurde gefördert. Auf der anderen Seite entstanden insbesondere beim Thema Entscheidungen Probleme, welche zu Unzufriedenheit führten. In einem halbtägigen Workshop mit 15 Personen – darunter auch das Führungsgremium – analysierten wir verschiedene Entscheidungsprozesse.

Jeder der Teilnehmenden suchte sich einen Prozess aus und visualisierte diesen Schritt für Schritt mithilfe der beschriebenen Methode. In Dreiergruppen stellten sich die Teilnehmer anschließend ihre Ergebnisse gegenseitig vor. Gemeinsamkeiten sowie Unterschiede wurden identifiziert und mit der gesamten Gruppe geteilt.

In den Decision Journeys kristallisierten sich drei Aspekte deutlich heraus:

1. Bestimmte „Zeitfresser" fanden sich in sämtlichen Gruppen wieder.
2. Parallel herrschte häufig im Vorfeld der Entscheidung Unklarheit über mögliche Optionen oder Alternativen. Dies führte zu sehr weiten Interpretationsspielräumen bei den Beteiligten und somit zu einer größeren Komplexität, mehr Verwirrung und insgesamt einem erhöhten Abstimmungsbedarf.
3. Die Angst vor Fehlern und ein großes Sicherheitsbedürfnis sorgten für weitere Abstimmungsschleifen und Verzögerungen.

Die visuell dargestellten Decision Journeys zeigten dies so eindeutig, dass das Führungsgremium noch im Workshop den Entschluss fasste, entsprechende Maßnahmen abzuleiten: Eine bessere Vorbereitung und Grundlage sollte Entscheidungsprozesse in Zukunft vereinfachen. Um diese außerdem zu verschlanken, wurde das Prinzip der Partizipation klarer strukturiert. Auch der Umgang mit Fehlern sollte in der Organisationskultur eine neue Bedeutung bekommen – eine neue, passendere „Fehlerkultur" sollte entstehen.

Dies ist natürlich kein Unterfangen, das sich kurzfristig umsetzen lässt. Dennoch ließen sich bereits hier erste Maßnahmen entwickeln, um das Thema gezielt und nachhaltig anzugehen.

Achtung! Was man sich einhandeln könnte:

Mithilfe des Journey Mapping erhält man ein klares Bild über den Prozess, der die Entscheidungsfindung abbildet. Ansatzpunkte zur Optimierung werden identifiziert. Eine konkrete Entscheidung kann auf diese Weise allerdings nicht getroffen werden. Daher wird die Methode nicht für dringende Fälle empfohlen.

Entscheidungen werden von Menschen getroffen und diese machen Fehler. Daher ist es umso wichtiger, einen „sicheren Raum" zu bieten, um sinnvolle Lösungen zu entwickeln.

Quellen und Weiterlesen
- Entwickelt von Kira Krämer, 2019.

17. DESIGN THINKING

Designing statt deciding – kreative Lösungen für komplexe Fragestellungen

Daniela Sommer

„Alles auf der Welt kommt auf einen gescheiten Einfall und auf einen festen Entschluss an."
J.W. Goethe, Die Wahlverwandtschaften

Weniger schlecht entscheiden

… bei sogenannten „wicked problems" („verzwickten Problemen")

… durch Nutzen von Wünschen und Bedürfnissen als Ausgangspunkt für kreative Überlegungen

… um die Subjektivität eigener Bewertungen auszutricksen

… um schnell Ergebnisse zu sehen: Don't talk – do!

… weil Gespräche und Recherche die Angst vor negativen Konsequenzen vermindern

… weil frühes Testen „schlechte" Optionen rechtzeitig entlarvt

Oft wird so getan, als gäbe es viele Optionen und es sei schwer, sich für eine zu entscheiden. Design Thinking dreht den Spieß um: Es entwickelt eine so großartige Option, dass es dann leicht ist, sich für diese zu entscheiden. Daher stehen Nutzerwünsche und -bedürfnisse sowie nutzerorientiertes Erfinden im Zentrum des Prozesses. Design Thinker schauen durch die Brille des Nutzers auf das Problem und begeben sich dadurch in die Rolle des Anwenders. Lösungen und Ideen werden in Form von Prototypen möglichst früh sichtbar und kommunizierbar gemacht, damit potenzielle Anwender sie – noch lange vor der Fertigstellung oder Markteinführung – testen und ein Feedback abgeben können. Auf diese Weise erzeugt Design Thinking praxisnahe Ergebnisse. Urheber des dargestellten Prozesses sind Terry Winograd, Larry Leifer und David Kelley.

ENTSCHEIDUNGSTYP:
Erschaffen von Optionen

WER ENTSCHEIDET?
Team

BRAUCHT:
Neugier, Offenheit und Experimentierfreude

DAUER:
Mindestens 1 Tag bis mehrere Wochen

ANWENDUNG

Anwendung

Die **Voraussetzungen** für gutes Design sind seit vielen Jahren bekannt und erprobt:
- Ein *heterogenes Team* mit möglichst unterschiedlichen beruflichen/privaten Hintergründen.
- *Fokus* auf das zu lösende Problem – der Prozess lässt sich nicht häppchenweise zwischen Tür und Angel erledigen.
- *Platz* für viel Visualisierung, Ausprobieren und Testen
- *Zeit*, um Dinge verwerfen und sich iterativ dem Ziel nähern zu können.
- Um auf wirklich neue Ideen und Lösungen zu kommen, ist auch eine gewisse *Haltung* Teil der Voraussetzungen: Offenheit für Ideen und Ergebnisse, Neugierde, empathisch und auf Menschen fokussiert (nicht Gewinn o. Ä.), Akzeptanz von Komplexität und Reflexion der Ideen, Zusammenarbeit und des Prozesses.

Der Design-Thinking-Prozess ist an den Arbeitsprozess angelehnt, dem Designer intuitiv folgen. Er führt in iterativen Schleifen durch sechs verschiedene Phasen:

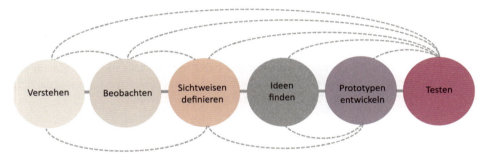

Phase 1 – Verstehen: Was ist das Grundbedürfnis? Den Problemraum abstecken und dabei so viele Informationen wie möglich zur Fragestellung sammeln. Wenn sich Informationen wiederholen, sind es genug.
Optionen: einlesen, befragen, Informationen zusammentragen, vergangene Lösungsversuche ansehen, „Personas" definieren …

Phase 2 – Beobachten: Mit Betroffenen, Nutzern oder sonstigen Stakeholdern sprechen. Geschichten sammeln, beobachten, sich Dinge zeigen und beweisen lassen. So viele Fragen wie möglich stellen; auch den Kontext beachten und integrieren.
Optionen: Zielgruppe beobachten, befragen, filmen, Dinge benutzen (lassen), „Customer Journeys" und „Empathy Maps" erstellen …

Phase 3 – Sichtweise definieren: Die gewonnenen Erkenntnisse zusammentragen und verdichten. Das zu lösende Problem prägnant beschreiben. Kriterien definieren, die eine Lösung leisten muss.
Optionen: Ergebnisse aus Phase 1 und 2 visualisieren und Cluster bilden, dann auf das Wesentliche reduzieren, Ausgangsfrage/-problem umformulieren

AUS DER PRAXIS

Phase 4 – Ideen finden: Möglichst viele, gerne auch ungewöhnliche Lösungsmöglichkeiten entwickeln und sammeln, nicht bewerten! Dafür unbedingt ein heterogenes Team zusammenstellen. Dann fokussieren oder priorisieren, welche Lösungsmöglichkeiten in die nächste Phase übernommen werden.
Optionen: Kreativtechniken anwenden wie Brainstorming, Assoziieren, Metaphern finden; Lernreisen veranstalten, spielen, Veranstaltungen aus ähnlichen Branchen besuchen ...

Phase 5 – Prototypen entwickeln: Entwickeln und Herstellen eines oder mehrerer Prototypen. Prozesse beschreiben und visualisieren, Produkte wirklich bauen, zum Beispiel aus Pappe. Die oben befragten Nutzer sollen mit den Prototypen interagieren und ein Feedback geben können. Es sollten schnell, viele, günstige Prototypen entstehen, damit unterschiedlichste Ideen getestet werden können.
Optionen: selber bauen, Rollenspiele, Sketches, Geschichten, „Click-Dummies", Modelle erstellen, 3D-Drucker drucken lassen, Lego ...

Phase 6 – Testen: Betroffene oder Nutzer testen die Prototypen und geben Feedback, das anschließend integriert wird.
Optionen: filmen, fotografieren, befragen, Feedback-Bögen nutzen, Notizen machen, Eindrücke sammeln ...

Wie aus der Darstellung ersichtlich, verläuft der Prozess nicht linear, sondern erfordert kontinuierliche Reflexion. Die Zwischenergebnisse können es erforderlich machen, in eine bereits durchlaufene Phase wieder einzusteigen.

Varianten

Unter www.miro.com können Personas und Empathy Maps erstellt werden.

Talentmanagement von Talenten für Talente
Bei einem früheren Arbeitgeber sollte der Talentmanagement-Prozess neu designt werden. Ein interdisziplinäres Kernteam interviewte in mehreren einwöchigen Designsprints aktuelle und potenzielle Teilnehmer der Programme sowie HR als Veranstalter und Führungskräfte als Entsender. Auf Basis der Ergebnisse entstand unter anderem ein völlig neues Nominierungsverfahren, da Teilnehmer/-innen in den Interviews die Undurchsichtigkeit des Prozesses bemängelt hatten. Statt durch ihre Führungskräfte benannt zu werden, drehten Interessenten kurze Motivationsvideos, welche von einer wechselnden interdisziplinären Jury evaluiert wurden, in der u. a. auch derzeitige Teilnehmer/-innen der Programme saßen, nach ebenfalls im Design-Prozess entstandenen Kriterien. Unabhängig von der späteren Nominierung für das Programm erhielten so alle Bewerber ein transparentes Feedback.

Achtung! Was man sich einhandeln könnte:

- Beim Sammeln von Informationen überwältigt uns manchmal die Menge. Regelmäßig auszumisten hilft, Informationen zu enttarnen, die nur ablenken.
- Der Übergang von Phase 3 in Phase 4 markiert auch den Wechsel vom Problem- in den Lösungsraum. Hier ist es wichtig, dass alle Beteiligten dieselbe Sichtweise teilen, sonst droht der Prozess zu zerfasern.
- Achtung vor „Confirmation Bias", also nur das zu hören, was man gerne hören möchte. Insbesondere in der Lösungsphase ist es manchmal aufgrund von neuen Informationen erforderlich, sich von bereits lieb gewonnenen Ideen wieder zu verabschieden.

Quellen und Weiterlesen
- Lewrick, Michael, Link, Patrick, Leifer, Larry: Das Design Thinking Playbook. Vahlen, München, 2018.
- Lewrick, Michael, Link, Patrick, Leifer, Larry: Das Design Thinking Toolbook. Vahlen, München, 2019.
- https://hpi.de/school-of-design-thinking/design-thinking/was-ist-design-thinking.html
- Boland, Richard J., Collopy, Fred: Managing as Designing. Stanford University Press, Stanford, 2004.
- https://hbr.org/2018/09/why-design-thinking-works

III. Gruppendynamik

Entscheidungslogik: Akzeptanz schaffen
Leitfrage: „Was ist das Beste für alle?"

> Viele Köche verderben den Brei!

> Nix Neues, viel Gerede und am Ende wird's ein Mehrheitsentscheid, mit dem niemand zufrieden ist.

> Bei uns sagt kaum jemand wirklich seine Meinung. Alle haben einen guten Grund, den Mund zu halten, wenn der Chef was vorschlägt.

> Das Wissen und die Erfahrung vieler nutzen können – das wäre schön.

Entscheidungen in Gruppen treffen: die Sicht der Gruppendynamik

Guido Czeija

> „The single biggest problem in communication is the illusion that it has taken place."
> *George Bernard Shaw*

Von der Wiege bis zur Bahre – Gruppen begleiten uns (und wir sie) durchs Leben. Sie finden sich überall, wo sich Menschen rund um einen Zweck oder eine Aufgabe zusammenscharen: Freundeskreise, Schulklassen, Mannschaften, Teams, Familien oder Arbeitsgruppen und viele mehr. In einem engeren Sinne versteht man unter Gruppen Konstellationen

- mit fester Zugehörigkeit,
- überschaubarer Größe (jedes Gruppenmitglied soll mit jedem anderen in Kontakt treten können)
- und einem gemeinsamen Zweck oder Existenzgrund, der Anlass zur Zusammenarbeit unter den Mitgliedern gibt und dazu führt, dass gemeinsam Entscheidungen getroffen werden müssen.

Wir bewegen uns so selbstverständlich in diesen Gruppen, nehmen verschiedenste Rollen ein und liefern unsere Beiträge, dass wir die darin wirkenden Spielregeln selten beachten. Genau dafür interessiert sich die Gruppendynamik und versucht, das freie Spiel der Interaktionen und die Wirkkräfte zu verstehen, die darin zum Tragen kommen.

Der häufige Einsatz von Gruppen im heutigen Arbeitsleben dient der Bewältigung von komplexen Problemstellungen. Wann immer zur Lösung einer Aufgabe vielfältige Perspektiven, emotional heikle Abwägungen oder kreatives Vernetzen von unterschiedlichem Know-how benötigt werden, traut man Gruppen am ehesten zu, dies zu bewerkstelligen.

Ein zweiter zentraler Gedanke betrifft den starken emotionalen Gehalt von Gruppenerfahrungen. Mehr als anderswo ist uns in Gruppen wichtig, welchen Platz und welche Rolle wir haben, dass wir uns beteiligen können und dabei gehört werden. Diese starke Identifikation der Mitglieder mit der Gruppe führt auch zu einer starken Identifikation mit gemeinsam erreichten Arbeitsergebnissen. Gemeinsam getroffene Entscheidungen werden daher mitgetragen und die Umsetzung unterstützt.

Was ist eine Entscheidung im Sinne der Gruppendynamik?

Gruppen verfolgen immer einen (vorgegebenen oder selbst gewählten) Zweck, einen Existenzgrund. Um diesen gemeinsam zu erreichen, treffen Gruppen Entscheidungen. Dabei werden Konsensentscheidungen bevorzugt. Ziel ist, dass alle Mitglieder am Ende gleichberechtigt übereinstimmen. Nicht alle müssen mit allen

Einzelheiten vollständig einverstanden sein, aber alle tragen die Entscheidung mit und unterstützen deren Umsetzung.

Der Weg zur Entscheidung kann von Gruppe zu Gruppe sowie von Situation zu Situation stark variieren. Typisch ist dabei, dass es Gruppen bevorzugen, „freihändig" zu arbeiten, also möglichst ohne Strukturierung durch ein Schema oder einen Moderator. Funktionierende Gruppen achten auch darauf, dass sie Beiträge von allen Mitgliedern erhalten.

Drei Arten von Beiträgen sind hierbei gefragt und bilden die Bestandteile des Entscheidungsprozesses:

1. Zielorientierte Beiträge betreffen das Ziel und die Methoden zu seiner Erreichung. Es werden etwa Informationen gegeben, geordnet und verarbeitet, Wortmeldungen koordiniert, Fragen identifiziert, Lösungen gesucht und auf deren Qualität geachtet.
2. Nicht minder wichtig sind die sogenannten **gruppenorientierten Beiträge**. Es werden zum Beispiel dominante Mitglieder gebremst, leise hingegen ermutigt, Missverständnisse geklärt, Konflikte angesprochen oder Erfolge gefeiert. Diese Beiträge dienen nur indirekt dem Erreichen des Ziels, sie stellen in erster Linie den Gruppenzusammenhalt sicher. Sie sind sozusagen der „soziale Kitt" der Gemeinschaft und machen es möglich, dass weit voneinander entfernte Perspektiven auf ein Problem von verschiedenen Mitgliedern eingebracht werden können.
3. Die dritte Art von Beiträgen bildet die Voraussetzung für die ersten beiden. **Analytische Beiträge** diagnostizieren den aktuellen Stand im Gesprächsprozess und machen aus, welche Art von Beiträgen gerade gefragt ist. Ist etwa das Ziel unklar und gehört nochmals geschärft oder haben sich zwei Gruppenmitglieder in einer Debatte verfangen? Der analytische Blick findet einen Mangel heraus und hilft, ihn zu beheben.

Beiträge dieser Art bauen nun aufeinander auf – mal einer nachvollziehbaren Struktur folgend, mal scheinbar chaotisch springend – und tragen zu größerer Problemdifferenzierung und breiterer Methodenvielfalt bei, als es eine Einzelperson zuwege bringt. Genau dieser gemeinsame Suchprozess kann sehr kreative Lösungsmöglichkeiten und Alternativen hervorbringen. Eine Vielzahl von Perspektiven, Haltungen, Expertisen und Erfahrungen werden auf diese Weise eingebunden und führen so zu weniger schlechten Entscheidungen.

Wozu entscheiden? Zum Zweck von Entscheidungen in der Gruppendynamik

Der Vorteil einer entscheidungsfähigen Gruppe muss erst erarbeitet werden. Das hat Folgen für den Zweck von Gruppenentscheidungen.

- Erst die gemeinsame Aufgabe startet den Prozess der Gruppenbildung. Die Mitglieder müssen in der Gruppe zu einem **gemeinsamen Verständnis dieser Aufgabe** gelangen und darüber hinaus anerkennen, dass sie für ihre Erfüllung aufeinander angewiesen sind. Alle Mitglieder müssen einsehen, dass die Aufgabe nur über Kooperation bewältigt werden kann.

- Das gemeinsam erzeugte Gefühl von Zusammengehörigkeit schafft gleichzeitig eine Grenze nach außen. Diese „Außenhaut" ist emotional gefärbt und wird von den Mitgliedern aufrechterhalten. Ein einzelnes Mitglied ist für die Gruppe dann nicht mehr ohne Weiteres austauschbar oder verzichtbar.
- Hat sich die Gruppe ihr eigenes Verständnis der Aufgabe angeeignet, dann mag sie sich von außerhalb nicht mehr gerne reinreden lassen. Sie kapselt sich sozusagen ein wenig von ihrer Umwelt ab.
- Innerhalb dieser erlebten Gruppengrenze wird für die einzelnen Mitglieder die Frage der „Platzverteilung" relevant. Komme ich in ausreichendem Maß vor, stimmt meine persönliche Bilanz? Komme ich damit klar, wie sich Einfluss und Vertrauen hier zu verteilen beginnen?
Fragen wie diese bekommen für den Einzelnen eine große persönliche Bedeutung. Die daraus entstehende Dynamik kann zu emotional aufgeladener Spannung führen, ermöglicht aber auch intensive Erfahrung von gemeinsamer sinnerfüllter Produktivkraft.

Gruppenentscheidungen orientieren sich also am eigenen Verständnis vom Sinn und Zweck dieser Entscheidungen. Dieses Verständnis kann von außen nicht einseitig vorgegeben werden, sondern ist Ergebnis eines Aushandlungsprozesses, bei dem alle Mitglieder dieser Gruppe beteiligt sind.

Teams erleben an dieser Stelle manchmal ein Spannungsfeld zu der Organisation, die sie ins Leben gerufen hat, wenn jemand von außen Einfluss auf den Arbeitsprozess nehmen möchte. Diese Schnittstelle ist für beide Seiten wesentlich und nicht immer einfach zu gestalten.

Wie erklärt die Gruppendynamik das Entstehen schlechter Entscheidungen?

Die hohe Qualität von Gruppenentscheidungen ist nicht selbstverständlich; oft genug machen wir gegenteilige Erfahrungen. Die Fähigkeit von Gruppen, zu Entscheidungen zu kommen, muss also erst entwickelt werden, und das ist für alle Beteiligten eine anspruchsvolle Angelegenheit. Der Zeit- und Energieaufwand zur Bildung einer „reifen" Gruppe ist hoch und wird oft unterschätzt.

Setzt man Gruppen für Entscheidungen ein, bevor sie die nötige „Reife", also Entscheidungsfähigkeit, erreicht haben, handelt man sich oft Schwierigkeiten ein. Strukturelle Schwächen, mangelnde Rahmenbedingungen und Störungen vermindern einerseits die Entscheidungsfähigkeit; wie beispielsweise zu viele Wechsel von Gruppenmitgliedern, zu wenig Zeit für die Gruppenbildung und ständige Einflussversuche von außen (auch gut gemeinte Moderationsversuche …). Die Gruppe kann sich dann nicht aufeinander einspielen.

Innerhalb der Gruppe stören andererseits vor allem ungeklärte soziale Fragen, die im Gespräch mitlaufen, den Entscheidungsprozess:

- Anwesende Autoritäten wollen ihre übliche Rolle nicht aufgeben und dominieren die Gruppe. Ihnen gegenüber sitzen Untergebene, die ihre Meinung nicht frei zu äußern wagen.
- Wenn sich die Gruppe nicht genug Zeit nimmt, sich mit der Fragestellung zu beschäftigen, dann besteht die Gefahr, dass es kein ausreichend differenziertes

oder gemeinsames Verständnis der Aufgabe gibt. Verschiedene Probleme werden gleichzeitig verhandelt oder manches unter den Teppich gekehrt. Die Diskussion läuft infolge unzusammenhängend und springend.
- Ist der Zusammenhalt noch nicht stark genug, also die „Außenhaut" der Gruppe noch nicht gefestigt, dann verläuft der Dialog gebremst. Kontroverse Aspekte kommen nicht zur Sprache und vorschnell werden faule Kompromisse geschlossen. Eine Gruppe will ihren Zusammenhalt keinesfalls gefährden.
- Wenn die Beziehungssicherheit unter den Mitgliedern fehlt, dann scheuen Einzelne davor zurück, ihre Meinung frei zu äußern, um einem bedrohlich wirkenden Konflikt aus dem Weg zu gehen. Anstatt abweichende Blickwinkel anzusprechen, passt sich der Einzelne an („Groupthink").
- In der Gruppe sind die Einflussunterschiede zwischen den Mitgliedern ggf. nicht ausreichend geklärt. In diesem Fall kann es sein, dass mit einer sachlichen Frage gleichzeitig Rollen und Verhältnisse untereinander mitverhandelt werden. Diskussionen verlaufen hitzig und manchmal auch störrisch, wenn Machtkonflikte latent mitlaufen.
- Manchmal gibt es zwischen einzelnen Mitgliedern versteckte oder unausgesprochene Nahe-Verhältnisse. Es kann dann sein, dass persönliche Nähe oder Vertrauen über inhaltliche Übereinstimmung zum Ausdruck gebracht wird. Im Gespräch entsteht der Eindruck, dass verdeckte Allianzen die freie Meinungsäußerung überdecken.

Wie erkennt man, dass eine Gruppe die nötige Arbeitsfähigkeit erreicht hat, um gemeinsam weniger schlechte Entscheidungen zu treffen? Ein erstes gutes Zeichen ist es, wenn die Gruppe sich selbst beobachten kann, das eigene Miteinander reflektiert und thematisiert, Feedback zwischen den Mitgliedern gegeben und aufgenommen wird. Steht das Feedback eines Mitglieds an ein anderes nicht mehr unter dem Verdacht, bloß der eigenen Positionierung innerhalb der Gruppe zu dienen, so kann man davon ausgehen, dass die Gruppe entscheidungsfähig ist.

Wie die gruppendynamische Perspektive zu guten Entscheidungen verhilft

Bei welchen Fragen kann es angebracht sein, Entscheidungen durch eine Gruppe zu fällen?
- Wenn die Problemlage komplex ist, also eine Vielfalt von Perspektiven, Erfahrungen und Sichtweisen einfließen müssen.
- Wenn die Fragestellung fachübergreifend verläuft und verschiedene Spezialisten gefragt sind.
- Wenn Fragen von hoher emotionaler Bedeutung enthalten sind und einfühlsame, heikle Abwägungen nötig werden.
- Wenn ein großer Unsicherheitsfaktor im Spiel ist, etwa bei Zukunftsfragen.
- Wenn eine hohe Akzeptanz der Lösung erforderlich ist.

Treffen für die anliegende Entscheidung ein oder mehrere Punkte zu, kann es sich lohnen, an Gruppen zu verweisen. Dann gilt es, gut darauf zu achten, dass ...

- ... bei der Zusammensetzung der Gruppe Vielfalt, Betroffenheit und Know-how vertreten sind,
- ... Gruppenmitglieder kontinuierlich teilnehmen können,
- ... der Auftrag und die Rahmenbedingungen klar sind,
- ...die Gruppe Zeit bekommt, sich als Gruppe zu finden und zur Entscheidungsreife zu gelangen,
- ... die Gruppe gelernt hat zusammenzuarbeiten, sodass Meinungen unbefangen geäußert, Konflikte ausgetragen und Probleme beim Namen genannt werden können,
- ... die Gruppe konstruktiv den eigenen Gesprächsprozess steuern kann (mithilfe von Reflexion und Feedback).

All das sind keine einfachen Bedingungen und es benötigt eine Menge Know-how – und Zeit (!), um Gruppen bei der Entwicklung ihrer Entscheidungsfähigkeit zu unterstützen. Wenn es gelingt, kann man auf eine Menge an sachlicher und emotionaler Intelligenz vertrauen.

Ist die Gruppe fast so weit, dann kann ein professioneller Moderator etwas nachhelfen, indem er den Gesprächsprozess strukturiert.

Fehlt es an nötiger Zeit und der Gruppe an der beschriebenen „Reife", dann empfiehlt es sich, auf andere Weisen zu einer Entscheidung zu kommen.

Quellen und Weiterlesen

- Heintel, Peter; Krainz, Ewald, E.: Projektmanagement: Hierarchiekrise, Systemabwehr, Komplexitätsbewältigung. 6. Auflage, Springer Gabler, Wiesbaden, 2015.
- Wimmer, Rudolf: Das besondere Lernpotenzial der gruppendynamischen Trainingsgruppe. In: Heintel, Peter (Hrsg): betrifft: TEAM: Dynamische Prozesse in Gruppen, VS Verlag für Sozialwissenschaften, Wiesbaden, 2006.
- Schwarz, Gerhard: Die „Heilige Ordnung" der Männer: Hierarchie, Gruppendynamik und die neue Genderlogik. 6. Auflage, Springer Verlag, Wiesbaden, 2019.

18. BOHMSCHER DIALOG

Gesprächsreise zu neuen Horizonten
Daniela Sommer

„Und wenn wir in der Lage sind, alle Ansichten gleichermaßen zu betrachten, werden wir vielleicht fähig, uns auf kreative Weise in eine neue Richtung zu bewegen. Wir können einfach das Verständnis der verschiedenen Bedeutungen miteinander teilen. Und wenn wir das tun, zeigt sich vielleicht unangekündigt die Wahrheit – ohne dass wir sie gesucht hätten."
David Bohm

Weniger schlecht entscheiden

… wenn bislang ungekannte Möglichkeiten und neue Einsichten gefragt sind, die aus einem kollektiven Bedeutungsfluss entstehen

… durch ein wirkliches, tieferes Verständnis und Klarheit über eigene Gefühle, Bedürfnisse und Denkschablonen

… weil der eigene Blick durch Zuhören geweitet statt zielorientiert verengt wird

… wenn Zeit kein limitierender Faktor ist

Der Begriff Dialog kommt von griechisch „dia" (durch) und „logos" (das Wort, der Sinn). Dialog ist das ungehinderte Durchfließen von Sinn, von Bedeutung in einer Gruppe. David Bohm, Physiker und Philosoph (1917–1992), gilt als Wiederentdecker und Kultivator der alten Gesprächsform Dialog. Der Dialog ist ein freundliches, grundsätzliches und – im Gegensatz zu Kommunikation und Diskussion – von Tiefe geprägtes Gespräch. In dieser Weise aufeinander zuzugehen eröffnet

ENTSCHEIDUNGSTYP:
Ja/Nein, Entweder/Oder, mehrere Optionen, Priorisierung, Erschaffen von Optionen

WER ENTSCHEIDET?
Team

BRAUCHT:
Zeit, Dialogpartnerinnen, jede Menge ungezügelter Gedanken, evtl. eine Begleitung, evtl. einen Redestein oder -stab

DAUER:
Bis es genug ist. Pro Dialogrunde ca. 2 Stunden. Bohm schlägt regelmäßige Treffen über einen Zeitraum von ein bis zwei Jahren (!) vor, um eine Veränderung zu bewirken. Es geht aber auch kompakter.

neue Horizonte und belohnt mit neuen Erfahrungen und Erkenntnissen. Dialog kann in zahlreichen Anwendungskontexten eingesetzt werden: für persönliche und organisationale Entwicklung, für Umgang mit Komplexität und Verschiedenheit, zur Konfliktbearbeitung oder auch zur Etablierung einer Unternehmenskultur, die Lernen und Wandel fördert.

Anwendung

Der Bohmsche Dialog folgt *keinem* strukturierten Prozess, daher gibt es auch keine Schritte, denen zu folgen ist.
Die Dialogteilnehmerinnen sitzen idealerweise in einem Kreis. Eine redet, die anderen hören zu. Ggf. gibt es zum Start einen Impuls oder ein Thema, dann aber wird davon ausgegangen, dass Dialog ein erkundender Prozess ist, dessen Bedeutung und Methode sich von selbst entfalten. Isaacs hat vier Phasen identifiziert, die eine Gruppe beim Dialog im Laufe der Zeit durchläuft, allerdings nicht linear:

1. „Talking Nice": Höfliches Gespräch ohne Reflexion und ohne zu sagen, was man wirklich denkt.
2. „Talking Tough": Auseinandersetzung oder Debatte, noch immer ohne Reflexion.
3. „Reflective Dialogue": Neben Inhalten werden auch die dem Sprechen zugrunde liegenden Regeln reflektiert. Dahinter liegende mentale Modelle und Annahmen werden hinterfragt.
4. „Generative Dialogue": Es wird reflektiert und es werden Regeln generiert. Es wird wahrgenommen und ggf. sogar antizipiert, was sich gerade entwickelt. Ein Flow entsteht.

Damit ein Dialog entstehen kann, sind folgende, von Bohm beschriebene und von William Isaacs weiterentwickelte, dialogische Haltungen und Prinzipien wichtig:

1. Listening: Anderen zuhören und das eigene Denken sowie die eigenen Gefühle dabei beobachten. Echtes Zuhören bedeutet, nicht daran zu denken, was man selbst ergänzen oder entgegnen möchte.
2. Respecting: Anderen wertschätzend begegnen, stehen lassen, was sie sagen, und Sichtweisen als einen Ausschnitt neben vielen anderen akzeptieren.
3. Suspending: Die eigenen Gedanken, Urteile, Annahmen und Gewissheiten in der Schwebe halten und reflektieren, wie diese zustande kommen. Über den eigenen Denkprozess nachdenken und ihn erklär- bzw. für andere nachvollziehbar machen. Sich als Person vom eigenen Denken distanzieren.
4. Voicing: Authentisch und mutig das aussprechen, was für einen selbst wahr ist.

AUS DER PRAXIS

Gelebte Vision und Erneuerung durch Dialog in einem Physiotherapie-Zentrum

Ein Physiotherapie-Zentrum möchte sich ganzheitlicher ausrichten. Nach mehreren gescheiterten Versuchen durch die Geschäftsleitung, aus ihrer Sicht völlig stimmige Neuerungen einzuführen, wird die Stimmung im Team immer schlechter und es kommt häufig zu Konflikten. Es wird klar, dass es völlig unterschiedliche Bilder zu dieser „ganzheitlichen Ausrichtung" unter den Betroffenen und Beteiligten gibt. Die Geschäftsleitung führt eine wöchentliche freiwillige Dialogrunde ein, mit der Hoffnung, dass dadurch die unterschiedlichen Bilder sichtbar werden und gemeinsam neue entstehen. Die anfänglich kleine Runde wächst immer weiter, es werden schließlich auch Kunden dazu eingeladen. Innerhalb eines Jahres entstehen unter anderem ein völlig neuer Empfangsbereich inkl. Anmeldevorgang, neue Behandlungsangebote und eine Erweiterung des Angebots um Gesprächstherapie sowie weitere Dialoggruppen. Die Ursprungsgruppe bleibt bestehen. Teilnehmende berichten nicht nur von einem enormen kreativen Potenzial und großer Umsetzungsenergie, die sie aus der Gruppe ziehen, sondern auch von einem Gefühl der Zugehörigkeit, Verbindung und Rückhalt für jeden persönlich.

Varianten
- Strategischer Dialog: Gezielt ein Thema erkunden
- Council Runde: Nach einem Impuls durch eine Fragestellung oder ein Zitat, kommen alle Dialogpartner/-innen nacheinander zu Wort
- Generativer Dialog: Der Prozess als Thema des Dialogs

ACHTUNG

Achtung! Was man sich einhandeln könnte:

Dialog braucht Zeit, verläuft nicht linear und Ergebnisse entstehen, wann sie wollen. Sind diese Voraussetzungen nicht gegeben, ist der Dialog nicht das richtige Tool für die anstehende Entscheidung.
Die ehrliche Haltung aller Beteiligten ist eine wichtige Grundlage für das Gelingen. Möglicherweise braucht es eine Weile, bis die richtige Dialoggruppe sich gefunden hat.

Quellen und Weiterlesen

- Bohm, David: Der Dialog: Das offene Gespräch am Ende der Diskussionen. Klett-Cotta, Stuttgart, 1998.
- Isaacs, William: Dialogue and the art of thinking together: a pioneering approach to communicating in business and in life. Random House, New York, 1999.
- Ellinor, Linda; Glenna, Gerard: Der Dialog im Unternehmen: Inspiration, Kreativität, Verantwortung. Klett-Cotta, Stuttgart, 2000.

19. WIDERSTANDSABFRAGE

Als Team eine Lösung finden, die alle einbezieht
Doris Schäfer

„We search for simple solutions. Simple, not easy."
Steve de Shazer

Weniger schlecht entscheiden

… durch Priorisierung bzw. Auswahl von Alternativen

… dank Transparenz unterschiedlicher Stufen von Widerstand und ggf. ihre Integration

… durch Einbeziehen von Beiträgen aller Beteiligten zu einem konstruktiven, kooperativen, verantwortungsvollen Verhalten

Dieses Entscheidungsverfahren ist Teil des Prozesses „Systemisch konsensieren" von Georg Paulus, Siegfried Schrotta und Erich Visotschnig; unsere Darstellung wurde von Bernd Oestereich und Claudia Schröder weiterentwickelt.

Bei der Widerstandsabfrage bewerten die Mitglieder einer Gruppe, eines Teams, einer Familie etc. ihren Widerstand gegen Vorschläge bzw. Alternativen auf einer mehrstufigen Skala. Die Option mit dem geringsten Widerstand gilt als akzeptiert. Es gewinnt also nicht die Option mit den meisten Stimmen, sondern diejenige, die dem Gruppenkonsens am nächsten kommt und daher von den meisten Beteiligten mitgetragen wird. So kann eine laute Teilgruppe eine Minderheit nicht einfach überstimmen.

ENTSCHEIDUNGSTYP:
Entweder/Oder, mehrere Optionen, Priorisierung

WER ENTSCHEIDET?
Team, Viele

BRAUCHT:
Whiteboard oder Flipchart, kleine Zettel oder Karten, Moderatorin

DAUER:
Je nach Thema und Anzahl der Alternativen und Intensität der Widerstände. Nur die Abfrage: 5–10 Minuten; inklusive Austausch zu Widerständen bis zu einer Stunde.

ANWENDUNG

Anwendung

1
- Erläuterung des Verfahrens
- Zustimmung der Teilnehmenden über die Anwendung des Verfahrens
- Bestimmung Moderator/-in

2 Entscheidungsauftrag festlegen: Was soll konkret entschieden werden?

3 Sammlung der Anliegen, Optionen, Alternativen – kurz & knackig; Themen schriftlich festhalten
Eventuell Verdichtung auf 3–6 Alternativen

4 Optionen in einer Tabelle festhalten

5 Vorschläge vorstellen:
- Moderator/-in bittet die Teilnehmenden, ihre jeweiligen Vorschläge zu formulieren
- Nachfragen der anderen: Ist der Vorschlag verständlich, realistisch? Nutzen, Rahmenbedingungen …

6 Durchführung Widerstandsabfrage:

Wie groß ist der Widerstand gegen diese Option?
fünfstufige oder zehnstufige Skala

kein	gering	mittel	hoch	extrem
1	2	3	4	5

1. Moderator/-in nennt das Thema
2. Flipchart mit Übersicht ist bereits vorbereitet
3. Moderator/-in fragt: „Wie groß ist dein Widerstand gegen diese Option?"
4. Jede/-r schreibt seinen Wert gemäß der vereinbarten Skala (1–5 oder 1–10) auf einen Zettel.
5. Auf 1 – 2 – 3 machen alle Teilnehmenden ihre Zettel gleichzeitig sichtbar und nennen dem/der Moderator/-in nacheinander ihre Werte.

7 Auswertung der Ergebnisse
- Summenbildung
- Moderator/-in gibt bekannt, welche Option den geringsten Widerstand erhalten hat und somit akzeptiert wurde

Anmerkungen:

Wenn Teilnehmerinnen versuchen, „taktisch" zu bewerten, indem sie nur ihren eigenen Vorschlag mit „null Widerstand" und alle anderen mit sehr hohem Widerstand bewerten, laufen sie Gefahr, am Ende nicht nur die eigene Lieblingsoption zu verfehlen, sondern auch die zweit- oder drittliebste Alternative nicht zu erhalten. Es ist daher sinnvoll, das Verfahren vor der ersten Anwendung an einem simplen Beispiel einmal exemplarisch durchzuführen.

Je öfter dieses Entscheidungsverfahren angewendet wird, desto stärker steigen Vertrauen und Ehrlichkeit in der Gruppe und die Entscheidungen spiegeln einen Gruppenkonsens wider.

AUS DER PRAXIS

Wofür wollen wir unser Budget verwenden?
Sie leben gemeinsam mit Ihrer Familie in einem gemeinschaftlich organisierten Wohnhaus, gemeinsam mit zehn weiteren Familien. Sie haben dieses Projekt ins Leben gerufen – und Ihr aller Herzblut hängt dran. Es wird viel diskutiert, wenn es darum geht, Entscheidungen zu treffen. Jeder hat unterschiedliche Ideen, die mit Leidenschaft und auch „lang und breit" den anderen präsentiert werden. Bis dann alle die Gelegenheit hatten, ihre Meinung zu äußern, sind schon mal ein paar Stunden vergangen – und viele sind genervt. In diesem Rahmen zu Entscheidungen zu gelangen, die wirklich mitgetragen werden, ist selten. Oft fühlt es sich an, als gewönne ein Vorschlag, der zwar die meisten Stimmen bekommt, aber auch nicht von einer Mehrheit gewollt wurde. Nun geht es um die Frage, wofür Sie als Gemeinschaft das überschüssige vorhandene Budget im nächsten Jahr verwenden wollen. Sie wissen bereits: Die Ideenvielfalt, die da auf Sie alle zukommen wird, ist unglaublich hoch. Deshalb schlagen Sie am Beginn Ihrer Sitzung die Widerstandsabfrage vor! Auf vier Vorschläge konnten Sie sich einigen und die Mitglieder sind nun gespannt auf diese neue Art der Abstimmung.

Das Bild zeigt das Ergebnis: Das übrige Budget wird für Vorschlag 1 verwendet. Der Vorschlag kann von fast allen mit sehr wenig Widerstand mitgetragen werden.

Widerstandsabfrage
0 = kein Widerstand
10 = maximaler Widerstand

	Vorschlag ①	Vorschlag ②	Vorschlag ③	Vorschlag ④
Max	3	0	4	7
Susi	2	3	2	6
Hugo	7	5	6	2
Kathrin	0	6	0	10
Sabine	4	0	2	0
Robert	0	3	7	5
SUMME	16	17	21	30

Beispiel mit einer 10-stufigen Skala

ACHTUNG

Varianten

- Widerstandsabfrage in zwei Runden: für jede Option erläutern die 1–2 Personen, die jeweils den stärksten und den geringsten Widerstand verspüren, kurz (ggf. mit Stoppuhr) ihre Argumente. Anschließend wird noch einmal abgestimmt und die Summen für eine finale Entscheidung werden gebildet.
- Eine anonyme Abstimmung mit vertraulicher Auszählung ist möglich.
- Eine elektronische Abfrage ermöglichen Apps wie Mentimeter oder Sli.do bzw. Concide.

Achtung! Was man sich einhandeln könnte:

Bei der Durchführung mit einer Runde kann ein Widerstand auch einfach durch mangelnde Kenntnis der Situation entstehen. Dann hilft eine zweite Runde, da zwischendrin Argumente ausgetauscht werden können.

Bei der Durchführung mit zwei Runden können erfahrungsgemäß überzeugende Personen teilweise besser „punkten". Wenn die Argumente hauptsächlich auf dem Charisma oder der Seniorität des Vorbringenden beruhen, kann dies die Abfrage des Widerstands in der zweiten Runde verzerren.

Quellen und Weiterlesen

- Oestereich, Bernd, Schröder, Claudia: Agile Organisationsentwicklung: Handbuch zum Aufbau anpassungsfähiger Organisationen. Vahlen, München, 2020.
- Paulus, Georg, Schrotta, Siegfried, Visotschnig, Erich: Systemisches Konsensieren. 3. Auflage, Danke-Verlag, Holzkirchen, 2013.

20. ENTSCHEIDUNGSTRICHTER

Im Team schneller und nachhaltiger entscheiden durch systemisches Konsensieren
David Schubert

„Beyond our ideas of right-doing and wrong-doing, there is a field.
I'll meet you there."
Sufi-Poet Rumi

Weniger schlecht entscheiden

… bei diskussionsfreudigen Teams und Entscheidungen mit Ambivalenzpotenzial

… weil durch den Fokus auf klare Struktur ausufernde Diskussionen vermieden werden und Widerstand gleich konstruktiv genutzt wird, statt später den Prozess zu bremsen

Hier wird ein Weg der Teamentscheidung skizziert, der so ziemlich alles anders macht als die klassischen Ansätze. Ob demokratische Mehrheitsentscheidung, Entscheidung einer Autorität „von oben" oder Blockade durch ein Veto „von unten" – sie alle haben ein Problem: Sie funktionieren über Macht, schaffen Sieger und Besiegte. Die Fronten die dabei entstehen, manifestieren sich oft später als Umsetzungshürden. Erich Visotschnig und Siegfried Schrotta haben mit dem systemischen Konsensieren eine einfache und brillante Idee für ein anderes Entscheiden entwickelt. Die Hypothese: Eine tragfähige Entscheidung entsteht nicht durch die favorisierte Lösung der Einzelnen, sondern über die Frage, womit die meisten gut leben können. Das Kriterium dafür: die Summe des Widerstands der Einzelnen zu dieser Entscheidung. Die Entscheidung mit dem geringsten Widerstand kommt dem Konsens am nächsten, integriert die unterschiedlichen Interessen und kann mit dem geringsten Konfliktpotenzial umgesetzt werden (siehe auch Widerstandsabfrage: S. 121).

ENTSCHEIDUNGSTYP:
Ja/Nein, Entweder/Oder, mehrere Optionen, Priorisierung

WER ENTSCHEIDET?
Einer, Team, Viele

BRAUCHT:
Kenntnis des Tools und klare Spielregeln, Moderationsmaterial und Moderatorin

DAUER:
1–2 Stunden, je nach Anzahl der Ideen und Intensität der Diskussion

ANWENDUNG

Ich kenne keinen Ansatz, der Teams verlässlicher zu Entscheidungen führt, oft verbunden mit echtem Prozesslernen: Teams entscheiden anders, nachdem sie diese Methode kennengelernt haben. Die Methode wird Impuls für die Kultur. Das hier beschriebene Vorgehen ergänzt diese kluge Idee um einige Aspekte die sich in der Praxis mit Teams sehr bewährt haben.

Anwendung

Zu Beginn stellt die Moderatorin kurz den Prozess vor und lädt die Teilnehmerinnen ein, sich auf diese Form der Entscheidungsfindung mittels Widerstandsmessung einzulassen.

Phase 1: Die Leitfrage – Worum geht es?
Wir nehmen uns Zeit, eine konkrete, klare, offene Leitfrage zu finden, zu der eine Entscheidung getroffen werden soll. Lackmustest: Wenn man eine passende Leitfrage gefunden hat, geht oft ein Nicken durch den Raum: *Genau darum geht es*. Widerstand gegen die Leitfrage kann ein Zeichen dafür sein, dass sie implizite Ideen zur Lösung beinhaltet: *Wie wollen wir unsere Abteilung im nächsten Jahr restrukturieren* impliziert, dass es eine Restrukturierung gibt und lässt das Ziel außen vor. Klarer wäre: *Wie wollen wir uns als unsere Abteilung im nächsten Jahr aufstellen, um xy zu erreichen?* Hilfreiche Formulierungen sind: Wie können wir umgehen mit…, Was wäre ein hilfreiches Vorgehen, um… zu erreichen? Wie können wir uns so aufstellen, dass…? Wie können wir wahrscheinlicher machen, dass…? Wie balancieren wir…?

An dieser Stelle können auch Kriterien gesammelt werden, die eine gute Lösung erfüllen müsste. Das stärkt den Zielbezug und macht deutlich, ob hier schon etwas zu entscheiden ist (nämlich wofür wir uns gemeinsam engagieren)

Phase 2: Die Lösungsvorschläge – Wie könnten wir das Ziel erreichen?
Der Trichter öffnet sich: Aus einer klaren Frage entstehen viele Varianten zur Lösung, die sich widersprechen oder ergänzen können:

- Die Teilnehmerinnen werden gebeten, Lösungsvorschläge zu überlegen, die auf einem Flipchart notiert werden. Lösungen sollten so formuliert sein, dass möglichst alle sie mittragen können – Einzelinteressen haben in diesem Prozess wenig Chance auf Umsetzung. Notiert wird, was potenziell *umsetzbar*, *verständlich* und *konkret* ist. Im Zweifel wird nachgeschärft.
- Der Fokus bleibt bei der einzelnen Option, die kurz im Blick auf Verständnis, Umsetzbarkeit, Nutzen und Kosten diskutiert wird. Eine längere Diskussion oder Überzeugungsarbeit wird unterbunden.
- Bedenken sind eingeladen – mit der Bitte, alternative Vorschläge einzubringen. Indem Widerstand schon in dieser Phase als wichtiger Beitrag markiert, gesehen und einbezogen wird, verliert er im Anschluss an Kraft.
- Es kann eine Nulllösung „Es bleibt alles, wie es ist" ergänzt werden. Das ist später eine hilfreiche Kalibrierung für den zumutbaren Widerstand in der Gruppe (alles, was schlechter ist als der Status quo, ist nicht sinnvoll umzusetzen).
- Am Ende noch einmal fragen: Haben wir etwas übersehen? Gibt es noch eine Option, die wir ergänzen sollten? Wenn hier nichts mehr kommt, ist es Zeit für die nächste Phase.

Phase 3: Die Entscheidung – Wo ist der Gruppenwiderstand am geringsten?
In dieser Phase schließen wir den Trichter: Aus vielen Ideen wird eine verbindliche Entscheidung. Worauf es hier ankommt:

- Den Übergang zu dieser Phase markieren und den Rahmen setzen: „Die Ideen liegen auf dem Tisch und jetzt geht es um eine Entscheidung, die Sie gemeinsam als Gruppe treffen. Ziel ist eine Entscheidung, die von möglichst vielen mitgetragen werden kann, weil sie viele Interessen integriert, und die mit hoher Wahrscheinlichkeit umgesetzt werden kann. Wir schauen dafür auf den subjektiven Widerstand, den jeder von Ihnen im Blick auf die Idee hat. Um das Votum der Gruppe zu respektieren, gibt es kein Veto des Einzelnen – es gibt aber die Möglichkeit, schwerwiegende Einwände anzumerken."
- Der Abstimmungsprozess läuft per Handzeichen und ohne Wortmeldungen:
  - Die Moderatorin fragt in die Runde: „Im Blick auf diesen Vorschlag – wie hoch ist Ihr subjektiver Widerstand, wenn das so umgesetzt würde?"
  - Die Teilnehmerinnen markieren ihren Widerstand mit Handzeichen (Führungskräfte zuletzt, damit sie niemanden beeinflussen):
  - *Keine Hand*: Ich habe keinen Einwand.
  - *Eine Hand*: Ich habe einen bedeutenden Einwand, der gehört werden sollte.
  - *Zwei Hände*: Ich habe einen schwerwiegenden Einwand, der das für mich zu einer nicht akzeptablen Lösung macht. (Und es kann sein, dass das trotzdem die gemeinsam getragene Lösung wird.)
  - Die Summe aller erhobenen Hände (der Gruppenwiderstand) wird neben jedem Vorschlag notiert. Zuletzt wird die Liste nach Gruppenwiderstand sortiert – oben die Variante mit dem geringsten Widerstand. War die Option „alles bleibt, wie es ist" dabei, fungiert sie als Trennlinie: Alles darunter ist für die Umsetzung nicht interessant, da die Idee weniger Konsens hat als der Status quo.

Gut zu wissen:
- Es kommt häufig vor, dass in dieser Phase neue Ideen aufkommen – dann markiert man kurz den Übergang zur Phase 2, ergänzt die Idee, wenn sie umsetzbar und konkret ist, und springt gleich wieder zu Phase 3. Es kann auch sein, dass Diskussionen aufkommen – auch dafür würde man wieder explizit in Phase 2 wechseln.
- Wenn der Prozess in dieser Phase ins Stocken kommt, ist es sinnvoll, zunächst zu klären, wie es weitergeht, wenn nicht entschieden werden kann – auch keine Entscheidung ist eine Entscheidung, die auf ihre Auswirkungen geprüft werden sollte.

Phase 4: Umsetzung – Wie geht es weiter?
Die Entscheidung für die Option mit dem geringsten Gruppenwiderstand ist getroffen – jetzt geht es um die Umsetzung. Wir nehmen uns kurz Zeit, die wichtigen nächsten Schritte zu entscheiden:
- Wer verantwortet die Umsetzung? Bis wann passiert was?
- Von wem und wie werden andere über die Entscheidung und die Umsetzung informiert?
- Wer bringt das Thema wann mit welcher Frage noch einmal auf den Tisch?

Ein Führungsteam plant die Kooperation nach oben
Ich hatte einige Jahre lang immer wieder mit einem Team von Abteilungsleiterinnen bei einem städtischen Energieversorger gearbeitet, das sich in dieser Zeit ein starkes Profil gegenüber der eigenen Führungskraft erarbeitet hatte. Je besser das Miteinander der Abteilungsleiterinnen funktionierte, desto größer wurde der Wunsch nach ähnlich guter Zusammenarbeit mit der eigenen Führung. Wir sammelten in einem strukturierten Prozess Ideen, was hilfreich sein könnte: eine Einladung des Leiters in unser gemeinsames Setting, um die Kultur des Miteinanders auszuweiten; halbjährliche interne Workshops, um tiefer inhaltlich zu arbeiten und sich darüber kennenzulernen; gemeinsame Zeit abseits der Arbeit, um informellem Kontakt mehr Raum zu geben; ein moderierter Teamentwicklungstag, bei dem Spannungen geklärt werden könnten. Initial bekamen diese und andere Ideen Zuspruch – die meisten hätten vermutlich eine Mehrheit hinter sich gehabt. Gut, dass wir nicht so entschieden haben.
Die Teilnehmerinnen offenbarten ihren Widerstand zu den einzelnen Optionen durch Handzeichen. Dadurch kamen neue Informationen ins Spiel, denn einige Optionen waren lange nicht so gut, wie die hörbare Zustimmung hatte vermuten lassen: Die Führung zu unserer Arbeit einzuladen fiel als Option weg (die Teilnehmerinnen hatten erst über den Widerstand bemerkt, wie wichtig der eigene Raum für das Miteinander ohne Vorstand war). Die informellen Treffen auf Zuruf wurden ebenso abgewählt (zu groß die Sorge, dass sich daraus Arbeitstreffen entwickeln würden, die als Puffer für die immer zu vielen To-dos des Gremiums genutzt werden könnten). Eine Teilnehmerin ergänzte die Idee regelmäßiger gemeinsamer Kaffeepausen in vordefinierten Abständen (dafür machten wir einen kurzen Schritt zurück, ergänzten die Frage in den Optionen und gingen direkt zurück zur Abfrage). Der Widerstand schmolz von 15 auf 3 Hände in der Gruppe. Die Idee war umsetzbar. Einige Ideen blieben auf der Strecke, andere wurden mit null Widerstand durchgewinkt und bekamen damit viel Kraft für die Umsetzung. Es entstand ein differenziertes Bild darüber, was machbar war und was nicht. Das führte zu einer deutlich entspannten Stimmung.
Wir klärten Verantwortlichkeiten, vereinbarten Schritte für die Kommunikation in Richtung Führung und planten einen Termin für den Blick auf Auswirkungen und Nachschärfungen. Die Kooperation nach oben verbesserte sich in den folgenden Wochen spürbar.

Varianten

Das klassische Konsensieren nutzt eine Skala von 1–10 statt der Handzeichen – das bringt mehr Differenzierung, ist aber aufwendiger.

Eine sehr praktische Variante für kleinere Entscheidungen, die umsetzungsreif wirken, ist die Bedenkenabfrage: „Gibt es jemanden, der schwerwiegende Bedenken hat, diesen Vorschlag jetzt und hier so zu entscheiden, der hebe jetzt die Hand." Falls es kein Handzeichen gibt, ist der Vorschlag entschieden.

Achtung! Was man sich einhandeln könnte:

Es ist ein schmaler Grat von der konstruktiven Nutzung von Widerstand zum Blindvertrauen unreifer Lösungen. Ich plädiere dafür, in starkem Widerstand auch nach Ideen und zu beachtenden Bedürfnissen Ausschau zu halten, die in den Lösungen noch nicht auftauchen. Bewährter Weg: Wenn man Bedenken anhört, gleich nach einer alternativen Lösung fragen, diese in der Liste ergänzen und ohne Diskussion zurück zur Abfrage.

Der zweite schmale Grat verläuft vom Ernstnehmen des Widerstands zur Legitimation des Vetos: Auch wenn Menschen ihre volle Punktzahl an Widerstand nutzen, heißt es nicht, dass sie damit eine Entscheidung aufhalten können. Das ist ambivalent: Der Machtverzicht ist gewollt, die Ohnmacht nicht. Wichtig ist, dass die Spielregeln klar sind: Es geht um Annäherung an den Konsens; es ist möglich und wahrscheinlich, dass Einzelne mit einer Lösung leben müssen, die für sie nicht optimal ist.

Drittens ist es gut, die Teamkultur im Auge zu behalten: In einer Kultur der Augenhöhe funktioniert die Methode besser als im hierarchiegeprägten Kontext: Wo die Entscheidung einer Autorität weitgehend unabhängig ist von den Wünschen des Teams, kann diese Methode irritieren – und die erlebte Spannung vergrößern. In jedem Fall ist es sinnvoll, vorher zu klären, wer letztlich entscheidet – und ggf. die Ergebnisse des Entscheidungstrichters als Stimme der Mitarbeiter zu rahmen, wobei die Entscheidung an anderer Stelle liegen kann.

Quellen und Weiterlesen

- Visotschnig, Erich, Paulus, Georg, Schrotta, Siegfried: Systemisches Konsensieren: Der Schlüssel zum gemeinsamen Erfolg. Danke Verlag, Holzkirchen, 2013.
- Schrotta, Siegfried: Wie wir klüger entscheiden: Einfach, schnell, konfliktlösend. Styria Print, Graz, 2011. Als E-Book unter sk-prinzip.eu
- Der Entscheidungstrichter ist eine eigene Weiterentwicklung des systemischen Konsensierens, entwickelt von David Schubert, 2016.

21. EINWANDINTEGRATION IN GROSSGRUPPEN

Gemeinsam Erkenntnisse erlangen und Entscheidungen treffen
Bernd Oestereich und Claudia Schröder

„Sag mir, was du verstanden hast, damit ich weiß, was ich gesagt habe."
Paul Watzlawick

Weniger schlecht entscheiden

- ... indem Einwände und Ideen für alle sicht- und nutzbar gemacht werden
- ... weil Einwände in ihrer Bedeutung für Einzelne, die Teams/Abteilungen, die Gesamtorganisation/den Zweck und für das Umfeld unterschieden werden
- ... weil alle an der Verbesserung des Vorschlags beteiligt werden

Die kollegiale Einwandintegration mit Themenzentrierter Interaktion (TZI) ist ein von uns entwickeltes Workshop-Konzept, mit dem Einwände und Ideen einer großen Gruppe in einen Entscheidungsvorschlag integriert werden können. Es ist eine Synthese aus Einwandintegration und dem Vier-Faktoren-Modell von Ruth Cohn. Das kann als einzelner Großgruppen-Workshop oder als Workshop-Serie für Teilgruppen einer größeren Organisation veranstaltet werden. Ausgangspunkt ist ein konkreter Entscheidungsvorschlag.

ENTSCHEIDUNGSTYP:
Ja/Nein, Entweder/Oder

WER ENTSCHEIDET?
Team, Viele

BRAUCHT:
Moderatorin, Vorbereitung und Ergebnisoffenheit der Entscheidenden

DAUER:
Workshop von 2–6 Stunden

ANWENDUNG

Anwendung

Schritt 1: Vorbereitung

Ausgangspunkt ist ein konkreter und ausformulierter Entscheidungsvorschlag einer Vorschlaggeberin, der übergreifend und für viele Organisationsmitglieder relevant ist, beispielsweise ein Vorschlag der Geschäftsführung für eine Reorganisation. Voraussetzung ist, dass die Entscheidung wirklich noch offen ist: Die Vorschlaggeberin ist bereit, den Vorschlag inhaltlich weiterzuentwickeln, durch einen ganz anderen zu ersetzen oder ihn wieder aufzugeben.

Zusätzlich muss stets klar sein, wer die Entscheidung treffen und verantworten wird. In der Regel trifft die Vorschlaggeberin die Entscheidung, nicht die Workshop-Teilnehmer.

Ein Moderationsteam wird beauftragt, einen Entscheidungs-Workshop zu organisieren, und lädt alle Beteiligten hierzu ein. Welche Informationen zum Entscheidungsvorschlag vorab geteilt werden und welche erst im Workshop, stimmen die Moderatoren mit der Vorschlaggeberin ab.

Schritt 2: Vorstellung und Kleingruppenbildung

Im Workshop stellen die Moderatoren zunächst den Ablauf vor und die Vorschlaggeberin erklärt den Entscheidungsbedarf und Vorschlag. Danach wird die Workshop-Gruppe in Kleingruppen von 3–5 Personen aufgeteilt.

Schritt 3: Verstandenes würdigen

Jede Kleingruppe bearbeitet ca. 10–15 Minuten folgende Frage: „Was habe ich von dem Entscheidungsvorschlag verstanden?"

Entweder wird frei diskutiert, in Runden gesprochen oder (vorzugsweise) in Runden aktiv zugehört.

Schritt 4: Fragen, Einwände und Ideen identifizieren

Anschließend bekommen die unveränderten Kleingruppen einen Klärungsauftrag: „Welche Fragen, Ideen oder Einwände habe ich zu dem Vorschlag, die unbedingt noch vor der Erprobung zu klären sind?"

Zunächst bearbeitet jeder die Frage 1–3 Minuten für sich und notiert sich seine Punkte.

Hilfreiche Farbcodierung der Klebezettel:

> Gelb: Es ist eine Frage oder Idee.
> Grün: Es handelt sich um eine Spannung oder einen Einwand.
> Pink/Rot: Es handelt sich um einen für unsere Organisation nicht verkraftbaren Schaden.

Schritt 5: Fragen, Einwände und Ideen sammeln

Zur anschließenden Sammlung der Beiträge kann beispielsweise das Gesprächsformat der *aktiv zuhörenden Runde* (siehe Bernd Oestereich, Claudia Schröder: Agile Organisationsentwicklung, Vahlen 2019, S. 232.) verwendet werden: Alle Teilnehmenden kommen der Reihe nach dran, immer nur eine Person spricht, nennt jeweils einen Aspekt, der noch nicht genannt wurde, und spricht nur für sich

ANWENDUNG

(also ohne die Beiträge der anderen zu bewerten). Die Runden werden wiederholt, bis die Zeit um ist oder niemand mehr einen neuen Beitrag hat.

Die Moderatorin fragt die jeweils Beitrag gebende Person: „*Ist die Spannung oder Frage so dringlich oder wichtig, dass sie unbedingt noch vor dem Ausprobieren geklärt werden muss?*"

Nur wenn das der Fall ist, wird der Beitrag weiterbearbeitet und folgende Frage gestellt: „*Wäre dadurch ein für unsere Organisation nicht verkraftbarer Schaden zu befürchten?*"

Danach schreibt die Person ihren Beitrag auf einen Klebezettel (siehe Farbcodierung) und heftet ihn auf die vorbereitete Pinnwand in das passende Segment – die schwerwiegenden nach innen, die leichten nach außen.

Segmente der TZI-Pinnwand:

Ich: Betrifft die Frage ein individuelles oder persönliches Bedürfnis oder Interesse?
Wir: Betrifft die Frage ein Bedürfnis oder Interesse einer Gruppe, eines Teams oder einer Organisationseinheit?
Organisationszweck: Betrifft die Frage die Interessen der Gesamtorganisation oder den Sinn und Zweck der Organisation als Ganzes?
Gemeinwohl: Betrifft die Frage die umgebende Umwelt oder Rahmenbedingungen der Organisation, die Gesellschaft, die menschliche Zivilisation oder die Erde (alle Lebewesen) insgesamt?

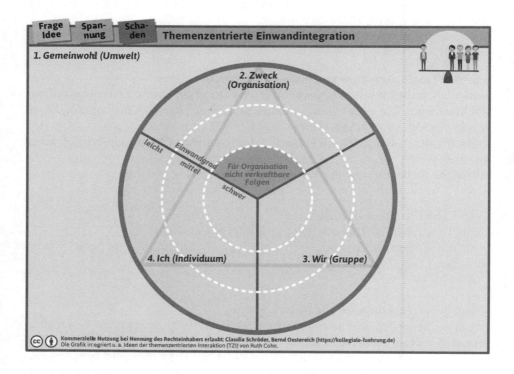

ANWENDUNG

Schritt 6: Einwände und Ideen integrieren
Im nächsten Teil des Workshops sammeln die Kleingruppen Ideen zur Integration der Einwände. Dabei werden zuerst die schwerwiegenden Einwände bearbeitet, die das Umfeld (Gemeinwohl) oder die Organisation (Zweck) betreffen, dann die schwerwiegenden Einwände, welche die Gruppe (Wir) betreffen, und schließlich die, die das Individuum (Ich) betreffen. Je nach Anzahl der Einwände und der verfügbaren Zeit können anschließend in gleicher Weise die weniger schwerwiegenden Einwände bearbeitet werden.
Die Gruppe bearbeitet eine Karte gleichzeitig und teilt sich hierzu weiter in parallel arbeitende Untergruppen von ca. 3 Personen auf. Die Untergruppen bekommen 5–10 Minuten Zeit zur Bearbeitung.
Für die schwerwiegenden Einwände zur Organisation lautet die Leitfrage: *„Was ist unsere Idee, um den Einwand so weit zu minimieren, dass der Vorschlag zumindest einmal ausprobiert werden kann, ohne dass der Organisation ein nicht verkraftbarer Schaden entsteht?"*
Für allen anderen Einwände: *„Wie lautet unsere Antwort oder Idee, um die formulierten Fragen/Einwände hinreichend aufzulösen?"*
Nach der Ideensammlung in den Untergruppen werden diese in den Kleingruppen ausgetauscht, ebenfalls auf Haftzetteln (orange oder gelb) notiert und zu den Einwänden auf die Pinnwand geheftet.

Schritt 7: Würdigung
Die Vorschlaggeberin bzw. Entscheiderin (alle anderen möglicherweise auch) sieht sich sämtliche gesammelten Beiträge aus allen Gruppen an und stellt ggf. noch Rückfragen. Dieser Schritt lässt sich gut mit einer längeren Pause verbinden.
Im Anschluss kommen alle wieder zusammen und die Vorschlaggeberin würdigt die entstandenen Beiträge. Sie gibt wieder, was sie verstanden hat, was dies bei ihr auslöst und welche Fragen und Ideen ihr besonders wertvoll erscheinen. Sie sollte sich für die Beiträge bedanken.

Schritt 8: Entscheidung
Danach obliegt es den Entscheidern, über das weitere Vorgehen zu entscheiden, zum Beispiel

- die Ideen und Beiträge aufzugreifen und das Thema gemeinsam mit einem Einsatzteam weiter zu bearbeiten,
- den Entscheidungsvorschlag vorläufig oder endgültig zurückzuziehen oder
- die (weiterentwickelte, angepasste) Entscheidung zu treffen, auch wenn nicht alle Einwände berücksichtigt werden.

Die Entscheidung fällt dann transparent im Bewusstsein aller Fragen, Einwände und Ideen, welche die Kollegenschaft hierzu hat, und vor allem auch solcher, die unbedingt noch vor der Erprobung zu klären sind.

AUS DER PRAXIS

Entscheidungsschreck im Kollegium

In einem solchen TZI-Workshop mit den Lehrerinnen der Mittelstufe einer allgemeinbildenden Schule gab es ein interessantes Ergebnis. Der Schulleiter bot den Mitarbeitenden an, anstelle der Neubesetzung der Abteilungsleitung ein Team-Board (Führungsmonitor) zur kollegialen Selbstorganisation einzuführen und allen ein zusätzliches Zeitbudget dafür zu geben.

Mit der themenzentrierten Einwandintegration wurden zur Reifung des Vorschlages einige relevante Einwände und Ideen herausgearbeitet. Ein Kollege schlug im Zuge der Einwandintegration vor, die Kollegenschaft über den Vorschlag direkt entscheiden zu lassen, worauf sich der Schulleiter einließ.

Bei der anschließenden Entscheidung per Widerstandsabfrage (siehe Widerstandsabfrage S. 121) gab es einen geringfügig niedrigeren Widerstandswert gegen die Ist-Situation als gegen die Team-Board-Erprobung. Der Vorschlag der Schulleitung fand also keine Akzeptanz, sodass es bei der Ist-Situation blieb.

Dies war nicht das, was die Schulleitung sich gewünscht und erhofft hatte, aber für den Schulleiter völlig akzeptabel, da die Ist-Situation für ihn ausreichend war. Dies wiederum war für die Kollegenschaft teilweise überraschend – viele hatten einen „Entscheidungsschreck": Sie wurden damit konfrontiert, dass nun alles so blieb wie es war, obwohl es natürlich Verbesserungsbedarf gab. Damit erlebte die Kollegenschaft ihre Selbstwirksamkeit. Sie hatte kollegial miteinander eine Entscheidung getroffen, gegen ihren Schulleiter, und war dafür selbst verantwortlich. Gerade dadurch, dass sie den eingebrachten Vorschlag zur kollegialen Selbstorganisation (mit einem Team-Board) nicht akzeptierten, erprobten die Kollegen eben diese erfolgreich (ohne Team-Board). Für uns als externe Begleiter war dies eine kraftvolle Intervention und ein kulturprägender Moment.

Achtung! Was man sich einhandeln könnte:

Das Verfahren setzt eine wirkliche Offenheit der Entscheider voraus, Einwände und Ideen verstehen zu wollen, den Entscheidungsvorschlag noch zu verändern oder zurückzuziehen und ihre Resonanz dazu ad hoc zu zeigen – sonst verlieren die Betroffenen das Vertrauen.

Quellen und Weiterlesen

- Oestereich, Bernd, Schröder, Claudia: Agile Organisationsentwicklung. Vahlen, München, 2019.
- Löhmer, Claudia, Standhardt, Rüdiger: TZI: Die Kunst, sich selbst und eine Gruppe zu leiten: Einführung in die Themenzentrierte Interaktion. Klett-Cotta, Stuttgart, 2006.

22. KONSULTATIVER EINZELENTSCHEID

Jemand wird beauftragt, für alle zu entscheiden
Franziska Fink

„Fight for the things that you care about.
But do it in a way that will lead others to join you."
Ruth Bader Ginsburg

Weniger schlecht entscheiden

... wenn es schnell gehen soll
... bei Entscheidungen, die irreversibel sind
... wenn Entscheidungen weitreichende Folgen haben

Bei diesem Verfahren entscheidet eine Person allein und verbindlich für alle. Allerdings muss sie vorher mit den relevanten Stakeholdern sprechen – das heißt, sie konsultiert vor der Entscheidung Betroffene und Expertinnen. Ihre Aufgabe in der Entscheidungsfindung ist es dann, deren Einwände, Fragen, Ideen und Ratschläge zu integrieren. Das Konzept stammt von dem deutschen Unternehmensberater Niels Pfläging. In seinem Buch „Führen mit flexiblen Zielen" beschreibt er Entscheidungsverfahren bei Toyota, W.L. Gore oder dm-Drogeriemarkt, deren Essenz er im konsultativen Einzelentscheid zusammenfasst.

ENTSCHEIDUNGSTYP:
Ja/Nein, Entweder/Oder, mehrere Optionen, Priorisierung

WER ENTSCHEIDET?
Team

BRAUCHT:
Mut, zuhören können, Verantwortung übernehmen und partizipatives Vorgehen

DAUER:
Individuell, je nach Umfang und Herausforderung

Anwendung

Schritt 1: Entscheidungsbedarf formulieren:
Wenn ein Mitglied der Organisation einen Entscheidungsbedarf erkennt, formuliert es dazu:

- wer von der Entscheidung möglicherweise betroffen ist (Rollen, Personen, Kreis),
- was entschieden werden sollte,
- welche Rolle/Person die Entscheidung treffen sollte (Entscheiderin kann sein, wer das größte Wissen zu dem Thema hat, wer am meisten für die Entscheidung brennt oder wem ein Interessenausgleich am ehesten zugetraut wird) und
- eventuell auch, welche Rollen/Personen vor der Entscheidung konsultiert werden sollten. Je nach Tragweite oder Schwierigkeit der Entscheidung können auch Externe konsultiert werden (z. B. Expertinnen, Kundinnen).

Schritt 2: Entscheiderin auswählen und beauftragen:
Wenn es eine Liste möglicher Entscheiderinnen gibt, wird eine dieser Rollen/Personen gewählt, je nach Entscheidungsverfahren per Konsent (siehe S. 144), mit kollegialer Rollenwahl (siehe S. 149), per Mehrheit oder von den Kandidatinnen selbst. Gibt es nur eine mögliche Kandidatin, wird sie direkt beauftragt.
Voraussetzung für die Entscheiderin: Sie sollte sich als ausreichend vertrauenswürdig empfinden, mit den notwendigen Ressourcen ausgestattet, sowie kompetent und kreativ für die Entscheidung sein. Sie sollte die Entscheidung so weit wie möglich selbst umsetzen und bereit sein, Verantwortung für die unmittelbaren und späteren Ergebnisse und Konsequenzen der Entscheidung zu übernehmen.

Schritt 3: Entscheidungsprozess:
Einarbeiten ins Thema – Konsultation – Ausarbeiten und Vergleichen von Lösungen – Auswahl einer Lösung:
Die Entscheiderin konsultiert nach eigenem Ermessen die vorgeschlagenen Rollen/Personen und alle weiteren, die ihr hilfreich erscheinen. Sie macht sich ein Bild von deren Bedürfnissen, Meinungen, Interessen, Wissen und Ideen zum Thema der Entscheidung und zu möglichen Lösungen.
Wenn der Kreis der Betroffenen sehr groß ist oder die Organisation an mehreren Standorten arbeitet, hilft ein Online-Tool wie Loomio (www.loomio.org → siehe digitale Tools S. 260). Hier kann eine Diskussion zum Thema gestartet werden, um Input zu sammeln, einen Vorschlag zu posten und online darauf zu reagieren.
Auf Basis der Informationen aus den Gesprächen oder aus der Online-Diskussion trifft die Entscheiderin ihre Entscheidung. Dabei geht es nicht darum, alle Meinungen zu integrieren oder alle Bedürfnisse zu erfüllen, sondern was – angereichert mit diesem Wissen – aus ihrer Sicht *dem „Purpose" der Organisation oder den Rollen, um die es dabei geht*, am besten dient.

Schritt 4: Bekanntgeben der Entscheidung:
Die Entscheiderin stellt ihre Entscheidung vor (online oder bei einem Meeting) und macht auch den Entscheidungsprozess transparent – welche Optionen waren im Spiel, wer wurde konsultiert, warum hat sie so entschieden?

AUS DER PRAXIS

Damit ist die Entscheidung gültig. Sie kann nur durch eine neue (konsultative oder plenare) Entscheidung ersetzt werden. Der Entscheiderin steht es auch frei, bewusst nicht zu entscheiden und den Status quo zu belassen. Außerdem hat sie notfalls die Möglichkeit, sich ihre Entscheidung vom Plenum bestätigen zu lassen.

Spielregel des konsultativen Einzelentscheides: Alle Beteiligten tragen die Entscheidung mit. Es muss klar sein, dass nicht jede/jeder konsultiert und nicht alle Wünsche integriert werden können. Eine Entscheidung ist zu „verzeihen", sie soll gemeinsames Lernen ermöglichen.

Schritt 5: Gemeinsames Lernen:
Anschließend lohnt es sich, kurz zu reflektieren, was aus dem Entscheidungsprozess für das nächste Mal gelernt werden kann.

Wie bekommt man alle für eine Entscheidung ins Boot?
Eine Freundin von mir leitet eine Werbeagentur. Dort ging es schon lange um das leidige Thema überholter Prozesse im Finance-Bereich. Allein dass die Belege immer noch auf Papier und von Hand umständlich sortiert wurden, nervte viele. Auch die Intransparenz der aktuellen Geschäftszahlen war ein ewiges Leidensthema. Die Verantwortlichen im Rechnungswesen aber sträubten sich gegen jede Automatisierung – vielleicht auch aus Angst um den eigenen Job. Nachdem zig Projekte dazu, die Finance als Aufgabe mitgenommen hatte, im Sande verlaufen waren, versuchte die Geschäftsführerin einen anderen Weg: Sie beauftragte eine Mitarbeiterin aus dem Digital Content Team mit der Entscheidung für eine Lösung – als konsultativer Einzelentscheid. Die Wahl war auf sie gefallen, weil sie schon lange viel Energie aufgebracht hatte, das Thema am Tisch zu halten, und obwohl sie fachfremd war, hatte sie schon viel recherchiert, welche Cloudlösungen und Services funktionieren könnten.

Sie begann nun, alle relevanten Perspektiven einzuholen – sprach mit den Finance-Mitarbeitern, mit Kollegen der Bereiche, mit der Geschäftsführung, aber auch mit externen Experten. Recht rasch kam sie zu einer Lösung, für die sie sich entschied. Sie leitete dann auch das Projekt der Implementierung des neuen Modells und evaluierte es mit den Teams.

Meine Freundin erzählt bis heute staunend davon: „Wir hätten nicht gedacht, dass die Trennung von diesem alten und hartnäckigen Thema so einfach sein kann. Die Finance-Team-Mitarbeiter haben die Entscheidung mitgetragen und unterstützt, weil sie so ausführlich dazu gehört wurden. Sie sagten später selbst, dass sie zu der Entscheidungsfindung nicht in der Lage gewesen wären, weil sie den Wunsch nach Veränderung als Geringschätzung ihrer Arbeit erlebt hatten."

Die Agentur hat seither oft von dem Verfahren Gebrauch gemacht.

Varianten

Unternehmen, die Selbstorganisationsmodelle wie z. B. Holacracy nutzen, kennen eine feste Regel: den „Advice Process". Da hier die Entscheidungsautorität nicht mehr bei Führungskräften liegt, sondern direkt in den Rollen, muss eine Rolleninhaberin, bevor sie eine Entscheidung mit weitreichenden Folgen trifft, die betroffenen anderen Rollen nach ihrer Sicht fragen und versuchen, sie zu integrieren.

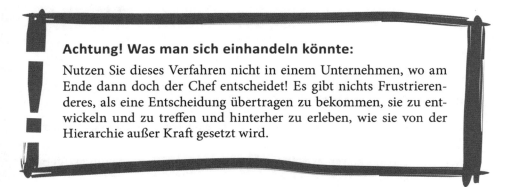

Achtung! Was man sich einhandeln könnte:

Nutzen Sie dieses Verfahren nicht in einem Unternehmen, wo am Ende dann doch der Chef entscheidet! Es gibt nichts Frustrierenderes, als eine Entscheidung übertragen zu bekommen, sie zu entwickeln und zu treffen und hinterher zu erleben, wie sie von der Hierarchie außer Kraft gesetzt wird.

Quellen und Weiterlesen

- Fink, Franziska, Moeller, Michael: Purpose Driven Organizations. Schäffer-Poeschel, Stuttgart, 2018.
- Robertson, Brian J.: Holacracy: Ein revolutionäres Management-System für eine volatile Welt. Vahlen, München, 2016.
- Pfläging, Niels: Führen mit flexiblen Zielen. Campus, Frankfurt/Main, 2011.

23. DELEGATION POKER

Entscheidungszuständigkeiten explizit machen
Doris Schäfer

„In dir muss brennen, was du in anderen entzünden willst."
Augustinus Aurelius

Weniger schlecht entscheiden

... indem ich kläre, welche Entscheidungen ich selbst treffe und welche ich andere entscheiden lasse – sprich: delegiere

... weil wir als Team klären, wer für welche Themen die (Entscheidungs-)Verantwortung hat

... weil es die Rolle von Verantwortung und Führung im Team sichtbar macht

In ihrem „situativen Führungsmodell" sind Paul Hersey und Ken Blanchard 1969 von vier unterschiedlichen Führungsstilen ausgegangen: Anweisung, Coaching, Unterstützung und Delegation, die es jeweils angepasst an die Situation einzusetzen gilt. Jurgen Appelo hat diese 2010 auf sieben Delegationsstufen erweitert. Dieses Modell ist eine gute Basis für jede Führungskraft, den Handlungsrahmen im Team abzustecken und Entscheidungsverantwortung transparent zu machen. Anwendbar ist es in jeglichen Settings, wo gemeinsam festgelegt wird, wer Entscheidungen übernimmt: bspw. in Projekten, Vereinen, selbstorganisierten Arbeitsgruppen.

ENTSCHEIDUNGSTYP:
Entweder/Oder, mehrere Optionen

WER ENTSCHEIDET?
Einer, Team

BRAUCHT:
Delegation-Poker-Karten empfehlenswert, Delegationsmodell ausgedruckt oder geplottet, Delegationstafel auf Flipchart oder ausgedruckt

DAUER:
Alleine ca. 15 Min., Team ca. 1 Stunde – abhängig von der Anzahl der Themen

ANWENDUNG

Die sieben Delegationsstufen:

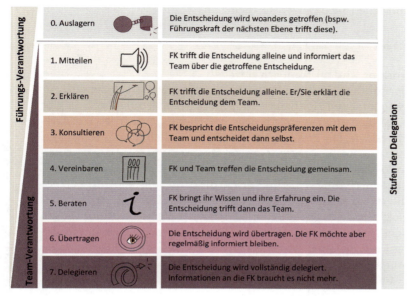

Quelle: In Anlehnung an Oestereich B., Schröder C.: Agile Organisationsentwicklung

Anwendung

1. Sie überlegen sich einige konkrete **Themen**, die Sie mit Ihren Kollegen/ihrem Team besprechen wollen, und laden zu einem Teammeeting ein.
2. Sie bereiten die **Delegationstafel** (siehe Download unten) als leere Übersicht vor, um die ausgehandelten Verantwortlichkeiten einzutragen.
3. Sie **stellen das Modell** der Delegationsstufen **und das Tool** Delegation Poker **vor**. Wir empfehlen, die Delegationsstufen für jede Person ausgedruckt zur Verfügung zu stellen oder auf ein Flipchart zu plotten (als Datei zum Download).
4. Jede Aufgabe bzw. **jedes Thema wird kurz diskutiert.** Timeboxing: Pro Aufgabe z. B. 5 bis maximal 10 Minuten Diskussionszeit – danach klingelt ein Wecker!
5. Sie erklären nun das „**Voting-Prinzip**": Auf „1 – 2 – 3 – los" zeigt jeder durch **Handzeichen**, welche Delegationsstufe er/sie für angemessen hält:
   Variante a) Jedes Teammitglied und Sie selbst (als Führungskraft) erklären, warum sie im konkreten Fall so entscheiden würden.
   Variante b) Jene Personen, die auf der höchsten bzw. auf der niedrigsten Stufe ihre Entscheidungsempfehlung abgegeben haben, erläutern kurz ihre Beweggründe.
6. Während die **Argumente** vorgebracht werden, hören die übrigen Teammitglieder lediglich zu.
7. Nachdem alle Argumente und Entscheidungsempfehlungen vorgebracht wurden, hat jeder die Möglichkeit, die **eigene Entscheidung zu überdenken**: Auf „1 – 2 – 3 – los" wird neuerlich abgestimmt.
8. Sie (als Führungskraft) **entscheiden über den Delegationsmodus** und teilen diesen mit.

AUS DER PRAXIS

9. Tragen Sie abschließend die Verantwortlichkeiten in die Tabelle der Delegationstafel ein und gehen Sie das nächste Thema an.

> **Verantwortung wird im Team neu aufgeteilt**
> Vor einem Jahr wurden zwei Teams zusammengelegt. Nach der anfänglichen Neugier – und Höflichkeit – macht sich jetzt Unmut breit. Es gibt viele Annahmen und Unterstellungen, wer hier eigentlich was entscheiden darf und wie. Die Führungskraft möchte es allen recht machen und positioniert sich nicht richtig. Zwanzig frustrierte Personen erscheinen zum Workshop.
> Wir hatten durch Interviews im Vorfeld die dringendsten Aufgaben herausgefiltert und laden ein zum Delegation Poker. Der Tag wird schwierig, aber letztendlich gelingt eine Klärung der Verantwortung für die acht wichtigsten Themen. Vier Wochen später hören wir durch die Führungskraft, dass die Transparenz und die kollegiale Arbeit an den Verantwortlichkeiten gutgetan haben: Kompetenzen können sich entfalten, die Motivation zur Verantwortungsübernahme steigt und das Klima im Team wird langsam besser.

Varianten

Die Methode können Sie auch online durchführen. Mehr Infos dazu unter www.delegationpoker.com.

Die Delegationstafel und die Delegationsstufen zum Ausdruck erhalten Sie unter www.wenigerschlechtentscheiden.com.

ACHTUNG

Achtung! Was man sich einhandeln könnte:

Durch den spielerischen Umgang mit Entscheidungen erhöht sich der „Fun-Faktor" und Teamentscheidungen verlieren ein wenig „die Schwere" – Leichtigkeit entsteht.

Gemeinsame Entscheidungsprozesse ermöglichen, andere Perspektiven kennenzulernen. Der Prozess steigert den Gruppenzusammenhalt.

Der Pferdefuß: Die Führungskraft muss darauf vertrauen, dass jene Mitarbeiter, die eine Verantwortung übernommen haben, diese auch wahrnehmen und umsetzen. Dranbleiben also! Nachhaken! Geduldig sein und notfalls unterstützen. Gefährlich wird es, wenn kollegial vereinbarte Verantwortung bei der ersten Schwierigkeit von der Führungskraft wieder an sich genommen wird.

Nichts ist für immer: Manche Verabredungen werden gut funktionieren, bei manchen Dingen braucht es vielleicht eine „Kurskorrektur": dann das Thema nochmals in einem solchen Format einbringen – mit den Erfahrungen, die man damit bisher gesammelt hat.

Quellen und Weiterlesen

- Hersey Paul, Blanchard, Kenneth H.: Management of Organizational Behavior: Utilizing Human Resources. 3rd Revised edition, Prentice Hall, New Jersey, 1969.
- Appelo, Jurgen: Management 3.0: Leading Agile Developers, Developing Agile Leaders. Addison-Wesley, New Jersey, 2010.
- Oestereich Bernd, Schröder, Claudia: Agile Organisationsentwicklung: Handbuch zum Aufbau anpassungsfähiger Organisationen. Vahlen, München, 2020.
- https://www.openpm.info/display/openPM/Delegation+Poker
www.delegationpoker.com

24. KONSENT

Eine Art integrative Entscheidungsfindung im Team
Iris Rommel und Annika Serfass

„Wenn du schnell gehen willst, geh' allein.
Aber wenn du weit gehen willst, geh' mit anderen zusammen."
Afrikanisches Sprichwort

Weniger schlecht entscheiden

... weil nicht die Stimmen, sondern die Argumente zählen
... weil jeder gleichberechtigt gehört wird und das Recht zu Einwänden hat
... weil es nicht um perfekte, sondern um machbare Lösungen geht
... weil – dank dynamischer Steuerung – nichts in Stein gemeißelt wird
... weil die Verantwortung für eine gute Entscheidung von allen gemeinsam getragen wird

In der Organisationsform der Soziokratie (lat. „gemeinsam Herrschen"), die von Kees Boeke begründet und von Gerhard Endenburg weiterentwickelt wurde, ist die Methode des Konsent der gängigste Weg, gemeinsam zu einer Entscheidung zu kommen. Brian Robertson – Entwickler der Holacracy – nutzt das Vorgehen als Basis seiner integrativen Entscheidungsfindung.

Die Grundidee ist, dass nicht alle von einer Option begeistert sein müssen bzw. zustimmen müssen – das wäre ein Konsens –, sondern dass alle damit leben können; die Option also nicht komplett ablehnen. Die Erfahrung zeigt, dass Entscheidungen schneller getroffen werden und „mutiger" sind, wenn man nur schwerwiegende Einwände anhört und nicht jedes „Unwohlsein". Das Verfahren eignet sich besonders für Teams: Die Mitglieder lernen, damit zu leben, dass es unmöglich ist, eine für jeden passende Ideallösung zu finden, und trotzdem sachlich Einwände zu erheben.

Der vorgestellte Ablauf ist eine persönliche Variante des Konsent bzw. der integrativen Entscheidungsfindung. Er beinhaltet Elemente von beidem und weicht von beiden minimal ab.

ENTSCHEIDUNGSTYP:
Ja/Nein

WER ENTSCHEIDET?
Team

BRAUCHT:
Moderatorin, Whiteboard, Flipchart oder Tafel, etwas Übung, bis der Prozess sitzt

DAUER:
30 bis 90 Minuten

Anwendung

Schritt 1: Vorschlag vorstellen
Der Einbringer des Themas beschreibt seine anstehende Entscheidung, sein Problem, seine Herausforderung bzw. in Holacracy seine „Spannung" und stellt auch seinen Lösungsvorschlag kurz vor. Dieser sollte möglichst ein paar Ziel- bzw. Messkriterien und einen Umsetzungszeitraum beinhalten; unbedingt sollte/n der erste Schritt oder die ersten Schritte der Umsetzung skizziert werden.
→ *Die Gruppe bespricht nur eine Entscheidung bzw. eine Lösung! Komm als „Spannungsträger" vorbereitet in die Runde!*

Schritt 2: Verständnisfragen
Die anderen Teammitglieder dürfen Fragen stellen, die ihnen helfen, sich sowohl das Anliegen als auch den Lösungsvorschlag bildlich vorzustellen. Also erkundende Fragen, die sie in die Lage versetzen, sich eine Meinung dazu zu bilden.
→ *Die Moderatorin hat die Aufgabe, Meinungen, Kommentare, Argumente, Änderungsvorschläge und Diskussionsansätze zu unterbinden. Sonst werden „Gräben" aufgemacht oder Mehrheiten gebildet, die einer effizienten und sinnvollen Entscheidungsfindung entgegenwirken.*

Schritt 3: Reaktionsrunde
Nacheinander darf nun jedes Teammitglied seine Reaktion und Meinung mitteilen. Der Themeninhaber spricht als Letzter und darf (muss aber nicht) seinen Handlungsvorschlag auf Basis des Gehörten anpassen. Die Moderatorin schreibt den zur Entscheidung stehenden Vorschlag sichtbar auf.
→ *Die Moderatorin achtet darauf, dass niemand unterbrochen und dass nacheinander gesprochen wird.*

Schritt 4: Einwandabfrage
Die Moderatorin fragt, ob jemand einen schwerwiegenden Einwand gegen den Vorschlag hat. Jedes Teammitglied prüft innerlich, ob der Vorschlag seiner Einschätzung nach eines dieser beiden Kriterien verletzt:
1. *„Safe enough to try"*: Der Vorschlag gefährdet nicht das gemeinsame Ziel.
2. *„Good enough for now"*: Der Vorschlag ist gut genug ausgearbeitet, um die ersten Schritte umsetzen zu können.

→ *Kriterium für die persönliche Einschätzung ist immer das gemeinsame Ziel des Teams bzw. der Organisation.*

Gleichzeitig zeigen die Teammitglieder eines von drei Handzeichen (nicht Bestandteil des ursprünglichen soziokratischen Konsent, jedes Team kann für sich passende Handzeichen vereinbaren):
Daumen hoch heißt: *„Ich stimme dem Vorschlag zu."*
Daumen zur Seite heißt: *„Ich finde den Vorschlag nicht toll, aber kann damit leben."*
Daumen runter heißt: *„Ich habe einen schwerwiegenden Einwand; der Vorschlag verletzt eines der beiden Kriterien."*

Gibt es keine schwerwiegenden Einwände, gilt der Vorschlag als angenommen und es werden Zielkriterien und Zeitrahmen vereinbart.
Gibt es schwerwiegende Einwände, werden diese von der Moderatorin notiert.

ANWENDUNG

→ *Jeder darf schwerwiegende Einwände einbringen. Jeder entscheidet persönlich, ob sein Einwand schwer wiegt oder nicht. Ein Einwand kann nicht „überstimmt" werden.*

Schritt 5: Einwandintegration

Alle Anwesenden versuchen gemeinsam, den Lösungsvorschlag so weiterzuentwickeln, dass der Einwand minimiert oder aufgelöst wird. Es geht nicht darum, den Einwand-Einbringer zu überzeugen oder mit Argumenten umzustimmen. Sein Einwand ist kein „Veto", sondern richtet die Aufmerksamkeit darauf, dass ein Anwesender sicher ist, dass etwas Wichtiges übersehen wurde. Der Einwand-Einbringer ist „Experte" für seinen Einwand, wird also von den anderen auch dazu befragt: **Was genau am Vorschlag ist das Gefährdende? Wie müsste die Lösung aussehen, damit es kein schwerwiegender Einwand mehr ist?** Alle sind aufgerufen, Ideen oder Vorschläge für die Änderung des Vorschlags einzubringen – auch der Einwand-Einbringer. Ist ein Lösungsvorschlag gefunden, der alle Einwände auflöst oder in ihrer Intensität mindert, gibt es eine neuerliche Abstimmungsrunde.

Schritt 6: Abschluss

Wird ein Lösungsvorschlag angenommen, vereinbart die Gruppe einige wenige Kriterien, um die Umsetzungswirksamkeit zu messen, evtl. die ersten Schritte der Umsetzung und ein Datum, wann sie das Thema neuerlich bespricht. Zu diesem Zeitpunkt wird besprochen, ob die Entscheidung angepasst, widerrufen oder ganz neu entschieden werden muss.

Es steht darüber hinaus jedem Gruppenmitglied frei, das Thema der Entscheidung in eine nächste Besprechung neu einzubringen, zum Beispiel weil ein schwerwiegender Einwand auftaucht. So entsteht ein gemeinsames Verständnis dafür, dass **alle Entscheidungen vorläufig getroffen werden und – bspw. falls relevante neue Informationen hinzukommen oder sie sich als gefährdend erweisen sollten – wieder neu entschieden werden.** Das ist das **Prinzip des dynamischen Steuerns**, welches Gerhard Endenburg aus der Kybernetik übernommen hat.

AUS DER PRAXIS

Wer darf hier was?

Das Thema war in der Organisation ungeliebt: Wie transparent wollen wir mit unseren Daten intern umgehen?

Die Entscheidung konnte nicht weiter verschoben werden: Es gab eine neue Software, die sich dadurch auszeichnete, viele einzelne, bisher nur Teilgruppen im Unternehmen zugängliche Plattformen zusammenzuführen. Wer soll nun in der Firma welche Zugriffsrechte auf welche Daten bekommen?

Die IT-Abteilung, die den Lead für das Projekt hatte, lud zu einem Meeting mit Repräsentanten verschiedener Abteilungen ein. Johanna stellte einen Vorschlag vor, der relativ moderat war und deswegen fast alle Anwesenden enttäuschte.

In Schritt 3, der ersten Reaktionsrunde auf den vorgestellten Vorschlag, zeigte sich, dass die Transparenz den Vertretern von New-Work-Ansätzen nicht weit genug ging – den „Datenschützern" hingegen viel zu weit. Auf dem Flipchart wurden von der Moderation für jede der beiden Perspektiven mehrere valide Einwände gesammelt.

Johanna konnte mehreren Bedenken den Wind aus den Segeln nehmen, indem sie für diese Einwände eine technische Lösung in Aussicht stellte. Zum Schluss stand noch die Frage im Raum, wieviel Vertrauen man Praktikanten und neuen Kollegen schenken will: *„Überfälliges Kultursignal für eine moderne Willkommenskultur"*, meinten die einen, *„übertriebener Leichtsinn"* fanden die anderen.

In Schritt 5, der Einwandsintegration, bekamen auch die risikobewussten Vertreter Gehör. Welche Informationen, befürchten sie, könnten die Neulinge – die noch nicht loyal an die Firma gebundenen Personen – konkret missbrauchen? Und wie genau? Aus diesem Interview der „Bewahrer" entstand eine konkretisierte Sorgenliste. Das Motiv, wertvolle, für den Wettbewerb potenziell interessante Daten schützen zu wollen, schälte sich heraus. Und auch für die glühendsten New-Work-Fans war die Vorstellung nicht amüsant, dass die benannten Daten an Außenstehende gelangen könnten. Denn es waren die „Diamanten" des Unternehmens. Jemand stellte dann die erlösende Frage: „Wer braucht denn diese heiklen Informationen, um arbeitsfähig zu sein?" Der Gordische Knoten war gelöst. Die Zugriffsrechte sollten sich nicht symbolisch um Vertrauenswürdigkeit und Loyalität drehen, sondern um die Arbeitsfähigkeit der Nutzer/-innen. Mit diesem Briefing ging Johanna zufrieden ins IT-Team. Zwar musste das Konzept für Zugriffsrechte jetzt noch einmal gründlich überarbeitet werden, aber der neue Ansatz würde im Haus überzeugen.

Inhaltlich war diese Lösung im Nachhinein so überzeugend wie naheliegend für die Teilnehmenden. Aber für alle war es umso erstaunlicher, dass es diese neue Diskussionsmethode war, die es ermöglicht hatte, dass ein verhärtetes und inzwischen ideologisch diskutiertes Thema aus der Gesprächsblockade gemeinsam wieder in Bewegung gebracht werden konnte.

Varianten

Ich verwende gerne eine extreme Kurzversion als eine Art Stimmungsbarometer: Wenn unklar ist, ob ein Team in der Diskussion gerade über Feinheiten oder wichtige Grundlagen spricht, lasse ich die Anwesenden kurz über die drei Handzeichen anzeigen, ob sie dem gerade diskutierten Vorschlag grundsätzlich zustimmen, noch kleine Bedenken haben oder (noch) dagegen sind. Manchmal bitte ich auch ganz am Anfang eines Meetings um die Handzeichen, wenn es um ein bekanntes Thema geht, damit schnell transparent wird, wie weit das Team von einer Entscheidungsfindung entfernt ist.

Bei Holacracy wird vor der Einwandintegration überprüft, ob ein Einwand valide ist. Die Moderatorin stellt dazu folgende fünf Fragen. Nur wenn der Einwand-Einbringer alle mit „Ja" beantwortet, ist der Einwand valide:

1. Verringert der Vorschlag das Potenzial oder die Möglichkeiten des Teams (in Holacracy des „Kreises")?
2. Erzeugt die vorgeschlagene Lösung ein neues Problem (Holacracy: eine „Spannung")?
3. Kann die Entscheidung nicht mehr rückgängig gemacht werden nach den ersten Umsetzungsschritten?
4. Verursacht der Lösungsvorschlag ein Problem für deine Rolle bzw. deine Aufgaben?
5. Widerspricht der Vorschlag den Regeln des Teams oder der Organisation?

> **Achtung! Was man sich einhandeln könnte:**
>
> Jeder darf seine Meinung ändern. Das ist für viele Menschen ungewohnt und kann dazu führen, dass sie an Einwänden oder Meinungen festhalten, weil sie nicht als wankelmütig, unwissend oder meinungsschwach dastehen wollen. Das erfordert Moderation mit Fingerspitzengefühl oder – falls dies mehrfach vorkommt oder es mehrere Teammitglieder betrifft – lieber einen anonymen Einwands- oder Abstimmungsprozess.
>
> Am Anfang kann sich die Methode langwierig anfühlen und es ist schwierig, bekannte Diskussions- und Entscheidungsmuster zu verlassen. Das braucht eine/n erfahrene/n Moderatorin/Moderator und Geduld und Offenheit im Team.

Quellen und Weiterlesen

- www.soziokratie.org
- Hüther, Christian: Soziokratie, Holakratie, S3, Frederic Laloux' „Reinventing Organizations" und „New Work". selbst verlegt, 2018.
- Oestereich, Bernd, Schröder, Claudia: Das kollegial geführte Unternehmen: Ideen und Praktiken für die agile Organisation von morgen. Vahlen, München, 2017.
- Robertson, Brian: Holacracy: The Revolutionary Management System that Abolishes Hierarchy. Penguin, New York, 2015.

25. KOLLEGIALE ROLLENWAHL

Wie Verantwortung auf viele Schultern verteilt werden kann
Iris Rommel

„Anderen auf halbem Weg entgegenzukommen
ist eine äußerst zielführende Anstrengung."
Ernst Ferstl

Weniger schlecht entscheiden

… weil die Verantwortung für Beiträge für die Organisation Menschen anvertraut wird, die vom Team für diese Aufgabe vorgeschlagen werden

… weil die vorgeschlagenen Menschen ihrerseits diese Wahl annehmen oder ablehnen können

… weil die Vorschläge für Nennungen für alle transparent begründet werden

… weil nicht so selbstbewusste Teammitglieder in diesem Verfahren von den Kolleginnen und Kollegen zu mehr Verantwortungsübernahme ermutigt werden

… weil nicht immer dieselben Teammitglieder überstrapaziert werden

… weil alternativ zu demokratischen Wahlverfahren gruppendynamisch keine Gewinner-Verlierer-Konstellationen entstehen

Anders als bei den vielfältigen Entscheidungsmethoden, die sich die Frage stellen „Was ist jetzt zu tun?", fragt diese Methode nicht nach den inhaltlichen Weichenstellungen, sondern nach Personen: „Wer soll es tun?" Das Verfahren stammt ursprünglich aus der Soziokratie, die als Kreisorganisation zum einen darauf angewiesen ist, klare Verantwortlichkeiten für individuelle Rollen festzulegen. Zum

ENTSCHEIDUNGSTYP:
Entweder/Oder, mehrere Optionen

WER ENTSCHEIDET?
Team

BRAUCHT:
Moderatorin, Bereitschaft aller Teammitglieder zu Offenheit (Feedbackelemente) und Flexibilität

DAUER:
Nachdem in der Vorbereitungsphase die Rolle und die dazu nötigen Qualifikationen definiert sind, braucht die eigentliche soziale Wahl ca. 30–45 Minuten je nach Gruppengröße.

ANWENDUNG

anderen gehört es zur soziokratischen Kultur, dass Rollenträgerinnen sich des Vertrauens des Teams in sie sicher sein können.

Ich selbst habe diese Variante bei Bernd Oestereich und Claudia Schröder unter dem Titel „Kollegiale Rollenwahl" kennengelernt. In der Begleitung von Teams erlebe ich immer wieder, wie diese zügige und klare Methode etablierte Teamdynamik zum Tanzen bringen kann.

Anwendung

Schritt 1: Vorbereitung
- Definieren Sie die Aufgabe/die Rolle und welche Qualifikationen dafür notwendig sind.
- Definieren Sie die Zeitdauer dieses Amtes

Am besten visualisiert die Moderatorin diese Ergebnisse für alle sichtbar. Grundsätzlich gelten alle Mitglieder als wählbar, auch sich selbst zu nennen ist erlaubt. Klären Sie hier auch, ob bzw. welche in diesem Meeting abwesenden Personen benannt werden können.

Schritt 2: Stillarbeit
Jeder im Kreis nominiert eine Person, indem er den Namen auf einen Zettel schreibt und mit einer kurzen Begründung ergänzt, warum er diese Person vorschlägt.

Schritt 3: Erste Vorschlagsrunde
Jeder im Kreis stellt den Namen und die Begründung einmal reihum vor – alle hören sich die Vorschläge und die Begründungen an.
Für Teams, die noch nicht darin geübt sind, sich offen im Team Feedback zu geben – denn einen Feedbackeffekt haben diese Begründungen durchaus! –, kann die Variante einfacher sein, indem die Moderatorin die Zettel einsammelt und vorliest.
Die Moderatorin schreibt alle genannten Namen an das Flipchart.

Schritt 4: Zweite Vorschlagsrunde
Nachdem alle Namen und Begründungen gehört wurden, gibt es einen Moment zum Nachdenken: Alle Teilnehmenden haben jetzt noch einmal die Möglichkeit, einen Namen mit Begründung aufzuschreiben. Dabei können sie die Person, die sie in der ersten Runde nominiert haben, ein zweites Mal benennen oder dieses Mal eine andere Person benennen.
Diese zweite Runde wird meistens als sehr spannend empfunden, da sich zeigt, wie die Begründungen aus Runde 1 zum Nachdenken und Umdenken angeregt haben. Die Moderatorin schreibt auch dieses Mal alle benannten Personen an das Flipchart.

Schritt 5: Auswertung
Die Moderatorin hat die Wahl zwischen diesen drei Auswertungsvarianten:

1. Die schlichte Variante: Es wird eine Strichliste geführt, wie oft die Personen genannt wurden. Die Person mit den meisten Stimmen gilt als gewählt, auch wenn der Vorsprung nur aus einer Stimme bestehen sollte.
2. Oder: Die Moderatorin lässt zu jedem der benannten Namen eine Widerstandsabfrage durchführen (→ siehe S. 121 Widerstandsabfrage). Die Person, auf die die kleinste Widerstandszahl fällt, gilt als gewählt.
3. Für Teams, die noch nicht so gut „miteinander können": Manchmal erleben Gruppen diese offene Art der Wahl als überfordernd. Sie befürchten zum Beispiel einen möglichen Gesichtsverlust für Personen, die nicht vorgeschlagen werden. In diesem Fall kann die Auswertung anonymisiert werden, indem die Moderatorin die Zettel einsammelt, die Häufigkeit der Nennungen auswertet und nur das Ergebnis verkündet.

Schritt 6: Annahme der Wahl
Als abschließendes Ritual fragt die Moderatorin die gewählte Person, ob sie die Wahl annimmt. Sollte sie die Wahl nicht annehmen, wird die nächste Person auf der Liste gefragt.
Sollte ein Gleichstand der Nennungen für zwei vorgeschlagene Personen entstehen, berate ich mich in der Moderationsrolle gerne mit diesen beiden vor dem Team, wie wir mit der Situation gut umgehen könnten. Bisher sind in diesem Fall nur kreative, einvernehmliche Lösungen entstanden. Von Stichwahlen rate ich dringend ab, da diese von allen Beteiligten meistens als unangenehm erlebt werden und häufig „Verfahrensnarben" mit sich bringen.

AUS DER PRAXIS

Trotz guter Routinen Neues wagen

Eigentlich schien doch schon klar zu sein, wer im Marketingteam auch dieses Jahr wieder die Projektleitung „Messeauftritt" übernehmen sollte. Da muss man ja gar nicht drüber reden. Aber das Team hatte nun mal vereinbart, im Teamworkshop neue Entscheidungsmethoden kennenlernen zu wollen, und interessierte sich für die „kollegiale Rollenwahl". Auf der Suche nach einem eher einfacheren Thema, um gemeinsam die Methode zu üben, wählte das Team die Vergabe der Rolle „Koordination des Messeauftritts" aus.

Frau X, die sich in den letzten Jahren um diese Aufgabe gekümmert hatte, fiel es leicht, kurz zu skizzieren, aus welchen Verantwortlichkeiten und Aufgaben diese Rolle besteht und welche Fähigkeiten dies braucht. Und tatsächlich stand der Name von Frau X in der ersten Runde bei fünf von 12 Teammitgliedern auf dem Zettel mit der Begründung „Das hat Frau X doch immer toll gemacht". Die Überraschung im Team war dann groß, dass außer Frau X noch vier andere Namen vorgeschlagen wurden: Herr Y, weil dieses Jahr beim Messeauftritt das Thema „Asien" im Vordergrund stand und er dafür Länder- und Kulturexperte war. Frau Z., weil sie als Trainee im Haus eng mit Designern in einem anderen Projekt zusammenarbeitete und sie frische Gedanken mit einer neuen Agentur entwickeln könnte. Und auch Herr A., dessen Kernprojekt in naher Zukunft überraschend eingestellt wurde und der eigentlich der Einzige ist, der wirklich freie Kapazitäten dafür hatte, wurde vorgeschlagen. Frau X selbst hatte die erste Vorschlagsrunde genutzt, eine andere Person zu benennen und damit ein klares Signal gesetzt, dass sie persönlich bereit war, die Rolle loszulassen. Gruppendynamisch machte sie damit – ohne viele Worte – den Weg frei für neue Lösungen.

Wer dann das Rennen machte, daran kann ich mich nicht mehr erinnern, jedenfalls nicht die bisherige Rolleninhaberin. Aber sehr deutlich erinnere ich mich noch an die große Nachdenklichkeit, die im Team darüber entstanden war, dass es wirklich mehrere echte Alternativen für die Aufgabenverteilung gab, als immer nur die bewährte Routine zu wiederholen. Und an die Freude von Frau X, sich unverhofft neuen Herausforderungen zuwenden zu können, daran erinnere ich mich auch noch gut.

Varianten

In der Soziokratie schließt das Verfahren – anders als hier dargestellt – nach der Nennung der Personen nicht mit einer Auswertung, sondern mit einer Konsent-Runde (→ siehe Konsent S. 144) ab, um eine rein qualitative Entscheidung zu treffen.

> **Achtung! Was man sich einhandeln könnte:**
>
> Ich rate davon ab, diese Methode anzuwenden für die Verteilung
> - von Aufgaben/Rollen, die vom Team grundsätzlich als unattraktiv wahrgenommen werden
> - von Rollen/Aufgaben, für die starke Begehrlichkeiten von vielen bestehen, da diese Rollen als Auszeichnung/Bonus/„Schokoladenchancen" erlebt werden
>
> Für diese Aufgaben/Rollen ist es besser, eine Teamreflexion der Frage zu widmen: „Welche Art der Aufgabenverteilung würden wir als fair erleben?" Meistens macht das die Beteiligten zufriedener als ein kollegiales Rollenwahlverfahren.

Quellen und Weiterlesen

- Oestereich, Bernd, Schröder, Claudia: Das kollegial geführte Unternehmen: Ideen und Praktiken für die agile Organisation von morgen. Vahlen, München, 2017.
  - Kollegiale Rollenwahl: S. 194–195
  - Soziokratische Rollenwahl: S. 196–197

26. TEAM-PROTOTYPING

Kreativität für komplexe Rollenentscheidungen
David Schubert

„Das Problem zu erkennen ist wichtiger, als die Lösung zu erkennen, denn die genaue Darstellung des Problems führt zur Lösung."
Albert Einstein

Weniger schlecht entscheiden

- … bei komplexen Teamkonstellationen und der Neujustierung von Verantwortungsbereichen
- … weil durch den Fokus auf relevante Währungen und die Passung der Menschen neue Ideen für Struktur und Zusammenarbeit entstehen

Wer ein Team oder eine kleine Organisation umstrukturiert, merkt schnell die Komplexität der Aufgabe. Sogenannte Stärken von Mitarbeitenden sind, wenn man genauer hinschaut, gute Passungen im Kontext: Diplomatie ist in der Politik wichtiger als in der Fertigungshalle, geduldige Analyse im Labor wichtiger als im Außendienst, Durchsetzungskraft im Konzernumfeld etwas anderes als bei kirchlichen Trägern. Unterschiedliche Arbeitsfelder haben unterschiedliche Vorstellungen von Erfolg. Man kann sagen: Es gibt unterschiedliche Währungen. Dazu kommt: Die Komplexität wird höher, weil Passung sich verändern kann, von verschiedenen Menschen unterschiedlich eingeschätzt wird und von veränderlichen Kontextfaktoren abhängig ist (Kollegen, Umgangston, Arbeitslast, kranke Schwiegermutter). Der Effekt: Passung entsteht oft nicht, obwohl sie möglich wäre.

Um mit dieser Komplexität überhaupt sinnvoll arbeiten zu können, werden mit dieser Methode Zustände provisorisch festgeschrieben. So lassen sich fluide Bewegungen erst in den Blick nehmen, benennen und besprechen, sodass durch kluge Anpassung der Rollen im Anschluss tatsächlich mehr Momentum und Miteinander entstehen kann: Etwas Neues, das auch zu den Menschen passt, die schon länger im Team arbeiten.

ENTSCHEIDUNGSTYP:
Erschaffen von Optionen

WER ENTSCHEIDET?
Einer, Team

BRAUCHT:
Vorbereitung, Moderation, Haftnotizen, Flipchart

DAUER:
2–4 Stunden

ANWENDUNG

Anwendung

Schritt 1: Die Währungen: Was erzeugt „Erfolg"?

Leitfrage: Welche vier Währungen machen in neuen Rollen den größten Unterschied?
Nehmen Sie sich Zeit, die Währungen zu identifizieren, die den größten Unterschied nach dem Umbau machen werden. Was macht einen sogenannten „guten Mitarbeiter" aus? Sie können die Währungen allein erarbeiten; lohnender ist ein moderierter Prozess im Team: Welche Währungen Wert haben, ist oft eine intensive Teamentwicklung in sich. Starten Sie mit diesen vier Fokusbereichen und konkretisieren Sie diese für Ihr Arbeitsfeld:

- **Können** – Währungen wie Kompetenz, Qualität, Wissen: Woran messen wir das Können in diesem Kontext?
- **Schaffen** – Währungen wie Kreativität, Energie, Unternehmertum: Woran machen wir die Güte von Schaffenskraft, dem Tun von Mitarbeitern fest?
- **Beziehen** – Währungen wie Vertrauen, Verlässlichkeit, Sinn: Welche Art von Beziehung untereinander, auf die Arbeit oder auf etwas Größeres ist für uns wichtig?
- **Leiten** – Währungen wie Führung, Klarheit, Entscheidungskraft: Welche Art Führung und Initiative passt zu uns?

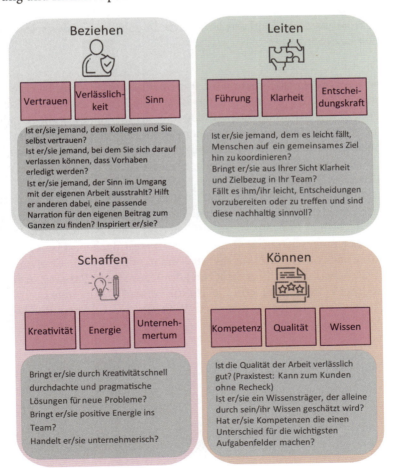

ANWENDUNG

Schreiben Sie ein Muster-Post-it mit einem X in der Mitte und den vier zentralen Währungen in den Ecken. Manchmal ist es sinnvoll, den Seiten eine Bedeutung zu geben, indem verwandte Währungen neben- oder untereinander notiert werden (siehe die Illustration): Damit kann z. B. Können und Schaffen etwas über die Ergebnisorientierung aussagen, während Beziehen und Leiten einen Hinweis auf die Interaktionsorientierung gibt.

Schritt 2: Die Passungen
Leitfrage: Wo sieht die Leitung/das Team jeden Einzelnen, was diese Währungen angeht?
Beginnen Sie mit den Post-its: Auf jedes Post-it kommt der Name eines Mitarbeiters. Dann betrachten Sie jede Person und ergänzen an der jeweiligen Ecke eine Einschätzung der Passung von 1 bis 10: *„Auf einer Skala von 1–10 bei der 1 bedeutet ‚ich sehe da wenig Passung' und 10 heißt ‚ich sehe sehr hohe Passung'. Wo sehen Sie diese Person im Durchschnitt?"* Sie können diesen Prozess für sich machen, um Ihre innere Perspektive zu ordnen. Günstiger ist es, gleich mit dem Team in einem moderierten Prozess zu arbeiten: Jeder schreibt seine eigene Karte und die Kollegen ergänzen ihre Sichtweise. Unterschiede werden nicht diskutiert, sondern als Ausgangspunkt für wichtige Erkenntnisse gefeiert: Wie kommt dieser Unterschied in der Perspektive zustande? Und was lernen wir daraus, wie wir uns selbst als Team aufeinander beziehen?

Wichtig ist:
- Was von wem als passend erlebt wird, kann sehr subjektiv sein. Ist eine Passung von heute die Passung von morgen? Wo schätzt die Führungskraft, die Rollen neu besetzen will, die Mitarbeitenden anders ein, als die Teammitglieder sie wahrnehmen? Wo steckt hinter vermeintlicher Passung eigentlich Überforderung? Wo wirkt beispielsweise ein Mitarbeiter engagiert, ist aber eigentlich damit befasst, inneren Stress durch Tun zu regulieren? Da wäre mehr Verantwortung vielleicht kein hilfreicher Schritt.
- Interessant sind vor allem Werte unter 3 und über 8. Farbliche Markierung auf den Karten macht spürbar, wie eingespielt und ausgerichtet das Team insgesamt erlebt wird. Geringe Passungswerte verdienen oft einen zweiten Blick: Was genau habt ihr hier eingeschätzt? Woran würdet ihr festmachen, dass der Wert um 1–2 Punkte nach oben geht? Was sagt die Person selbst, was sie für mehr Passung bräuchte bzw. was sie aus ihrer Sicht tun könnte, um mehr Passung zu erreichen? Oder ist diese Währung gar kein Ziel für die Person? Dann ginge es eher darum, einen Kontext zu schaffen, in dem diese Währung eine kleinere Rolle spielt.

ANWENDUNG

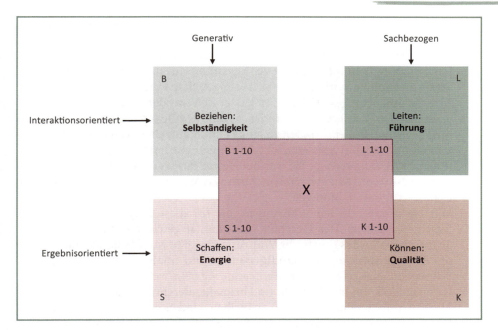

Schritt 3: Die neue Struktur
Leitfrage: Welche Struktur unterstützt uns darin, dass möglichst viele Mitarbeitende so viel Passung erleben, dass sie die Währungen ausleben können?

Hier wird es kreativ, weil die Post-its sehr leicht als verdichtete Informationsbausteine in Struktur gebracht und aufeinander bezogen werden können. Beginnen Sie mit der bestehenden Struktur: Was fällt auf? Wo funktioniert Passung – was sollte beibehalten werden? Wo werden Passungen nicht genutzt? Wo bräuchte jemand eine andere Struktur, um passend eingebunden zu sein? Markieren Sie die Punkte, die Ihnen auffallen, und dokumentieren Sie dies.

Von diesem Punkt können neue Strukturen erprobt und erfunden werden. Oft entstehen hier Lösungen, die so vorher nicht auf dem Tisch waren. Nehmen Sie ein frisches Flipchart und lassen Post-it für Post-it eine neue Struktur entstehen: Wie würden Sie das Team strukturieren, damit möglichst jede und jeder ein möglichst hohes Maß an Passung erlebt? Welche Rollen sollten in einer wünschenswerten Zukunft erfüllt werden? Wie sollten diese Rollen zueinander in Beziehung stehen? Wo gäbe es welche Art hierarchischer oder kontrollierender Beziehungen? Was wäre hilfreich an Spielregeln, Prozessen, Austauschmöglichkeiten? Wiederholen Sie diesen Prozess so lange, bis Sie das Gefühl haben, ein stimmiges Ergebnis zu haben (auch das Ergebnis, dass es gut ist, wie es ist, darf stimmig sein).

Dieser Prozess findet oft im kleineren Leitungskreis statt, da hier die Entscheidungen verantwortet werden müssen, und wird dann später im Team diskutiert.

AUS DER PRAXIS

Die Umstrukturierung einer kleinen inhabergeführten Organisation
Ich hatte bereits einige Jahre mit der Eigentümerin einer kleinen Organisation zusammengearbeitet, die sich erfolgreich in einem spezialisierten Marktsegment aufgestellt hatte. In letzter Zeit war der Druck am Markt gewachsen und sie hatte den Eindruck, dass es eine interne Neuaufstellung bräuchte: Projekte hatten zu lange Durchlaufzeiten, Fehler wurden zu spät und oft durch sie entdeckt, Mitarbeitende hatten Aufgaben, die ihnen nicht entsprachen. Sie war bei vielem das Nadelöhr der Organisation geworden. Mit steigendem Auftragsvolumen wurde klarer, dass es neue Antworten brauchte.

Wir begannen mit den Währungen, die für diese Fragen einen Unterschied machen: Das Geschäft war qualitätsgetrieben, die Kunden anspruchsvoll – das führte zur Währung **Qualität**. Mitarbeitende mussten oft Teilprojekte selbstständig steuern und finalisieren (Währung **Selbstständigkeit**). Die Währung **Energie** war ein weiterer Faktor – oft entscheidend, um im Hochtakt und bei nahenden Fristen handlungsfähig und miteinander verbunden zu bleiben. Und es ging auch um einen Wandel hin zu mehr Verantwortung innerhalb des Teams – das brachte die Währung **Führung** mit ins Spiel.

Der Name jedes Mitarbeitenden kam auf ein Post-it und sie schrieb ihre Einschätzung der jeweiligen Passung in die Ecken. Es war ein Auftrag im Coaching, daher begannen wir zu zweit. Die Ergebnisse waren Basis für Gespräche mit den Einzelnen und später mit dem Team, bei denen sie die Einschätzungen transparent machte und ergänzen ließ.

Wir klebten dann die Post-its analog zur aktuellen Struktur und schauten auf Muster: Wo gab es in den Augen der Chefin besonders hohe Passung? Wo gab es Passung zur Währung, aber keine Möglichkeit in der derzeitigen Rolle, das gut zu auszuspielen? Wo gab es aus ihrer Sicht weniger Passung? Und wie könnten diese Mitarbeiter/-innen gestärkt werden, um mehr Passung zu erleben bzw. ein Arbeitsumfeld zu bekommen, wo diese eine Währung weniger ins Gewicht fiel?

Die Erkenntnisse nach einer ersten Sitzung waren überraschend: Es wurde klar, dass in der Branche übliche Rollen in dieser Teamzusammensetzung nicht wirklich passten. Sie entschied sich, die Struktur der Organisation neu zu erfinden und Rollen zu konzipieren, die es bisher nicht gab, um Stärken einzelner Mitarbeiter nutzbar zu machen. Es entstand eine flexiblere, aber verbindliche Struktur der Projektverantwortung, was sie selbst entlastete. Außerdem entstanden rein operative, klarer geführte Rollen, die einige Mitglieder sich schon lange gewünscht hatten. Dieser Vorschlag wurde in das nächste Teammeeting mitgenommen, gemeinsam diskutiert und im Großen und Ganzen sehr positiv aufgenommen. Die neue Struktur entstand innerhalb weniger Wochen mit Unterstützung des Teams, das sich bis auf Details gut wahrgenommen fühlte.

Varianten

Eine Variante wäre, den gesamten Prozess als Teamworkshop umzusetzen, bei dem erst gemeinsam die wichtigen Währungen definiert werden und in einem zweiten Schritt jeder eigene Zuschreibungen zu seiner Passung vornehmen würde. Diese Selbsteinschätzung würde dann von Kollegen mit ihrer Sicht ergänzt. Für die neue Struktur könnten in Teams Lösungen erarbeitet werden, die als Basis für eine gemeinsame Idee dienen.

Eine weitere Variante nutzt Passungen als Teil eines regelmäßigen Feedback-Prozesses (zum Beispiel in Retrospektiven im agilen Arbeiten): Wo haben Passungen sich verändert? Woran lag das? Was können wir daraus lernen?

Achtung! Was man sich einhandeln könnte:

Hilfreich wird das Tool dort, wo Stärken und Schwächen als Passungen im Kontext sichtbarer werden, die sich verändern können und werden: von heute auf morgen, in der Perspektive eines Dritten, in Abwesenheit eines Vierten, im neuen Arbeitssetting. Die Komplexität der vermeintlichen Fakten wird nutzbar mit der Annahme, dass alles, was wir festhalten, Momentaufnahmen einer Perspektive sind und vor allem relevant, um diese im Jetzt zu ordnen und kreativ neu zu gestalten.

Das Risiko liegt auf der Hand: Schnell entsteht der Eindruck allzu statischer Stärken und Schwächen von Einzelpersonen, man schaut auf Schubladen, wo es um stabilisierte Bewegungen geht. Das ließe viel außer Acht und trüge dazu bei, bestehende Reibungsverluste und unpassende Kontexte zu stabilisieren, dass man hier lieber den Schlusspunkt setzen sollte.

Quellen und Weiterlesen

- Entwickelt von David Schubert, 2018.

27. RETROSPEKTIVEN

Kontinuierlich gemeinsam über Entwicklung entscheiden
Pascale Grün und Doris Schäfer

„If you want people to do a good job,
give them a good job to do."
Frederick Herzberg

Weniger schlecht entscheiden

… weil alle Teammitglieder auf Augenhöhe miteinander diskutieren
… weil auf das geschaut wird, was schon gut funktioniert, und auf das, was Verbesserungspotenzial hat
… weil Entscheidungen gemeinsam getroffen werden
… denn Informationen und Emotionen finden gleichermaßen Platz

Eine (agile) Retrospektive schafft Gelegenheit, im Team zu lernen und besser zusammenzuarbeiten. Sie bietet außerhalb der täglichen Routinen Zeit, über vergangene Ereignisse und Verhaltensweisen nachzudenken und unterstützt damit die Team(weiter)entwicklung und Zusammenarbeit. In ihrer einfachsten Form beantwortet das Team diese **Fragen**:

1. Was hat gut geklappt?
2. Was hat nicht gut geklappt?
3. Was werden wir daher zukünftig anders machen?
4. Was wollen wir beibehalten?

Im agilen Umfeld – besonders im Scrum – werden Retrospektiven in regelmäßigen Abständen (alle 2 Wochen) und relativ kurz und knackig (1,5 Stunden) durchgeführt. Sie unterstützen die Zusammenarbeit, tragen zur besseren Performance bei

ENTSCHEIDUNGSTYP:
Ja/Nein, Entweder/Oder, mehrere Optionen, Priorisierung, Erschaffen von Optionen

WER ENTSCHEIDET?
Team

BRAUCHT:
Flipchart oder Whiteboard, Haftnotizen, Bereitschaft des Teams, über sich selbst nachzudenken, Moderatorin

DAUER:
0,5–1,5 Stunden

ANWENDUNG

und damit zum Erfolg von Projekten. An einer „Retro" nimmt das gesamte Team teil: all jene, die gemeinsam an Aufgaben arbeiten. Retros werden immer moderiert – im agilen Setting durch den Scrum Master.

Voraussetzungen

Es braucht ein Team, das für eine bestimmte Zeit zusammenarbeitet bzw. für eine Aufgabe, ein Projekt gemeinsam verantwortlich ist und auf ein Ziel hinarbeitet. Die Retrospektive wird regelmäßig, an einem bestimmten Tag, Ort und zu einer bestimmten Zeit durchgeführt. Es braucht von den Teammitgliedern die Offenheit und den Willen, gemeinsam zu lernen und sich als Team weiterzuentwickeln.

Anwendung

Retrospektiven haben folgenden Ablauf:

Schritt 1: Check-in – Gesprächsklima schaffen (10 Min.)
- Was steht auf unserer Agenda? Klärung der Ziele dieser Retrospektive
- Wie geht es jedem Teammitglied gerade? Stimmungsbarometer

Schritt 2: Daten sammeln – Blick zurück auf die Zeit seit der letzten Retro (25 Min.)
- Was ist uns gut gelungen? Was war nicht so gut?
- Zunächst werden die Themen gesammelt, danach geclustert und priorisiert – um sich mit den wichtigen oder vielleicht auch schmerzvollsten Themen zuerst zu beschäftigen.

Schritt 3: Einsichten gewinnen – Auswertung (25 Min.)
- Warum sind die Dinge, wie sie sind? Was brauchen wir voneinander, um die eigenen Aufgaben gut erledigen zu können? Was wird von mir erwartet? Was erwarte ich von den anderen?
- Hier geht es vor allem darum, in die Tiefe zu gehen und zu verstehen, warum ein Problem existiert.

AUS DER PRAXIS

Schritt 4: Maßnahmen beschließen (30 Min.)
- Was müssen wir also vereinbaren und entscheiden? Was wollen wir verändern? „Action Items" und „Tries": Wer im Team übernimmt die Verantwortung wofür und bis wann? Die „Action Items" werden so festgelegt, dass sie bis zur nächsten Retrospektive umgesetzt werden können (in „bissgerechten Happen"). Die „Tries" sind Vereinbarungen darüber, was das Team gerne ausprobieren möchte.

Schritt 5: Check-out und Abschluss (20 Min.)
- Hier wird ein Rückblick auf diese Retro geworfen: Wie geht es jetzt jedem Teammitglied (Stimmungsbarometer)? Wie zufrieden bin ich mit den Maßnahmen, die wir beschlossen haben? Wie war die Retro (Feedback an die Moderatorin)?

Es gibt sehr viele Möglichkeiten, diese Schritte durchzuführen. Der eigenen Kreativität sind hier keine Grenzen gesetzt. Zwei unterschiedliche Methoden stellen wir im Praxisbeispiel vor.

Varianten

Retros können eher inhaltlich-handlungsbezogen sein: „Was machen *wir* anders?" aber auch persönlich und auf die Haltung bezogen: „Was mache *ich* anders?" Je vertrauter das Team mit der Methode ist, desto lohnenswerter ist es, auch an den persönlichen Beiträgen zu arbeiten.

Viele verschiedene Methoden, um die einzelnen Schritte durchzuführen, finden Sie unter www.retromat.org.

Retros können auch virtuell gut durchgeführt werden; zum Beispiel mit www.retros.work; www.retrotool.io oder www.retrium.com. Dort finden Sie auch weitere Methoden.

Was sich bei uns bewährt hat
Zwei Retro-Beispiele, die Sie gleich ausprobieren können:

1. Plus-Minus-Delta
Dieses Vorgehen unterstützt das Team, konstruktives Feedback für Konzepte, Produkte, Aufgaben, Maßnahmen oder Meetings zu geben. Der Schwerpunkt liegt auf dem gemeinsamen Herausarbeiten, was verbessert werden kann. Bereiten Sie dafür drei Flipcharts vor:

 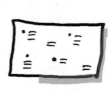 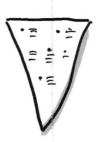

- In einer Stillarbeitsphase fasst jedes Teammitglied jene Aspekte zusammen, die bei bestimmten Aufgaben bzw. Situationen als positiv und wiederholenswert empfunden wurden, und jene, wo es nicht so gut gelaufen ist. Dafür werden Haftnotizen verwendet.
- Anschließend werden jene Aspekte benannt, die noch Verbesserungspotenzial haben, ebenso auf Haftnotizen.
- Danach gibt es eine gemeinsame Diskussion und die Verabschiedung von Maßnahmen: Was möchten wir bis zur nächsten Retro anders machen, ausprobieren?

2. Timeline
Auf einem Flipchart oder Whiteboard wird ein waagerechter Strich – eine Timeline – gezogen.

- Jedes Teammitglied schreibt auf Haftnotizen, welche signifikanten Ereignisse zwischen der letzten und dieser Retro stattgefunden haben. Es geht darum, viele Perspektiven zu erhalten und Ereignisse in Erinnerung zu rufen.
Diese Übung kann individuell oder als Kleingruppenarbeit durchgeführt werden.
- Die Teilnehmenden kleben die Haftnotizen chronologisch auf die Timeline.
- Oberhalb der Timeline stehen die positiven Erlebnisse:
„Was für mich besonders positiv war!"
- Unterhalb der Timeline stehen die negativen Erlebnisse:
„Was für mich nicht so toll (negativ) war!"
- Danach werden Maßnahmen diskutiert und entschieden, die bis zur nächsten Retro umgesetzt werden.
- Bei Schritt 3 und 4 werden technische, persönliche, organisatorische Aspekte und Themen der Zusammenarbeit betrachtet.

ACHTUNG

Achtung! Was man sich einhandeln könnte:

Für Teams ist es in der Regel gewöhnungsbedürftig, wenn Meetings strikt unter „Time-Boxing" durchgeführt werden. Jeder Schritt innerhalb der Retro ist zeitlich definiert, sodass insgesamt 1,5 Stunden gesamthaft eingehalten werden. Das Team kann allerdings innerhalb des Zeitrahmens entscheiden, wieviel Zeit es für einzelne Themen verwenden möchte.

Offenheit und einander Feedback zu geben braucht zunächst Übung und Zeit. Konflikte kommen zeitnah an die Oberfläche und der Umgang mit Konflikten bedarf ebenfalls Übung und einer Gesprächskultur, die ein Team erst entwickeln muss.

Daher ist eine gute Moderatorin, die Erfahrung in der Begleitung von Retrospektiven und in Teamentwicklungsprozessen hat, jedenfalls empfehlenswert.

Quellen und Weiterlesen

- Baldauf, Corinna, hat den Retromat entwickelt. Hier sind viele Retro-Bausteine zu finden: www.retromat.org
- Baldauf, Corinna: Retromat: Run great agile retrospectives. Zu kaufen unter: http://leanpub.com/retromat-activities-for-agile-retrospectives

IV.
Psychologie & Intuition

Entscheidungslogik: Körper und Geist in Einklang bringen
Leitfrage: „Was sagt mir mein Bauchgefühl?"

Diese Entscheidung liegt mir echt wie ein Stein im Magen!

Ich hab mir schon gedacht, da kommt viel Arbeit auf mich zu, aber dann hat man mir Unterstützung versprochen ... Tja, und dann hat keiner Zeit gehabt und ich hab's alleine machen müssen. Ich hätte wirklich auf mein Bauchgefühl hören sollen!

Ich hätte ein bisschen mehr recherchieren sollen. Ein gutes Bauchgefühl ist nicht alles.

Entscheidungen in der Psychologie: Die Intuition, dein Bauchgefühl und du

Annika Serfass

> „Zwischen Detailverliebtheit, die letztlich vom Handeln abhält, und totaler Ahnungslosigkeit ist die Intuition die Brücke, die die Praxis baut."
> *Wolf Lotter*

Die allermeisten Entscheidungen treffen wir einfach so, irgendwie, sogar unbewusst. Auch die meisten bewussten Entscheidungen fallen uns leicht: Nehme ich den Bus oder das Fahrrad? Ziehe ich den Mantel oder die Jacke an? Trinke ich Sekt oder Selters? Erst wenn körperliche Empfindungen ins Spiel kommen, wird es anspruchsvoll. Denn jede „große" Entscheidung verursacht irgendeine Art körperliche Reaktion – und sei es nur ein noch stärkerer Drang zum Grübeln und Nachdenken. **Durch diese Körpersignale macht sich unsere Intuition bemerkbar:** als Bauchgefühl, Ahnung, Gedankenblitz, Kribbeln und viele andere Zeichen aus unserem **unbewussten Erfahrungsgedächtnis**, das an der Entscheidungsfindung teilhat. Abhängig von den Umständen hilft oder hindert sie beim Treffen „guter" Entscheidungen.

Die Intuitionsforschung beschreibt Verhalten (und damit Entscheiden) als einen **adaptiven Prozess**, in dem individuelles Verhalten sich kontinuierlich flexibel an die Umwelt anpasst. Im Gegensatz dazu stehen Theorien, die das Verhalten basierend auf Werten, Eigenschaften, Überzeugungen und Nutzenmaximierung erklären. Diese Letzteren blenden aus, dass wir uns in unterschiedlichen Kontexten ganz unterschiedlich verhalten und entscheiden – im ständigen Abgleich mit der Umwelt verändern sich unsere Beziehungen: zu Menschen, Dingen, Themen etc. Wir wählen jenes Verhalten, das in wechselseitiger Abhängigkeit mit dem Verhalten der Umweltfaktoren für uns am zielführendsten ist (vgl. Gigerenzer S. 58–64). **Verständlich werden Entscheidungen und Verhalten also erst, wenn wir sowohl den Akteur als auch seine Umwelt** betrachten (Gigerenzer, S. 85).

Was ist eine Entscheidung und wie entstehen intuitive Entscheidungen?

Die psychologische Betrachtung einer Entscheidung besteht nach Peter Gollwitzer und Heinz Heckhausen aus **vier Phasen**:

- **Abwägen**: die Phase vor der eigentlichen Entscheidung
- **Planen**: die Phase vor der Handlung, in der die Umsetzung vorbereitet wird
- **Ausführen**: die Phase der Durchführung bzw. die eigentliche Handlung
- **Bewerten**: die Phase nach der Handlung, in der das Erfahrene emotional und kognitiv „eingeordnet" wird.

Wir konzentrieren uns hier nur auf die erste Phase, die mit der Entscheidung über das Ziel endet. Diese Entscheidung wird oft das *„Überschreiten des Rubikon"* genannt. So wie es für Cäsar kein Zurück mehr gab, nachdem er seine Truppen über den Fluss Rubikon gegen Pompeius geführt hatte, so ist auch psychologisch die Entscheidung über eine Handlungsalternative hiermit abgeschlossen. Obwohl die Phase als „abwägen" bezeichnet wird, ist dies selten ein wirklich rationales, analytisches und vernünftiges Vorgehen. Hier kommt die Intuition ins Spiel, auf die sich dieser Beitrag konzentriert. **Eine Intuition, Ahnung oder Bauchgefühl ist ein Urteil…**

… **das rasch im Bewusstsein auftaucht,**

… **dessen tiefere Gründe uns nicht ganz bewusst sind und**

… **das stark genug ist, um danach zu handeln** (Gigerenzer, S. 25) bzw. darüber nachzudenken

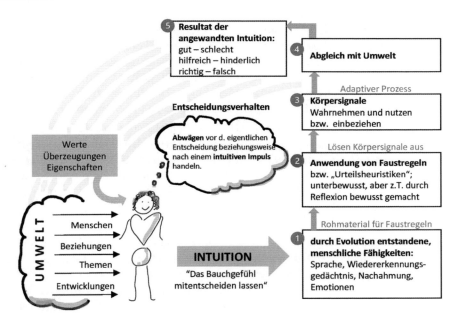

Bauchgefühle sind ein Produkt der Anwendung von *Faustregeln* (oder „*Urteilsheuristiken*"). Diese werden fast immer unbewusst angewandt – können aber durch Reflexion ins Bewusstsein gehoben werden. Sie sind das **Gegenteil vom diskursiven Denken**, in dem das Für und Wider abgewägt werden und möglichst viele Facetten bewusst betrachtet werden, bevor eine Entscheidung gefällt wird.

Urteilsheuristiken berechnen nicht unterbewusst ein Optimum (sorry, so viel Rechenleistung ist im Unterbewussten dann doch nicht vorhanden), sondern orientieren sich an inkrementellen Veränderungen. Es gibt *eine* Regel, der zu folgen leicht ist, weil sie sich allein auf *eine einzige* Information stützt: die vermeintlich wichtigste. Deshalb werden sie auch Faustregeln genannt. Zum Beispiel lautet die Faustregel der Blickheuristik, um einen hohen Ball zu fangen: „Fixiere den Ball, beginne zu laufen und pass deine Laufgeschwindigkeit so an, dass der Blickwinkel zum Ball konstant bleibt." (Gigerenzer S. 19)

Faustregeln basieren auf dem Rohmaterial unserer erworbenen *evolvierten Fähigkeiten*, zum Beispiel sich bewegende Dinge vor einem unruhigen Hintergrund im Blick zu behalten; was für einen Säugling von drei Monaten bereits leicht, für einen heutigen Roboter aber schwierig ist. Sie umfassen darüber hinaus unter anderem die Sprache, Nachahmung, das Wiedererkennungsgedächtnis und Emotionen wie Liebe (Gigerenzer S. 69).

Die *Umweltstrukturen* bestimmen, ob eine Faustregel gut oder schlecht funktioniert. Ob eine Intuition richtig oder falsch, gut oder schlecht, hilfreich oder hinderlich ist, liegt also am Kontext der Anwendung der Faustregel (Gigerenzer, S. 57–58).

Wozu intuitiv entscheiden?

Überleben: Der erste Grund ist eingängig: überleben! Die Gehirnareale, die analytisches Denken erzeugen, haben – laut Gehirnforscher Antonio Damasio – vergleichsweise wenig Arbeitsspeicher: Sie brauchen lange und können nur wenige Daten miteinander vergleichen. Demgegenüber kann das Erfahrungsgedächtnis viele Daten schnell erfassen (vgl. Storch, S. 22). Die Intuition schützt uns also in kritischen Momenten, z. B. wenn wir Bewegungen aus den Augenwinkeln wahrnehmen und vom Fahrrad springen, weil wir intuitiv wissen, dass es sonst gleich einen Unfall gäbe.

Körperliches Wohlbefinden: Intuition, die man über Körpersignale spürt, basiert neben den Urteilsheuristiken auch auf unserem emotionalen Erfahrungsgedächtnis. Wer seine Intuition in Entscheidungen einbezieht, handelt im Selbstregulationsmodus (vgl. Storch, S. 56). Er hat „einen Draht" zu dem, was er in seinem Leben als positiv bzw. negativ erlebt hat, und kann dieses Wissen nutzen, indem er lernt, auf seine Körpersignale zu achten und sie als „stimmig" zu empfinden, wenn er Entscheidungen trifft.

Informationslücken füllen: Intuitive Entscheidungen kommen außerdem oft zustande, wenn die vorhandenen Informationen nicht ausreichen. Das Gehirn denkt sich dann etwas aus, das auf Erfahrungen und Annahmen über die Welt beruht (Gigerenzer, S. 52). Zum Beispiel schließen wir aus Mimik und Körperhaltung auf Wünsche und Bedürfnisse anderer. Dieses „Gedankenlesen" ist Teil unserer Intuition.

Kreativität: In unserer Wissensgesellschaft, die vor Komplexität strotzt, ist Intuition eine Quelle nötiger Kreativität. Das kann jeder Kunstschaffende bestätigen. Ohne Kreativität keine Innovation, kein Fortschritt. Dabei hilft Intuition im wörtlichen Sinne, opportunistisch zu sein: lateinisch opportunus = günstig/geeignet; engl. opportunity = Chance/Gelegenheit, also Möglichkeiten zu nutzen, die sich auftun. Das gelingt wiederum, weil unsere Intuition schnell Situationen erfasst und zusammen mit dem Erfahrungsgedächtnis bekannte Muster oder bekannte Situationsanteile erkennt und auf neuartige Situationen anwendet.

„Die Frage ist also nicht, ob Intuition zu guten Entscheidungen verhilft, sondern wann." (Gigerenzer, S. 25).

Wie schlechte intuitive Entscheidungen entstehen

Der häufigste Grund, warum Intuition nicht zu guten Entscheidungen verhilft: Man hat keinen „Draht" zu seinen Körperempfindungen oder entscheidet im Selbstkontrollmodus: ohne Emotionen – das zeigen beispielsweise Personen mit Hirnschäden – und ohne Wahrnehmung des Körpers – das zeigen Personen mit Anosognosie (= gestörter Eigenwahrnehmung) – keine klugen Entscheidungen! Personen, die verlernt haben, ihre Körpersignale wahrzunehmen, durch die sich ihre Intuition bemerkbar macht, oder die immer wieder gegen ihre Intuition entscheiden, tun sich oft schwer mit intuitiven Entscheidungen und entscheiden eher entlang von äußeren Normen und Werten als auf Basis ihres eigenen emotionalen Erfahrungsgedächtnisses (Storch, S. 47–57).

Außerdem scheitern zuweilen die Urteilsheuristiken, die wir als Intuition wahrnehmen: Es gibt einfach **keine Strategie, die unter allen Umständen die beste ist**, weil dafür die Umstände – zum Beispiel die Verhaltensstrategien anderer – viel zu vielfältig und flexibel sind (vgl. Gigerenzer S. 62). Urteilsheuristiken versagen zum Beispiel bei:

1. **Zu viel Wissen:** Die eigene Expertise stellt einem mitunter ein Bein. Ein Investmentbanker kann beispielsweise nicht mehr der einfachen Faustregel „*Kauf die Aktien, die du kennst, und verteile dein Geld gleichmäßig*" folgen, denn er kennt alle Unternehmen am Aktienmarkt. Diese Faustregel erzielte in verschiedenen Versuchen eine bessere Rendite als jedes noch so ausgeklügelte Programm und jeder noch so erfahrene Banker. Aber wer zu viel über die Alternativen und/oder das Umfeld weiß, kann entsprechende Urteilsheuristiken nicht mehr anwenden.
2. **Zu vielen Optionen:** Wir gehen intuitiv davon aus, dass mehr Optionen zu haben besser ist, als wenige. Da wir als Individuen ein einzigartiges Bündel an Bedürfnissen haben, ist die Chance, eine perfekt zu uns passende Option zu finden, bei vielen Optionen doch größer. Dem ist aber nicht so. Weil unser Hirn eben nur eine ziemlich kleine Anzahl an Optionen wirklich miteinander vergleichen kann, sind wir schnell überfordert und zögern Entscheidungen künstlich hinaus, um nicht die ideale Option zu übersehen. Wir sind dann trotzdem unzufriedener als mit nur drei Optionen, weil wir **bei sehr vielen Optionen eher enttäuscht sind,** wenn unsere Erwartung nicht optimal erfüllt wird. Bei wenigen Optionen reicht die berühmte 80/20-Regel, damit sich ein Zufriedenheitsgefühl einstellt. Ein Bekannter irritierte seine ganze Verwandtschaft damit, dass er im Restaurant maximal 30 Sekunden in die Menükarte schaute, bestellte und fast immer mit seiner Wahl zufrieden war. Sein Trick: Er las die Karte nur bis zu dem ersten Gericht, das bei ihm einen kleinen emotionalen „Will-ich"-Moment erzeugte. Den Rest der Karte ignorierte er.
3. **Zu viel Zeit:** Professionelle Golfspieler treffen besser, wenn man ihnen wenig Zeit zur Vorbereitung des Schlags gibt, Golfanfänger treffen schlechter. **Ist man Experte auf einem Gebiet, fällt einem intuitiv meistens zuerst die beste Option auf.** Nimmt ein Experte sich Zeit, um weitere Optionen zu finden, zu bewerten und abzuwägen, sind diese oft schlechter, lenken ab und verwässern die Entscheidung. **Mehr Zeit hilft oft nur Laien, aber nicht Profis.** Alle Bewegungsabläufe, Themen, Handlungen, die uns in „Fleisch und Blut übergegangen" sind, erledigt man am besten schnell und möglichst außerhalb des Bewusstseins. Stellen Sie sich mal vor eine Treppe und überlegen Sie ganz genau, was Sie tun müssen, um diese Stufe für Stufe zu erklimmen. Die Chancen stehen gut, dass Sie den Fuß nicht mehr hochkriegen oder stolpern.

4. **Gezieltem Ausnutzen von Heuristiken:** Die Rekognitionsheuristik bezieht sich auf die Kompetenz des Wiedererkennens. Sie produziert Faustregeln wie: *Wovon ich schon einmal gehört habe, ist besser/größer/etc.* Oder: *Von zwei Optionen wähle ich die, von der ich schon einmal gehört habe.* Unternehmen und Politiker nutzen diese Wiedererkennungsfaustregeln gerne aus: Sie verbreiten nichtinformative Werbung, die allein dem Zweck dient, sich in Ihrem Wiedererkennungsgedächtnis breitzumachen. Diese Heuristik kann durch Reflexion „entlarvt" werden; dennoch behaupten 75 % der Befragten, die „Marken"-Erdnussbutter schmecke von drei Optionen am besten, obwohl in allen Gläsern die gleiche Erdnussbutter ist (Gigerenzer S. 137–141).
5. **Komplett neuem Kontext/neuen Herausforderungen:** Etwas für uns ganz Neues verwirrt unsere Intuition, weil unser Erfahrungsgedächtnis hier kein Urteil zur Verfügung stellen kann. Oder unsere Intuition überträgt gelernte Vorurteile, Annahmen, Strukturen, die uns die Situation falsch einschätzen lassen. Fast jeder hat schon einmal erlebt, nicht intuitiv zu wissen, wie man sich verhalten soll, weil man sich in einem ganz neuen Kontext bewegt: der erste Tag im ersten Job, Alltag in einem neuen Land oder einer fremden Kultur, die erste Einladung zu den potenziellen Schwiegereltern etc.
6. **Ausruhen auf Intuition und Gefühl:** Analyse macht Arbeit, Zusammentragen von Fakten ist mühsam, Komplexität zu begreifen ist anstrengend. Stattdessen das Argument: *„Ich höre einfach auf meinen Bauch!"*, doch: **hohler Kopf = hohler Bauch.** In vielen Situationen gilt: Je besser die Basis – Expertise, Allgemeinbildung, Wissen, Erfahrung –, desto besser die Intuition. Ihre Intuition wird also oft nur nützlich sein, wenn Sie vorher die Arbeit geleistet haben, ein Experte zu werden.

Wie die Intuition zu guten Entscheidungen verhilft

Bei Ungewissheit: Komplexe Modelle und Simulationen stützen sich auf alle verfügbaren Daten, die über Vergangenheit und Gegenwart zur Verfügung stehen. Das Problem ist, dass die **Zukunft** prinzipiell nicht vorhersagbar ist: Ein großer Teil der verwendeten Daten wird für die Zukunft irrelevant sein. Stattdessen gewinnen andere Arten von Daten an Relevanz. Die Simulation kann nicht unterscheiden oder **vorhersehen, WELCHE** dieser Daten für eine Zukunftsprognose unbrauchbar sind – eine gute **Intuition kann das schon.** Sie konzentriert sich auf wenige hochrelevante Daten und ignoriert den Rest. Schon ein einziger guter Grund reicht oft bei Anwendung der Take-the-Best-Heuristik für eine gute intuitive Entscheidung. Haben zwei Optionen für den wichtigsten Grund gleich gute Erwartungsergebnisse, schaut man auf den zweitwichtigsten Grund und so weiter, bis eine Option als bessere hervorgeht – man ignoriere alle weiteren Gründe und Daten. Diese „lexikografische" Version der Take-the-Best-Heuristik wird intuitiv häufig angewandt und ist komplexen Simulationen selten unter-, meistens überlegen (Gigerenzer S. 90–96, 156–162).

Jenseits der Logik: Logische Regeln werden ständig verletzt, zum Beispiel in unserem Sprachgebrauch. Unser **intuitives Verständnis leistet,** dass wir das Gemeinte trotzdem **herausfiltern** können. Das ist kein Urteilsfehler, sondern eine Kompetenz, diese Vielschichtigkeit zu beherrschen. Weil Menschen in ihrer Intuition beispielsweise auch zeitliche und räumliche Dynamik berücksichtigen, ist dieses Verhalten sinnvoll, wenn auch nicht logisch (Gigerenzer, S. 103–110). Logische Normen lassen Begebenheiten außer Acht wie Kultur, Umweltfaktoren, Dynamik etc. Handlungen, die aus rein logischer Perspektive wie „Denkfehler" aussehen, werden im Lichte der Intuition zu „intelligenten sozialen Urteilen" (Gigerenzer S. 113).

Wenn Optimierung unmöglich ist: Oft gibt es keine optimale Lösung oder keine durchführbare Strategie, um das tatsächliche Optimum zu berechnen: bei exponentiell steigenden Kombinationsmöglichkeiten, bei Fehlen oder Lückenhaftigkeit von Regeln etc. Dann sind Faustregeln – abgesehen von Willkür – die einzige Möglichkeit, überhaupt zu einer Entscheidung zu kommen.

Um Grenzen aufzuzeigen: Wer seine Körperempfindungen spüren und deuten kann, erkennt auch, wenn **die Intuition anmerkt, dass eine persönliche Grenze verletzt wird**. Das erzeugt ein Innehalten, sodass analytischer Fokus und Überdenken folgen können.

Ein Beispiel, das alle oben genannten Situationen vereint, ist die **Kunst**. Will man etwas Neues erschaffen, das **Menschen emotional berührt**, ist das **immer jenseits der Logik** und **nicht optimierbar**. Das Neue entsteht oft aus Improvisation und hier ist die Intuition aus allen oben genannten Gründen ein guter Ratgeber.

Wenn Kopf und Bauch im Einklang sind: Der „Verstand arbeitet *genau*, aber *langsam*." Das Erfahrungsgedächtnis bewertet eine Sachlage viel *schneller*, „dafür sind seine Ergebnisse aber *diffus* und *detailarm*" (Storch, S. 23). Gelingende Selbstregulation verbindet beide Ebenen: ein angenehmes Körpergefühl mit der Vernunft des Verstandes. Das kann erreicht werden durch ein positives Zukunftsbild, das beide Ebenen anstreben, durch ein negatives Zukunftsbild, das beide Ebenen zu vermeiden versuchen, oder durch einen Trick: Oft wird ein unpassendes Wort verwendet, das keine positiven Körpersignale auslöst und somit auch keine Motivation für die Entscheidung und deren Umsetzung liefert. Der Vorsatz: *„Ich mache mehr Sport, weil ich fit und schlank sein will"*, löst noch nichts aus? Dann spielen Sie mit Begriffen, die das Gleiche ausdrücken, aber bei Ihnen positive intuitive Körpersignale auslösen. Das ist sehr individuell; vielleicht etwas wie: *„Ich will mich in meinem gesunden, leistungsfähigen Körper wohlfühlen."* Dazu mehr in der Methode → Motto-Ziele des Zürcher Ressourcenmodells (S. 180).

„Die Intelligenz des Unbewussten liegt darin, dass es, ohne zu denken, weiß, welche Regel in welcher Situation vermutlich funktioniert" (Gigerenzer S. 27, 58). Das Vertrauen auf Intuition ist daher gerade in komplexen Situationen hilfreich, die nicht eindeutig analysiert oder rational bewertet werden können.

Quellen und Weiterlesen

- Gigerenzer, Gerd: Bauchentscheidungen: Die Intelligenz des Unbewussten und die Macht der Intuition. Goldmann, München, 2008.
- Gollwitzer, Peter: Action phases and mind-sets. In: Handbook of motivation and cognition: Foundations of social behavior. Band 2. New York, 1990, S. 53–92.
- Lotter, Wolf: Zündstoff: Intuition und Vernunft sind keine Gegensätze. In: Brandeins 11, 2016, S. 36–46.
- Storch, Maja: Das Geheimnis kluger Entscheidungen: Von Bauchgefühl und Körpersignalen. Piper, München, 2011.

28. ENTSCHEIDUNGSGÄRUNG

Die Zeit ist deine Freundin – und die deines Bauchgefühls
Annika Serfass

„… und ich möchte Sie, so gut ich es kann, bitten, …, Geduld zu haben gegen alles Ungelöste in Ihrem Herzen, und zu versuchen, die Fragen selbst liebzuhaben wie verschlossene Stuben und wie Bücher, die in einer sehr fremden Sprache geschrieben sind.
Forschen Sie jetzt nicht nach den Antworten,
die Ihnen nicht gegeben werden können, weil Sie sie nicht leben könnten.
Und es handelt sich darum, alles zu leben.
Leben Sie jetzt die Fragen. Vielleicht leben Sie dann allmählich,
ohne es zu merken, eines fernen Tages in die Antwort hinein."
Rainer Maria Rilke

Weniger schlecht entscheiden

… bei besonders schwierigen persönlichen Entscheidungen
… weil der Kopf das Seine tut und der Bauch das Übrige

Manche Entscheidungen liegen einem sprichwörtlich wie ein Stein im Magen. Nun, dann soll der Bauch den Stein auch verdauen. Dazu geben Sie ihm Nahrung…und Zeit.
Wenn Sie Schwierigkeiten haben, Bauchentscheidungen zu treffen, weil Sie sich Ihren ersten Entscheidungsimpuls schon ausgeredet und weg analysiert haben, bevor Sie ihn überhaupt richtig gespürt haben, müssen Sie ein bisschen tricksen, um ihn dazu zu bringen, sich nochmals zu regen. Dieses Vorgehen verbindet den Hang zum Rationalisieren und Analysieren mit der Intuition.

ENTSCHEIDUNGSTYP:
Ja/Nein, Entweder/Oder, mehrere Optionen

WER ENTSCHEIDET?
Einer

BRAUCHT:
Zeit

DAUER:
Eine Weile, zwischen 1 Tag und 1 Monat

Anwendung

Schritt 1: Nehmen Sie sich **1 Stunde Zeit** – genau eine!
Formulieren Sie Ihr Anliegen und die alternativen Optionen.

Schritt 2: Nehmen Sie sich **1 Tag Zeit** – einen ganzen!
- **Tragen Sie ALLE Informationen zusammen**, die Sie zu den Alternativen kennen und finden können: Googlen, Freunde fragen, Experten anrufen, Bücher lesen, Berichte und Studien wälzen, durch Bilder, Grafiken, Tabellen klicken. Es ist alles erlaubt. Es ist egal, ob die Informationen zunächst wichtig erscheinen.
- **Sammeln Sie die Informationen** an einem gemeinsamen Ort: Schuhkarton, Sammelordner, Dropbox, Computer-Folder, Schublade unten links.
- **Gehen Sie am Ende dieses Tages alle Informationen aufmerksam durch**; wenn möglich, mit einer Haltung aufgeschlossener Neugier und ohne (schon klar, geht nicht – aber „so tun als ob" tut es auch!) Voreingenommenheit.
- Wenn noch Zeit ist und Sie möchten: **Ordnen** Sie die Informationen. Welche Ordnung auch immer für Sie passend ist.

Schritt 3: Packen Sie den Sammelort weg! Schauen Sie nicht mehr hinein! Und vermeiden Sie unbedingt, über die Entscheidung zu grübeln. Sobald Ihre Gedanken anfangen, die Entscheidung zu wälzen, lenken Sie sich ab; am besten mit repetitiven Tätigkeiten, die Ihre Aufmerksamkeit, aber nicht Ihre Intelligenz beanspruchen: schwimmen, Auto fahren, Wäsche falten, bügeln etc.

Schritt 4: Warten Sie. Warten Sie, bis Sie das Bauchgefühl spüren, das Ihnen die Entscheidung leicht macht. Das kann nach einem Tag sein, nach einer Woche, fast immer innerhalb eines Monats. Ein echtes Hochgefühl!

AUS DER PRAXIS

Ein Freund hat ein Angebot erhalten – soll er/soll er nicht zuschlagen?!
Ein Freund von mir ist Unternehmensberater. Er arbeitet viel zu viel, investiert sehr viel Zeit und manchmal steht der Verdienst (für sein Empfinden) in keiner guten Relation zu seinem Einsatz. Und dann, wie vom Himmel gefallen, wird ihm der Kauf von Unternehmensanteilen angeboten. Das wäre deutlich leichter verdientes Geld: der Verkauf von Produkten, die auch mit Beratung zu tun haben. Die Möglichkeit, mit weniger Aufwand einen guten Teil seines Einkommens zu bestreiten, war extrem verlockend.

Zunächst sagte der Bauch: unbedingt! Doch schnell gebot der Kopf: Vorsicht! „Der Preis ist hoch. Ich müsste fast alles fremdfinanzieren. Was, wenn die Umsatzentwicklung nicht so bliebe? Was, wenn ein Wirtschaftseinbruch käme? Ich hätte dann zwei Jobs – führte gerade das nicht zu einer massiven Mehrbelastung? Was, wenn sich die Unternehmensanteile in 10 Jahren nicht verkaufen ließen? Kämen Ersatzprodukte auf den Markt, wäre es eine komplette Fehlinvestition. Der angesetzte Preis: Stimmt da überhaupt die Kalkulationsbasis? Ich würde den Preis ganz anders kalkulieren, ...!"

Die Entscheidungsfindung lief dann so:
- Er holte viele Informationen ein: Marktanalyse, Kalkulationsprinzipien für Unternehmensbewertung, Amortisationsrechnungen etc.
- Er ging in sich: Wie möchte ich die nächsten 10 Jahre verbringen? Wann möchte ich die Unternehmensanteile wieder veräußern?
- Er ließ die Entscheidung ruhen und bemerkte dabei zweierlei: erstens, dass der Preis und die Fremdfinanzierung für ihn schwierig sind. Und zweitens, dass die Entscheidung stark getrieben ist von einem Wunsch nach arbeitsmäßiger Entlastung.
- Seine Bedenken äußerte er in einem Meeting mit dem Verkäufer und stieß auf Unverständnis: „Der Preis wurde von einem unabhängigen Experten berechnet. Wirtschaftskrisen, Umsatzschwankungen ... all das ist unternehmerisches Risiko."
- Und plötzlich war klar: Es fühlte sich nicht gut an, den Kauf zu tätigen. Das war nicht stimmig. Letztendlich war es der Umgang des Verkäufers mit seinen Bedenken, der ihn zu der sicheren Entscheidung kommen ließ: „Nein. Ich kaufe nicht, es wird sich etwas anderes ergeben."

Varianten

Wenn Sie eine Deadline für die Entscheidung haben: Verfahren Sie genauso, aber statt Schritt 4 treffen Sie die Entscheidung genau am letzten Tag der Deadline – keinen Tag früher. Die Chancen stehen gut, dass Ihr Bauch sich trotzdem meldet. Und wenn nicht: Sie haben alle möglichen Informationen gewälzt und können allein schon deshalb guten Gewissens mit der Entscheidung leben.

Achtung! Was man sich einhandeln könnte:

Das „absichtslose" Warten kann schwierig sein. Wer trotzdem grübelt, blockiert sich und eventuell seine Entscheidung und macht sich das Leben schwerer statt leichter.

Quellen und Weiterlesen
- Entwickelt von Annika Serfass 2018.

29. AFFEKTBILANZEN

Körperempfindungen als Entscheidungsgrundlage
Ingrid Sima-Parisot

„Wir sind alt genug, unserer Intuition zu trauen.
Was oder wem sonst?"
Jan-Philipp Sendker in „Drachenspiele"

Weniger schlecht entscheiden

... durch bewusstes Wahrnehmen unserer körperlichen und emotionalen Empfindungen

... weil wir unser unbewusstes Navigationssystem aktivieren und nutzen

... denn wir erleben, wie Verstand und Emotionen miteinander im Einklang sind

Gefühle und Körperempfindungen werden im emotionalen Erfahrungsgedächtnis (im „Unbewussten") von Beginn unseres Lebens an gespeichert und bilden ein großes Archiv, auf das wir blitzschnell zugreifen können. Dieses Erfahrungsgedächtnis arbeitet schnell, diffus, nicht sprachlich und binär (angenehm/unangenehm, positiv/negativ …). Das bedeutet, dass wir Situationen, Menschen, Umstände aufgrund unserer bisher gemachten Erfahrungen blitzschnell bewerten. Wir verlassen uns darauf, dass diese Bewertungen für uns selbst richtig sind: Sie sind absolut subjektiv – und oft denken wir nicht darüber nach. Nonverbale Signale, das sind Signale, die unser Körper sendet, werden von Psychologin und Psychoanalytikerin Maja Storch als „somatische Marker" bezeichnet. Sie nutzt mithilfe der neurowissenschaftlichen Forschung von Antonio und Helene Damasio Emotionen und Körperwahrnehmungen als wichtige Komponenten für die Entscheidungsfindung. Nicht jedem von uns sind diese allerdings gleichermaßen zugänglich. Viele von uns sind darauf konditioniert, den Verstand als oberste Instanz im Leben „zu Wort kommen" zu lassen. Gefühle und Körperreaktionen werden manchmal sogar heruntergespielt

ENTSCHEIDUNGSTYP:
Ja/Nein, Entweder/Oder, mehrere Optionen, Priorisierung

WER ENTSCHEIDET?
Einer

BRAUCHT:
Achtsamkeit, Übung und einen Körper, Stifte und Papier, eine Moderatorin/Psychologin, die den Anfangsprozess begleitet

DAUER:
Je nach Zugang zu den eigenen Gefühlen eine bis mehrere Stunden

oder bewusst nicht beachtet. Doch wenn wir sowohl unseren Verstand als auch unsere Erfahrungen und Emotionen bewusst zusammenarbeiten lassen, lernen wir, Entscheidungen zu treffen, hinter denen wir gänzlich stehen können, die für uns „stimmig" sind und die uns darüber hinaus zu mehr Selbstsicherheit verhelfen.

Anwendung

Schritt 1: Machen Sie sich klar, zwischen welchen Möglichkeiten Sie sich entscheiden wollen.

Schritt 2:
- Wenn Sie an Ihre Entscheidungsoptionen denken, wie meldet sich dazu Ihr Körper? Wo und was spüren Sie? Druck in der Brust, Zittern, weiche Knie, Kloß im Hals, ein Prickeln im Bauchraum, ein wohliges Gefühl im Magen, … dies sind Ihre somatischen Marker.
- Nun markieren Sie mit einem Kreuz Ihre Gefühle auf zwei Skalen zwischen 0–100, den sogenannten Affektbilanzen: Wo stehen Sie auf der positiven Gefühlsskala, wo auf der negativen, wenn Sie an diese Entscheidungsoption denken? Nennen Sie die Werte schnell – nach mehr als 30 Sekunden wird Ihr Körpergefühl eventuell von Ihrem Verstand verdrängt und verfälscht das Ergebnis.

Schritt 3: Jetzt benutzen Sie Ihren Verstand und sammeln Zahlen, Daten und Fakten zu den jeweiligen Optionen. Einige Informationen werden Sie sicherlich bereits haben, andere müssen Sie vielleicht noch zusammentragen. Vielleicht brauchen Sie eine rechtliche Auskunft oder die Stimme eines wichtigen Beteiligten ist noch nicht gehört worden, ggf. gibt es noch Literatur oder Forschungsergebnisse dazu, vielleicht hat eine Freundin eine gänzlich andere Meinung dazu … sammeln – informieren – Perspektiven einholen … darum geht es hier!

Schritt 4: Ein weiteres Mal wird nun Ihr Körper eingeladen, sich zu Wort zu melden: Wie stehen die gesammelten Fakten nun mit Ihren Gefühlen im Einklang? Hat sich etwas verändert? Dafür werden wieder die Skalen verwendet und die jeweiligen Werte auf den Affektbilanzen eingetragen.

Dieser Vorgang wird so lange wiederholt, bis sich für eine der Möglichkeiten Selbstsicherheit und körperliches Wohlbefinden einstellt.

AUS DER PRAXIS

Umzug nach Lausanne oder wohnen bleiben in Wien?
Eine Klientin verliebte sich während eines Skiurlaubes in einen Mann aus Lausanne. Für ein Jahr führten die beiden eine Fernbeziehung. Nun stand die Entscheidung an, wo sich das Paar gemeinsam niederlassen möchte. Die Klientin konnte sich sehr gut vorstellen in Lausanne zu wohnen, doch aus irgendeinem Grund brach sie beim Gedanken an den Umzug in Panik aus. Auch der Gedanke, mit ihrem Partner in Wien zu wohnen, löste in ihrem Körper Spannungszustände und ein ungutes Gefühl im Magen aus.

Wir erstellten eine Pro-Contra-Liste für beide Orte und die Klientin bewertete jeden Punkt mithilfe ihrer somatischen Marker auf den Gefühlsskalen.

Auf der Liste Wien war der Punkt „Burgenland" zu finden. Bei diesem Punkt brach die Klientin in hemmungsloses Weinen aus und es wurde ihr klar, dass es nicht Lausanne war, das ihr Kummer bereitete, sondern der nicht gelöste Konflikt mit ihrer Mutter und der Abschied von ihrer geliebten, schon sehr betagten Großmutter. In der folgenden Sitzung bearbeiteten wir den Konflikt mit ihrer Mutter und sie fertigte wieder eine Liste, die sie ebenso mit ihren somatischen Markern bewertete. Darüber hinaus tauchten Unklarheiten bezüglich der Ausübung ihres Berufes in der Schweiz auf. Meine Klientin zog mit einer von ihr zusammengestellten To-do-Liste von dannen.

In der letzten Stunde kam sie mit dem klaren Entschluss zu mir: Kommenden Sommer möchte sie für zwei Monate nach Lausanne ziehen, um dort einen tieferen Einblick und ein besseres Gespür zu bekommen, wie sich ein Leben in der Schweiz tatsächlich anfühlt. Sie war sicher, danach würde sie eine Entscheidung für sich stimmig treffen können, denn ihr war klar geworden, welche Faktoren sie bisher davon abgehalten haben, ihren Weg zu gehen.

Varianten

Sesselentscheidungsprozesse: Für Entscheidungen mit zwei Optionen stellen Sie zwei Sessel nebeneinander in einen Raum. Der eine Sessel steht für die eine Möglichkeit und ein zweiter für die andere. Die Klientin wechselt so lange zwischen den Positionen und arbeitet auch hier mit den somatischen Markern, bis für sie klar ist, welche der Möglichkeiten das meiste Wohlbefinden auslöst.

Ein Arbeitsblatt zum Ausfüllen erhalten Sie als Download unter www.wenigerschlechtentscheiden.com

Achtung! Was man sich einhandeln könnte:

Die Anwendung ist eventuell schwierig, wenn Menschen gewohnt sind, vorwiegend mit dem Verstand zu entscheiden. Dann spüren sie in ihrem Körper zunächst wenig bis gar nichts.
Andere Menschen hingegen spüren sehr viel, erlauben sich aber nicht, Daten und Fakten einzubeziehen und gut zu recherchieren.
Achtsamkeit in Bezug auf Eigenwahrnehmung kann vor Anwendung dieses Tools geübt und erlernt werden.

Quellen und Weiterlesen

- Storch, Maja: Das Geheimnis kluger Entscheidungen: Von Bauchgefühl und Körpersignalen. Piper Verlag GmbH, München, 2018.
- Storch, Maja, Kuhl, Julius: Die Kraft aus dem Selbst: Sieben PsychoGyms für das Unbewusste. Verlag Hans Huber, Bern, 2012.

30. MOTTO-ZIELE DES ZÜRCHER RESSOURCENMODELLS

Wenn das Unterbewusste über Bilder entscheiden hilft
Annika Serfass

„Blicke in dein Inneres.
Da ist die Quelle des Guten, die niemals aufhört zu sprudeln,
wenn du nicht aufhörst zu graben."
Marc Aurel

Weniger schlecht entscheiden

... bei Unsicherheit, was man tun will

... wenn man noch nicht so weit ist, das Gewollte in Sprache auszudrücken

... weil ganz stark darauf gesetzt wird, dass die entwickelten Vorhaben mit einem guten Bauchgefühl verknüpf sind

... durch einen inspirierenden und stärkenden Prozess

Die Wissenschaftler und Psychologen Frank Krause und Maja Storch entwickelten diese Methode im Auftrag der Universität Zürich als Teil der Burnout-Prophylaxe. Über verschiedene Schritte werden die persönlichen Ressourcen so aktiviert, dass eine zielorientierte Umsetzung eigener Anliegen möglich wird. Wir stellen hier nur den ersten Teil des Modells vor: das Motto-Ziel. Es hilft Menschen, über ein positiv besetztes Bild einen kraftvollen, positiven Satz zu entwickeln.

Der besondere Charme dieser Methode liegt darin, dass sie den Spieß umdreht: Es wird nicht versucht, durch die Methode ein gutes Bauchgefühl zu erzeugen, sondern ein gutes Bauchgefühl wird als Ausgangspunkt genommen, um mit der Methode eine kraftvolle Entscheidung zu entwickeln.

ENTSCHEIDUNGSTYP:
Entweder/Oder, mehrere Optionen, Priorisierung, Erschaffen von Optionen

WER ENTSCHEIDET?
Einer, Team

BRAUCHT:
Ausgedruckte Bilderkartei, 3–4 Personen, die ihre Assoziationen einbringen können

DAUER:
2–3 Stunden

ANWENDUNG

Anwendung

Schritt 1: Anliegen formulieren
Notieren Sie, zu welchem (Lebens-)Thema Sie eine Entscheidung treffen oder sich weiterentwickeln möchten.
Sie können sich auch frei von den Bildern inspirieren lassen – ohne ein Thema.

Schritt 2: Bilder-Inspiration
Suchen Sie sich ein Bild aus, das – bezogen auf Ihr Thema – ganz spontan positive Gefühle bzw. ein richtig gutes Bauchgefühl erzeugt. Dazu können Sie die offizielle Bildkartei durchklicken (https://zrm.ch/zrm-online-tool-deutsch) oder andere verfügbare Bilder durchsehen, Zeitschriften durchblättern, Google durchforsten etc. Verwenden Sie keine Fotos, auf denen Ihnen die Personen bekannt sind oder die Sie mit einer bestimmten Situation verbinden.

Schritt 3: Ideenkorb füllen
Bitten Sie 3–4 Personen um Mithilfe:
- 2–3 Personen sind Ideengeberinnen. Sie assoziieren für ca. 5 Minuten Begriffe und Beschreibungen zu Ihrem Bild: Farben, Texturen, Gefühle, Adjektive etc. *Beispielsweise zum Bild einer reifen Birne am Baum: grün, saftig, Natur, süß, Sommer, Zeit ist reif, Reife, körnig, Birnen-Popo, Frucht, Baum, Lebensbaum, Fruchtzucker und so weiter.* Die Assoziationen können auch recht weit reichen. Es wird nichts diskutiert, kommentiert oder infrage gestellt. Es geht zunächst um ein Feuerwerk verschiedenster Assoziationen als eine Art „Ideenkorb".
- Eine weitere Person protokolliert alle diese genannten Assoziationen bzw. Ideen auf einer Liste.
- Sie hören nur zu und fühlen in sich hinein. Bemerken Sie, bei welchen Wörtern Sie positive Körperregungen spüren oder lächeln oder fasziniert sind.

Schritt 4: Ideenkorb auswerten
- Stellen Sie sich zwei Skalen von 1 bis 100 für emotionale Regungen vor: eine für positive und eine für negative emotionale Affekte (→ siehe S. 176 Affektbilanzen).
- Markieren Sie aus der Ideenkorb-Liste alle Begriffe und Begriffskombinationen, bei denen Sie eine Affektbilanz von 0 negativer und mindestens 70 positiver Skalenkombination verspüren.
- Schreiben Sie aus diesen Begriffen eine neue, verkürzte Liste Ihrer Lieblingswörter.

Schritt 5: Reflexion
- Überlegen Sie, warum Ihr Unterbewusstsein auf das Bild und Ihre Lieblingswörter so positiv reagiert hat.
- Falls Ihnen das schwerfällt oder Sie weitere Perspektiven wünschen, können Sie wiederum Ihre Ideengeberinnen bitten, mit Ihnen gemeinsam Hypothesen zu entwickeln.
- Formulieren Sie nun einen Wunsch, der Ihre Lieblingswörter und die Erkenntnisse der Reflexion beinhaltet. *Um bei dem Birnenbild zu bleiben: Die Assoziationen „Reife", „süß" und „Frucht" verursachten besonders positive Affekte. Die Person vermutet, dass es mit ihrer beruflichen Laufbahn zu tun hat, in der sie das Gefühl*

ANWENDUNG

hat, nicht mehr weiterzukommen und sich zu langweilen. Vielleicht ist die Zeit reif – bildlich gesprochen – für etwas Neues?

Schritt 6: Motto-Ziel – Vorversionen
- Wiederholen Sie Schritt 3: 2–3 Ideengeberinnen formulieren Sätze, Teilsätze oder Wortkombinationen zu einem Motto-Ziel auf Basis Ihrer Lieblingswörter.
- Eine weitere Person schreibt alle Vorschläge auf.
- Sie hören wieder zu und fühlen in sich hinein.

Schritt 7: Motto-Ziel – 1. Version
- Markieren Sie wieder diejenigen Versionen, die eine Affektbilanz von mindestens 70 auf der positiven und 0 auf der negativen Skala haben (wie in Schritt 4).
- Bauen Sie daraus Ihr erstes Motto-Ziel. *Das Birnenbild erzeugte folgende Vorversion: „Die Zeit ist reif, die Früchte meiner Erfahrung zu ernten, und eine süße Zeit beginnt."*

Schritt 8: Motto-Ziel verfeinern
- Formulieren Sie Ihr Motto-Ziel so um, dass es den folgenden Kriterien entspricht:
  - Es verursacht ein **rundum positives Gefühl** – keine gemischten Gefühle und erst recht keine schlechten.
  - Es unterliegt **Ihrer eigenen Kontrolle** – keine Abhängigkeit von Umständen oder anderen Personen.
  - Es ist ein **Annäherungsziel**, kein Vermeidungsziel – „mehr von", „ich will..." anstatt „weniger von" bzw. „ich will nicht mehr...".
- Wenn Sie Schwierigkeiten bei der Formulierung haben, bitten Sie wieder Ihre Ideengeber um Hilfe. Zum Beispiel indem Sie bitten, eine Alternative für ein Wort zu finden, ein Vermeidungsziel in ein Annäherungsziel umzuwandeln etc. *Das verfeinerte Birnen-Motto-Ziel lautete: „Süße Zeiten durch reife Früchte: Ich gehe ernten!" Die Person zielte damit auf einen entspannten Umgang mit der erworbenen Expertise ab: Keine neue Ausbildung, es ist genug! Sie möchte sich nun ganz auf ihre Kunden einlassen und mit ihrer Erfahrung Geld verdienen.*

Schritt 9: Das Motto-Ziel systemisch beleuchten
Notieren Sie Stichpunkte zu den folgenden Fragen:
- *Anwendungsbereich*: Wann, wo, mit wem und wie oft möchte ich die Haltung meines Motto-Ziels einnehmen – in der Arbeit, in meinem Privatleben?
- *Konsequenzen*: Was passiert, wenn ich mein Motto-Ziel umsetze? Was wird sich in meinem Leben ändern (Situationen, Beziehungen)?
- *Persönliche Gewinne und Verluste*: Was wird mein Gewinn sein und wie äußert er sich? Gibt es Dinge, die ich bei der Verfolgung meines Motto-Ziels aufgeben oder loslassen muss?

Schritt 10: Das finale Motto-Ziel
Machen Sie einen Feinschliff für das rundum gelungene Motto-Ziel. Spüren Sie, wie es Ihnen Energie gibt und Freude erzeugt: als Entscheidungsgrundlage oder innere Haltung.

Schritt 11: Umsetzung des Motto-Ziels mit persönlichen Ressourcen (stark verkürzt):
1. *„Primer" als Erinnerungshilfen*: Verteilen Sie 10 Gegenstände in Ihrer Umgebung, die Sie an die Umsetzung Ihrer Entscheidung bzw. Ihres Motto-Ziels erinnern: Ihr Bild als Desktophintergrund, Haftnotizen am Spiegel, Figuren oder andere Gegenstände, Gerüche etc. – der Fantasie sind keine Grenzen gesetzt. Hauptsache, Ihr Ziel wird Ihnen immer wieder ins Bewusstsein gerückt und erfüllt Sie mit der positiven Energie.
2. *Embodiment*: Welche „Verkörperlichung" setzt die gleiche Energie frei wie Ihr Motto-Ziel und hilft Ihnen in schwierigen Situationen bei der Umsetzung – sowohl im äußeren Zustand als auch bei inneren Vorgängen? Zum Beispiel Körperhaltung, Energien wie „Flow"-Zustände, Atmung, Gesten, Mimik, Gefühle, Farben, Melodien im Kopf etc.
3. *Tagebuch*: Notieren Sie jeden Abend 3 Situationen des Tages, in denen Sie zielführend gehandelt oder sich verhalten haben.
4. *Netzwerk*: Wer kann Sie in der Umsetzung des Motto-Ziels unterstützen und wie? Wer könnte Unterstützerin sein, liebevoller „Erinnerer", Sparringspartnerin, Rücken-frei-Halter, Schubs-Geberin, Komplize, Verbündete etc.
5. *Testfahrten*: Planen Sie gezielt 5 Situationen in verschiedenen Schwierigkeitsgraden, in denen Sie die Umsetzung des Motto-Ziels erproben und üben können. (Nutzen Sie dafür auch Ihre Primer, Ihre Netzwerk-Unterstützerinnen und Ihr Embodiment als Stärkung.)
6. *Automatismen ändern*: Führen Sie sich vor Augen, welche unerwünschten Automatismen Sie an der Umsetzung in bestimmten Situationen hindern, und schreiben Sie diese so auf: „Wenn …, dann …!" (Bsp.: *„Immer wenn mein Chef genervt ist, dann wird meine Stimme zittrig."*) Überlegen Sie sich, welche Ihrer unter 1–4 erarbeiteten Ressourcen Sie nutzen können, um erwünschte Automatismen einzuüben. (Bsp.: *„Immer wenn mein Chef genervt ist, singe ich im Kopf das Lied ‚Stronger' von Britney Spears. Das stärkt mich und erinnert mich an mein Motto-Ziel: Ich will gelassen und souverän durch stürmische Situationen segeln!"*)

AUS DER PRAXIS

Selbstbehauptung als Entscheidungsgrundlage
Ursprünglich wollte meine Bekannte mit meiner Hilfe die Entscheidung treffen: Soll ich mich von meinem langjährigen Partner trennen oder nicht? Andere Methoden hinterließen bei ihr kein zufriedenes Bauchgefühl mit dem Ergebnis. Wir probierten das Motto-Ziel: Aus der Kartei suchte sie ein Foto einer Blume aus, die fast zu leuchten schien in all dem satten Grün, das sie umgab. Sie lächelte, wenn sie das Bild ansah, und fühlte sich „irgendwie aufgerichtet". Die Ideengeber statteten sie mit einem vielfältigen Ideenkorb aus, aus dem sie – unter anderem – die Lieblingswörter „leuchtend", „stolz", „unapologetic", „einzigartig" markierte. Die Reflexion ergab, dass sie von sich selbst genervt war, sich immer an ihren Partner anzupassen (fast egal, was er vorschlug), auch wenn sie eigentlich andere Wünsche hatte. Sie erzählte, dass sie generell oft versuche, es anderen recht zu machen, und dazu tendiere, mit ihrer eigenen Meinung hinter dem Berg zu halten. In drei Runden verfeinerten wir zu viert ihr Motto-Ziel auf die Aussage: *„Ich bin, wer ich bin, und lasse es stolz alle sehen!"* Das Bild, zusammen mit dem Motto-Ziel und einigen Ressourcen-Übungen halfen ihr, sich mehr und mehr zu trauen, ihre eigenen Bedürfnisse gelten zu lassen und mitzuteilen. Sie war überrascht, wie wenig Konflikte dies verursachte, und die Frage der Trennung hatte sich erledigt.

Varianten

Auch kleine Teams können ein gemeinsames Motto-Ziel erarbeiten. Es ist allerdings anspruchsvoll, ein Bild und einen Satz zu finden, der alle positiv energetisiert. Man sollte dafür ungefähr einen Tag einplanen. Wenn es gelingt, kann so ein Motto-Ziel ein echter Turbo für ein Teamprojekt werden.

Achtung! Was man sich einhandeln könnte:

Mit obiger Ausnahme ist das Erarbeiten von Motto-Zielen eine höchst individuelle und – im besten Sinne – egoistische Methode. Sie ist daher nicht geeignet, wenn es darum geht, Entscheidungen zu treffen, die gemeinsam getragen werden müssen – in Familien, größeren Teams und Gruppen.

Quellen und Weiterlesen

- Krause, Frank; Storch, Maja: Ressourcen aktivieren mit dem Unbewussten: Manual und ZRM-Bildkartei. Hogrefe, Göttingen, 2. Auflage, 2018.
- Storch, Maja: Das Geheimnis kluger Entscheidungen: Von Bauchgefühl und Körpersignalen. Piper, München, 2011.

31. DIGITAL DECISION MAKING

**Radikal entscheiden durch binäre Zuspitzung oder:
„Im Vorhinein ist man klüger …!"**

Antonius Greiner

„Weisheit befreit vom Zweifel,
die Tugend befreit vom Leiden,
Entschluss befreit von Furcht."
Konfuzius

Weniger schlecht entscheiden

… durch Sichtbarmachen der konkurrierenden Werte/Kriterien beim Entscheider

… durch Schaffen einer mentalen Ordnung

… durch Transparenz über die Wechselwirkungen der Kriterien für die Entscheidungsfindung

… bei Fragestellungen mit mehreren Einflusskriterien

Der Autor und Berater Robert Fritz entwarf diese Methode. Es ist eine Auskopplung aus dem Konzept des „Structural Thinking", das Robert Fritz und seine Frau gemeinsam entwickelten und seit mehreren Jahrzehnten erfolgreich einsetzen und weiterentwickeln.

Wesentlich bei der Anwendung der digitalen Entscheidungsfindung ist, andere Entscheidungsinstrumente zunächst beiseitezulegen. Wenn eine Entscheidung getroffen wurde, können wieder andere Modelle oder Werkzeuge herangezogen und die Ergebnisse miteinander verglichen oder verknüpft werden.

Das Instrument eignet sich gleichermaßen für Fragen des beruflichen wie privaten Kontexts. Typische Fragestellungen sind: Sollen wir in diese neue Technologie investieren oder nicht? Sollen wir das Produkt XY auslaufen lassen oder nicht? Sollen wir uns diese neue Wohnung kaufen oder nicht? Soll ich meinen jetzigen Job kündigen? Die Methode eignet sich nicht für hypothetische Fragen, zu denen es keine konkrete Option gibt, zum Beispiel: „Soll ich eine Wohnung kaufen?"

ENTSCHEIDUNGSTYP:
Ja/Nein

WER ENTSCHEIDET?
Einer

BRAUCHT:
Einen Moderator, Papier & Stift, ev. Flipchart

DAUER:
15 – 60 Min.

ANWENDUNG

Anwendung

Schritt 1: Die Fragestellung definieren
Der erste Schritt besteht darin, eine binäre Fragestellung zu entwickeln. D. h., das Thema oder die Fragestellung muss sich in eine Art Ja-oder-Nein-Frage bringen lassen – siehe obige Beispiele. Der Typ der Entscheidung fokussiert sich darauf, *ob* etwas getan werden soll oder nicht. Fragestellungen, die eine Auswahl treffen, wie z. B. „Welches SAP-System führen wir ein?", eignen sich nicht, weil sie nicht mit Ja oder Nein zu beantworten sind.

Schritt 2: Entscheidungsrelevante Faktoren sammeln
Im zweiten Schritt sammeln die Entscheider die verschiedenen Faktoren, welche für die Entscheidung relevant sind oder den Entscheider beschäftigen. Es geht hier nicht um eine objektive Liste aller relevanten Faktoren oder Kriterien, sondern nur um die Faktoren, die den oder die Entscheider beschäftigen. Wenn Sie als Moderator durch den Prozess führen, stellen Sie sicher, dass die Liste ausschließlich vom Entscheider selbst kommt. Schlagen Sie selbst keine zusätzlichen Faktoren vor! Es geht hier einzig um die konkurrierenden Werte oder Faktoren des Entscheidenden selbst.

Bestimmen Sie für jeden Entscheidungsfaktor gleich nach seiner Nennung, ob er zwei oder drei mögliche Ergebnisse hat, und notieren Sie diese neben dem Faktor: Er kann positiv sein, besser werden, adäquat sein. Er kann auch negativ sein, wird schlechter, ist inadäquat. Oder, die dritte Option, er kann gleich bleiben. Die Entscheidung, ob ein Kriterium zwei oder drei mögliche Ergebnisse hat, kann knifflig sein. Man muss nach Kontext entscheiden, ob die Option „bleibt gleich" eine wichtige Unterscheidung ist. Wenn nicht, notieren Sie nur die beiden anderen Optionen. In diesem Beispiel denkt der Entscheidungsträger über den Kauf einer Wohnung nach. Hier sind einige seiner Entscheidungsfaktoren:

- Finanzierung: + / – → könnte angemessen oder unangemessen sein
- Preis: + / – → könnte erschwinglich oder nicht erschwinglich sein
- Lage: + / o / – → könnte besser sein als jetzt, genauso gut oder schlechter
- Größe + / o / – → könnte größer, gleich groß oder kleiner sein

Dieser Schritt ist für den Prozess unerlässlich: Alle möglichen Ergebnisse sind bereits erkenntlich! Ein Höchstmaß an Konzentration und Klarheit ist dadurch möglich.

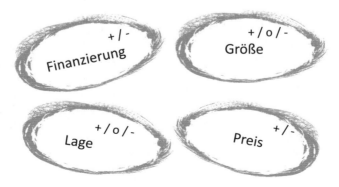

ANWENDUNG

Schritt 3: Probe aufs Exempel

Sind alle Faktoren gesammelt und mit Optionen versehen, stellen Sie fest, ob es sich überhaupt um eine wirkliche Entscheidung handelt. Sie tun dies, indem Sie zuerst alle Faktoren der Liste ins Positive stellen. Im Beispiel: *Die Finanzierung wäre angemessen, die Lage besser, der Preis niedrig und die Wohnung wäre größer.* Dann stellen Sie die Frage: „Würden Sie ‚es' dann tun?" Natürlich nehmen wir an, dass die Antwort lauten würde: „Ja, dann würde ich XY tun oder umsetzen." Dann tun Sie das Gegenteil und nehmen von allen Faktoren das Negative an und stellen die gleiche Frage: „Würden Sie es dann tun?" Natürlich erwarten wir hier die Antwort: „Nein, dann würde ich es nicht tun!"

Nur wenn diese Antworten sichergestellt sind, also einmal Ja und einmal ein Nein, handelt es sich wirklich um eine noch offene Entscheidung und wir können fortfahren.

Sollte es der Fall sein, dass für *beide* dieser Szenarien (also das Positive *und* das Negative) dieselbe Antwort – also ein „Ja" oder ein „Nein" gegeben wird – dann sind die Entscheidungskriterien offensichtlich irrelevant, da die Entscheidung bereits unabhängig von diesen Kriterien getroffen wurde oder das entscheidende Kriterium sich noch nicht auf der Liste befindet.

Schritt 4: Faktoren vergleichen

Ist die Liste der Faktoren komplett, finden Sie nun die Wichtigkeit der einzelnen Faktoren heraus: Einige Entscheidungskriterien werden wahrscheinlich wichtiger sein als andere. Sie vergleichen dafür verschiedene Kriterien miteinander.

Im obigen Beispiel fragen Sie vielleicht zuerst den Entscheider: *„Würden Sie die Wohnung kaufen, wenn Sie eine gute Finanzierung hätten, aber keinen günstigen Preis?"*, und er/sie antwortet mit einem Nein, dann wissen Sie, dass dem Entscheider der Preis wichtiger ist als die gute Finanzierung. Sie könnten nun weiterfragen: *„Wenn Sie einen guten Preis bekämen, aber keine günstige Lage, würde Sie dann kaufen?"*, und der Entscheider antwortet wieder mit „Nein", dann wissen Sie, dass ihm die Lage wichtiger ist als der Preis. So zeigt sich im Laufe des Fragens eine Hierarchie der Kriterien.

Es kann im Zuge des Vergleichs auch vorkommen, dass den Entscheidern zusätzliche Kriterien einfallen wie hier z. B. *eine leichte Vermietbarkeit*. Ist das der Fall, nehmen Sie das Kriterium einfach mit auf. Je mehr von der mentalen Welt des Entscheiders sichtbar wird, desto besser für die Entscheidung.

Es können auch mehr als zwei Faktoren auf einmal miteinander verglichen werden und somit die Hierarchie der Abhängigkeiten untereinander verfeinert werden, z. B. indem Sie fragen: *„Wenn die Wohnung einen günstigen Preis, eine gute Finanzierung, aber eine schlechte Lage hätte, würden Sie dann kaufen?"* und die Entscheider antworten mit „Ja", dann wissen Sie, dass Finanzierung und Preis zusammen wichtiger sind als die Lage. Die schlechte Lage ist somit kein K.o.-Kriterium, obwohl sie einzeln abgefragt der wichtigste Faktor war. Fahren Sie fort, verschiedene Szenarien zu testen: alle Faktoren gegen einen, zwei gegen drei, zwei bleiben gleich und nur einer wird positiver etc. Sie werden mehr und mehr über die Perspektive des Entscheiders erfahren.

Sie müssen in diesem Schritt nicht alle möglichen Kombinationen durchspielen. Aber Sie müssen so lange weiterfragen, bis Ihnen als Moderator die zugrundeliegende Hierarchie und Abhängigkeit der Entscheidungsfaktoren klar geworden ist. Das braucht oft etwas Zeit und durchaus auch ein bisschen Übung. In den ersten Anwendungen ist es daher sinnvoll, sich bei diesem Schritt Notizen zu machen.

Schritt 5: Abgleich mit der Realität
Nachdem Sie durch die Vergleichsfragen die Reihenfolge der Wichtigkeit der Faktoren herausgearbeitet haben, legen Sie nun die derzeitige Situation über die Faktoren. Dies ist der schönste Teil dieser Methode, da es hier ausreicht, dass der Entscheider lediglich mit seinem vorhandenen Wissen bzw. der Einschätzung der Lage arbeitet. Er braucht keine Marktprognosen einzuholen oder Berechnungen anstellen, wie sich das Zinsniveau entwickeln wird. Es ist ja *seine* Entscheidung, auf Basis *seiner* Kriterien, auf Basis *seiner* Einschätzung der aktuellen Lage. Es wird in Entscheidungssituationen immer Aspekte geben, die man annehmen muss oder zu denen man eine Einschätzung trifft. Keine Methode der Welt kann die mit Entscheidungen verbundenen Risiken und Unsicherheiten komplett eliminieren. In diesem Schritt beantwortet der Entscheider also die Fragen in Bezug darauf, wie er die Realität in Bezug auf die einzelnen Faktoren einschätzt. Also im kleinen Beispiel, *ist es eine gute Lage, ein günstiger Preis mit passender Finanzierung etc.* Man kann die Einschätzung als Annahme für alle Faktoren treffen oder die Realität diesbezüglich überprüfen und sich tatsächlich Angebote von Kreditinstituten oder Immobilienmaklern vorher einholen.
In Bezug auf das kleine Beispiel oben *nehmen wir an, dass die Entscheider in der betreffenden Stadt eine Wohnung zu einem guten Preis, mit einer adäquaten Finanzierung, in einer durchschnittlichen Lage finden, so lautet die Entscheidung: „Ja, kaufen Sie diese Wohnung!"* Das führt unmittelbar zu Schritt 6.
Manchmal ist die Realität eines Faktors zum Zeitpunkt der Entscheidungsfindung nicht bekannt. Das ändert zwar nicht den Prozess oder die Hierarchie der Faktoren, aber es könnte das Ergebnis der Entscheidung verändern. Im obigen Beispiel könnte eine „gute Finanzierung" ein sehr wichtiger Faktor sein, aber der Entscheidungsträger weiß noch nicht, ob er eine attraktive Finanzierung erhalten wird. Sie können ihm immer noch sagen, wie seine Entscheidung in beiden Fällen aussehen würde und ihn dann bitten, Finanzierungsangebote einzuholen. In gewisser Weise wird die Entscheidung bereits getroffen worden sein, aber sie ist erst klar, wenn das Ergebnis der letzten Faktoren feststeht.

Schritt 6: Teilen Sie die Entscheidung mit
Es ist wichtig, dass Sie als Moderator, der durch die Methode führt, dem Entscheider die Entscheidung *von außen* mitteilen: Dann wird er die Stärke der Methode spüren. Fragen Sie Ihren Gesprächspartner nach der Mitteilung unbedingt, ob sich die Entscheidung für ihn richtig anfühlt. Dies wird normalerweise der Fall sein und liegt daran, dass – anders als bei Pro-Contra-Listen – die Entscheidung auf den Wertzuschreibungen des Entscheiders basiert.
Falls sich die Entscheidung dennoch nicht richtig anfühlt, fehlt wahrscheinlich ein wichtiger Faktor in der Liste. Ergänzen Sie den Faktor und steigen Sie bei Schritt 2 wieder in den Prozess ein.

Agilität im Finanzbereich

Bei einem unserer Kunden – einem deutschen Konzern in der chemischen Industrie – entstand die Frage, ob und wie man sinnvoll Agilitätskonzepte im Finanzbereich einführen sollte. Die Fragestellung der Bereichsleitung war also: *„Soll ich in meiner Abteilung agile Arbeitsweisen einführen: ja oder nein?"* (Schritt 1) Neben einigen anderen Konzepten arbeiteten wir auch mit der digitalen Entscheidungsfindung.

Folgende entscheidungsrelevante Faktoren und mögliche Resultate wurden gesammelt (Schritt 2):

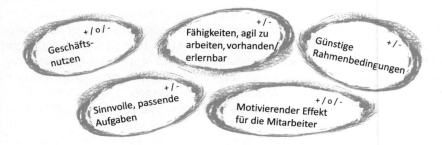

Die Probe aufs Exempel im Schritt 3 ergab, dass, wenn alle Faktoren positiv beantwortet werden, Agilität selbstverständlich eingeführt würde, bzw. wenn alle Faktoren negativ wären, Agilität in Zukunft keine Chance auf Verwirklichung hätte. Es handelte sich somit um eine echte Entscheidungssituation.

Hier sind einige der Vergleiche, die wir verwendeten, um die Hierarchie der Entscheidungsfaktoren zu bestimmen (Schritt 4: Faktoren vergleichen):

- Positiver Geschäftsnutzen – kein motivierender Effekt → ja
- Viele geeignete Aufgaben – ausreichende Fähigkeiten – keine günstigen Rahmenbedingungen → nein
- Positiver Geschäftsnutzen – unzureichende Fähigkeiten – kein motivierender Effekt → ja
- Kein geschäftlicher Nutzen – ausreichende Fähigkeiten – keine geeigneten Aufgaben → nein
- Günstige Rahmenbedingungen – negativer Geschäftseffekt → nein
- Keine günstigen Rahmenbedingungen – positiver Geschäftsnutzen → nein
- Positiver motivierender Effekt – positiver Geschäftsnutzen – keine geeigneten Aufgaben – unzureichende Fähigkeiten → ja
- Und so weiter

Das Ergebnis war, dass die *Rahmenbedingungen* und der *Nutzen für das Geschäft* die wichtigsten Faktoren waren und beides vorhanden sein musste, d. h., beide standen an erster Stelle und waren K.o.-Kriterien. Überraschenderweise erwies sich der *Motivationseffekt* als der am wenigsten wichtige Faktor, das *Vorhandensein entsprechender Fähigkeiten* kamen auf den vorletzten Platz und die *geeigneten Aufgaben* auf den dritten. Es gab nur sehr wenige Abhängigkeiten innerhalb der Faktoren, aber ein K.o.-Kriterium war das kombinierte Fehlen oder der Rückgang von *Motivation, Fähigkeiten* und *geeigneten Aufgaben*.

Der Vergleich mit der Realität (Schritt 5) zeigte, dass die *Rahmenbedingungen* vorhanden waren oder laufend installiert wurden. Die Einführung agiler Methoden wurde vom Unternehmen gewünscht und andere Abteilungen hatten bereits Erfahrungen mit Agilität gesammelt. Der *betriebswirtschaftliche Nutzen* wurde insofern angenommen, als es in der Vergangenheit wiederholt Anfragen aus den Geschäftsbereichen zu innovativen Finanzierungslösungen gegeben hatte. In diesem Fall hatte der Finanzbereich neben den Standardaufgaben wie Treasury und Controlling auch eine beratende Funktion. Daher waren auch sinnvolle, *passende Aufgaben* vorhanden. Schließlich gab es gemischte Gefühle in Bezug auf die *Fähigkeiten und Kompetenzen*: Nicht alle Mitarbeiter schienen in der Lage oder willens zu sein, ihre Arbeitsweise so drastisch zu ändern. Entsprechend dieser Annahme war die *Motivationswirkung* noch unbekannt. Auf der Grundlage des Ergebnisses dieses Prozesses wurde jedoch die Entscheidung über die Einführung mit „Ja" beantwortet. Es wurde auch beschlossen, mehrere Lernoptionen für den Aufbau der erforderlichen Fähigkeiten anzubieten.

Inzwischen wurde agiles Arbeiten im Bereich für ausgewählte Aufgaben erfolgreich eingeführt und es gibt mehrere selbstorganisierte und funktionsübergreifend zusammengesetzte agile Teams, die die Anforderungen und Bedürfnisse der Bereiche schneller bedienen können. Einige Personen haben das Team verlassen, da sie sich mit diesem Arbeitsstil nicht wohlfühlten. Insgesamt wird die Einführung als Erfolg gewertet. Die digitale Entscheidungsfindung hat dazu einen wertvollen Beitrag geleistet.

ACHTUNG

Achtung! Was man sich einhandeln könnte:

- Eine Gefahr bei dieser Methode ist, dass man sich als Moderator in Argumente verstricken lässt, warum ein Faktor wichtiger ist als ein anderer oder ob ein Faktor überhaupt wichtig ist für die Entscheidung – man also zum Berater des Entscheiders wird. Dem muss man unbedingt widerstehen, da es ausschließlich um die Einschätzung des Entscheiders geht.
- Eine zweite Gefahr ist, zu viele Faktoren zu sammeln und es dadurch zu komplex wird; zum Beispiel alle Faktoren, die einem einfallen und nicht diejenigen, die die Entscheidung tatsächlich beeinflussen.
- Nicht unwichtig: Diese Methode müssen Sie als Moderator an simplen Fällen etwas üben. Die Abhängigkeiten zwischen den Faktoren sind nämlich manchmal ganz schön verzwickt und nicht immer logisch!

Quellen und Weiterlesen

- www.robertfritz.com
- Fritz, Robert; Bodaken, Bruce: The managerial moments of truth. Free press, 2006.
- Fritz, Robert: The path of least resistance for managers: Designing organizations to succeed. Newfane press, 2011.
- Knapp, Peter (Hrsg.): Führungskompetenzen für die Zukunft. managerSeminare Verlags GmbH, Frankfurt/M., 2021.

32. BODENANKER

Mehr Übersicht durch Körpergefühl und Perspektive(n)
Guido Czeija

„Objektivität: Alles hat zwei Seiten.
Aber erst wenn man erkennt, dass es drei sind, erfasst man die Sache."
Heimito von Doderer

Weniger schlecht entscheiden

… bei vielschichtigen oder undurchschaubaren Entscheidungen
… wenn mehrere Perspektiven bei der Frage eine Rolle spielen
… wenn es wichtig ist, ein Problem gut zu klären, bevor man sich entscheidet
… weil man körperlich erspürt, wie es einem mit jedem Entscheidungsaspekt geht
… durch Erweiterung der eigenen Sicht auf neue Blickwinkel oder Optionen

Die Methode der sogenannten „Aufstellungsarbeit" wird in verschiedenen Varianten im Coaching eingesetzt. Die Perspektiven unterschiedlicher Beteiligter werden im Rahmen der systemischen Organisationsberatung unter den Begriffen „Stakeholderanalyse" bzw. „Kraftfeldanalyse" eingeholt.
Bei der Arbeit mit Bodenankern ordnen Sie bestimmten Stellen am Fußboden jeweils eine Bedeutung zu (etwa die Perspektive einer bestimmten Person, ein Gefühl oder eine Lösungsoption) und kennzeichnen sie entsprechend mit einem beschrifteten Zettel. Wenn Sie dann diese Stelle, also den Bodenanker, betreten, können Sie sich ganz auf diesen Aspekt konzentrieren, sich einfühlen und einstimmen. Sie gehen dann von Bodenanker zu Bodenanker und erleben nacheinander die ausgewählten Perspektiven. Dadurch gewinnen Sie eine gute Übersicht über das Gesamtbild, das zur Entscheidung gehört.

ENTSCHEIDUNGSTYP:
Ja/Nein, Entweder/Oder, mehrere Optionen, Priorisierung

WER ENTSCHEIDET?
Einer, Team

BRAUCHT:
Ausreichend freie Bodenfläche, ein paar Blätter Papier, eine wohlwollende Begleiterin oder Freundin bzw. Moderatorin ist empfehlenswert

DAUER:
10–20 Min.

ANWENDUNG

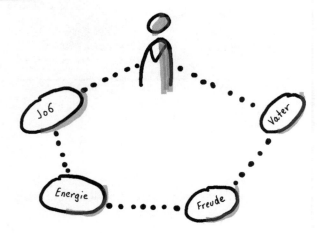

Anwendung

Schritt 1: Formulieren Sie möglichst konkret Ihr Anliegen, Ihre Frage – eben das was Sie entscheiden wollen.

Schritt 2: Identifizieren Sie die relevanten Aspekte, Gefühle oder Personen, deren Position bzw. Perspektive im Folgenden anhand der Bodenanker erkundet wird. Folgende Möglichkeiten können dabei interessant sein:

- **Personen, die an der Situation beteiligt oder** von Ihrer Entscheidung betroffen sind (z. B. Mitarbeiterinnen, Kollegen, Familienmitglieder…)
- **Verschiedene eigene Rollen,** die Ihnen wichtig sind auseinanderzuhalten (z. B. Familienvater, Führungskraft, ehrenamtlich Engagierte, Partnerin)
- **Ressourcen** (z. B. wohlmeinende Menschen, Mentoren, Lehrerinnen)
- **Innere Anteile,** die „sich zu Wort melden wollen" (z. B. die Perfektionistin, die Gesellige, der Familienmensch …)
- **Emotionen,** die Sie begleiten (Furcht, Freude, Neugier …)
- Verschiedene auftauchende Ziele
- Mögliche Entscheidungsoptionen
- oder …. → Ihrer Fantasie sind fast keine Grenzen gesetzt!

Benennen Sie jede Perspektive und notieren Sie sie auf jeweils einem Zettel.

Schritt 3: Platzieren Sie die beschrifteten Zettel im Raum auf dem Boden. Die Verteilung und Positionierung wählen Sie frei und intuitiv, so wie es für Sie stimmig ist. Das sind nun Ihre Bodenanker.

Schritt 4: Nun stellen Sie sich auf einen der Bodenanker und fühlen sich in die jeweilige Perspektive hinein. Wenn Sie möchten, schließen Sie dabei die Augen und nehmen Sie sich ausreichend Zeit:

- Wie fühlt sich Ihr Körper an? Erkunden Sie Ihren Stand, Ihre Körperhaltung und wie sich Ihr Rumpf, Arme und Beine an dieser Stelle fühlen. Gibt es irgendwo Druck, Flattern, Kribbeln, Hitze, Kälte, Schwindel, Schmerz etc.?

ANWENDUNG

- Welche **Bilder und Eindrücke** tauchen einhergehend auf, wenn Sie diese Körperempfindungen wahrnehmen?
- Nehmen Sie **Gedanken** oder „**innere Stimmen**" wahr?
- Werden innerlich **Wünsche** deutlich?
- Welche **Gefühle** entwickeln sich?
- Wie empfinden Sie den **Raum**, der Sie gerade umgibt?

Nachdem Sie einen Bodenanker ausreichend erkundet haben, gehen Sie langsam zum nächsten. Fahren Sie auf gleiche Weise mit den weiteren Bodenankern fort. Die Reihenfolge bleibt ganz Ihnen überlassen. Wenn Sie möchten, können Sie auch nochmals zu einem früheren Bodenanker zurückkehren und sich erneut daraufstellen.

Schritt 5: Zuletzt steigen Sie aus dem Feld der Bodenanker ganz heraus. Nehmen Sie nun eine Außenposition ein, von der aus Sie sämtliche Anker überblicken können. Wie aus einer Zuschauerposition nehmen Sie von hier aus das Gesamtbild Ihrer Aspekte und das entstandene Bild wahr:
Wie geht es Ihnen nun mit Ihrer Frage? Wo stehen Sie in Bezug auf Ihre Entscheidung? Gibt es Aspekte, die nicht (mehr) relevant sind? Gab es eine Annäherung an eine Entscheidungsoption? Wie fühlen Sie sich damit?

Im Laufe dieser Übung muss keine Entscheidung getroffen werden. Im Vordergrund steht die bewusste Auseinandersetzung mit den ausgewählten Perspektiven. Es geht darum, zu erleben, wie es Ihnen körperlich mit jedem dieser Entscheidungsaspekte geht. Lassen Sie diese Eindrücke und Erkenntnisse einfach sickern. Vertrauen Sie darauf: Die richtige Entscheidung kommt bald ganz von selbst.

AUS DER PRAXIS

Endlich Zeit für die Ausbildung – oder doch nicht?
S. ist selbstständiger Berater und nimmt sich seit zwei Jahren vor, eine Coaching-Ausbildung zu beginnen, allerdings war bisher nie genug Zeit dafür. Demnächst läuft die nächste Anmeldefrist ab und er bittet um Unterstützung bei der Entscheidung. Er ist in der Zwickmühle: Er hätte zwar große Lust auf die Fortbildung, ist aber bereits jetzt zerrissen zwischen Beruf, Familie und ehrenamtlicher Tätigkeit im Sportverein. Als Bodenanker wählt er auch diese drei Perspektiven aus. Bei der Begehung entstehen folgende Körperempfindungen und Fragen:

- Auf seinem **Beruf** stehend spürt S. anregende Neugier, Lust auf Neues, auf Wachstum und Erweiterung seiner beruflichen Möglichkeiten. Die Fortbildung ist erschwinglich, aber dennoch spürt er leichten Stress in der Magengrube. Werden die Kurstage Platz zwischen seinen Kundenterminen finden? Wird er Gelegenheiten haben, das Gelernte auch in die Praxis umzusetzen?
- Auf dem Platz des **Ehrenamts** spürt er zunächst Druck. Die Fortbildung wird Zeit kosten, die er auch gerne auf dem Spielfeld verbrächte. Aber es zeigt sich unerwartet ein neuer Gedanke. Wäre es nicht spannend, die neuen Coaching-Skills in seine Arbeit mit den jungen Spielern einzubringen? Eine interessante Perspektive für die Zukunft!
- Als S. sich auf die Perspektive der **Familie** einfühlt, bleibt er gelassen und entspannt. Hier spürt er Zuversicht, denn die Wochenenden bleiben auch bei der Fortbildung frei.
- S. stellt sich wieder auf den Platz des **Berufs**, um das anregende Gefühl nochmals aufzunehmen und gegen den Zeitdruck im Bauch abzuwägen. Zuletzt nimmt er die **Außenposition** ein, schaut auf alle drei Positionen und langsam reift ein Entschluss.

Varianten

Damit Sie sich leichter auf die verschiedenen Bodenanker und die auftauchenden Gedanken und Gefühle einlassen können, sollten Sie sich von einer wohlwollenden Freundin oder Moderatorin durch den Ablauf führen lassen.

> **Achtung! Was man sich einhandeln könnte:**
>
> Durch die neu gewonnenen Einsichten kann es passieren, dass Sie Dilemmata noch stärker spüren oder die Entscheidung noch schwieriger finden – vor allem dann, wenn Sie es unbedingt allen Beteiligten recht machen wollen. In diesem Fall treten Sie etwas zur Seite und betrachten Sie die Bodenanker im Überblick von außen. Geben Sie sich zusätzlich ein paar weitere Minuten, während Sie die gewonnenen Eindrücke in Gelassenheit wirken lassen.
>
> Manchen Menschen fällt es gar nicht so leicht, die eigenen Körpersignale zu spüren und sie mit auftauchenden Emotionen und Gedanken in Verbindung zu bringen. Das kann geübt werden.

Quellen und Weiterlesen

- Kibéd, Matthias Varga von; Sparrer, Insa: Ganz im Gegenteil. Carl-Auer, Heidelberg, 2003.
- Damasio, Antonio: Ich fühle, also bin ich. List, München, 2000.
- Außerdem beschrieben in vielen Coaching-Fachbüchern, wie z. B. Narbeshuber, Johannes: In Beziehung. Wirksam. Werden. Concadora, Stuttgart, 2020.

33. CASE CLINIC

Komplexe Anliegen durchdenken, durchfühlen und spiegeln lassen
Claudia Seefeldt und Hansjürg Lusti

„Es gibt keine falschen Entscheidungen. Die gibt es nicht.
Weil wir sind, wer wir sind. Weil wir spüren, was wir spüren.
Wir treffen unsere Entscheidungen auf der Basis von dem, was wir
in dem Moment wissen und fühlen.
Wenn wir Entscheidungen bedauern, bedauern wir uns selbst."
Tatort: „Krieg im Kopf", Drehbuchautor: Christian Jeltsch

Weniger schlecht entscheiden

... bei komplexen Entscheidungsprozessen, bei denen mehrere Personen betroffen sind und ein Anliegen haben

... weil das „Wissen des sozialen Feldes" miteinbezogen wird

... durch Einbeziehen von verschiedenen, teils unbewussten Zugängen, wie etwa Metaphern, Bilder, Skulpturen, Gesten

... wenn wir unsere innere Quelle, aus der heraus wir entscheiden, besser kennenlernen und innovativ handeln möchten

... durch das Nutzen intuitiven Wissens über funktionierende zukünftige Lösungen

Die Zukunft lässt sich nicht durch Fortschreiben der Vergangenheit gestalten, das wäre wohl häufig nicht hilfreich und manchmal sogar fahrlässig. Die „Theorie U" richtet daher ihre Aufmerksamkeit im „Presencing" konsequent auf die Gegenwart als den Ursprung der permanent entstehenden Zukunft. Die Idee ist, einen Zugang zu den ungenutzten Potenzialen von Individuen und Organisationen zu finden, aus denen wirklich Neues entstehen kann.

ENTSCHEIDUNGSTYP:
Ja/Nein, Entweder/Oder, mehrere Optionen, Priorisierung, Erschaffen vor Optionen

WER ENTSCHEIDET?
Einer, Team, Viele

BRAUCHT:
Zeit und einen ruhigen Ort, jemanden, der Fragen stellt

DAUER:
1 Stunde

Dabei handelt es sich vor allem darum...
- vom *urteilenden* Denken zum *erkundenden* Denken (Open Mind)
- vom *emotionalen* Reagieren zum *erspürenden* Fühlen (Open Heart)
- vom *ego-zentrierten* Willen zum *intuitiven* Erleben (Open Self/Will)

zu kommen. Diese Fähigkeiten sind von zentraler Wichtigkeit, denn sie ermöglichen ein ganzheitliches Erfassen von Situationen und bringen die schöpferische Freiheit hervor, Neues in die Welt zu bringen.

Die Case Clinic als Tool folgt den Prinzipien des U-Prozesses nach C.Otto Scharmer und wurde am Presencing Institute in Cambridge entwickelt.
Case Clinics ermöglichen den Teilnehmern
- neue/andere Perspektiven auf ihr Anliegen zu generieren,
- bisher unbekannte und unbewusste Informationen zu erlangen,
- weitere Handlungsalternativen und Optionen zu generieren,

um eine Entscheidung zu fällen, die ein höheres Kongruenzgefühl hinterlässt.

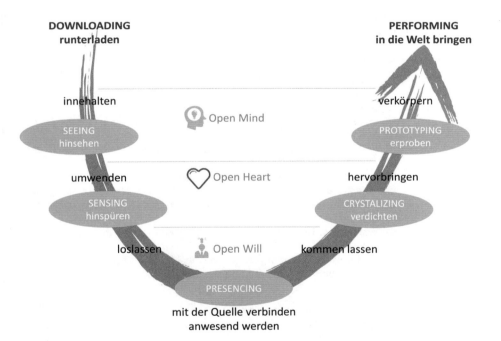

ANWENDUNG

Anwendung

Die **Fallbringerin** erläutert ihre aktuelle Fragestellung, das (Entscheidungs-)Anliegen oder eine aktuelle Herausforderung (z. B. aus dem eigenen beruflichen Kontext, dem Privatbereich, der Rolle als Führungskraft …). Es sollte sich um eine aktuelle, konkrete und vor allem persönlich wichtige Entscheidung handeln, in der die Fallbringerin eine Schlüsselfunktion innehat und die sie dringend entscheiden möchte. Außerdem sollte die persönliche „Lernschwelle" beschrieben werden. (Was muss losgelassen und gelernt werden?) Das Anliegen sollte dazu geeignet sein, von der Resonanz anderer Gruppenmitglieder und dem Austausch mit ihnen zu profitieren. Zwischen den Gruppenmitgliedern besteht daher bestenfalls keine hierarchische Beziehung.

Die **anderen Gruppenmitglieder** hören aufmerksam zu, während die Fallbringerin ihr Anliegen darstellt! Es gilt: „**Do not try to fix the problem!**" Während des Zuhörens achten sie auf ihre eigenen Bilder, Metaphern, Gefühle und Gesten, welche die Geschichte in ihnen wachruft. Dabei versuchen sie, Beurteilungen, Zynismus etc. auszuschalten. Nicht ganz einfach – aber machbar!
Ein Gruppenmitglied fungiert als **Zeitwächterin**.

	Zeit	Aktivität
1.	2 Min.	Fallbringerin und Zeitwächterin auswählen
2.	15 Min.	**Fallbringerin reflektiert und erzählt**: *Nimm dir einen Moment Zeit und reflektiere über folgende Fragen, bevor du zu erzählen beginnst:* **Aktuelle Situation**: *Vor welcher Herausforderung oder Frage siehst du dich?* **Stakeholder**: *Wie glaubst du, schauen andere auf die Situation?* **Intention**: *Welche Zukunft möchtest du (mit der Entscheidung) schaffen?* **Lernschwelle**: *Was musst du loslassen (letting go) und was musst du lernen?* **Unterstützung**: *Wo brauchst du Anregung oder Unterstützung?* Die anderen Gruppenmitglieder (Coaches) hören aufmerksam und empathisch zu und können am Ende Verständnisfragen stellen.
3.	3 Min.	**Stille** *Listen to your heart: Verbinde dich mit deinem Herzen: Was hörst du? Was kommt in dir zum Schwingen? Womit gehst du in Resonanz? Welche Bilder, Metaphern, Gefühle und Gesten steigen in dir hoch, die die Essenz deiner Wahrnehmung verdeutlichen?*
4.	10 Min.	**Spiegeln**: Bilder (Open Mind), Gefühle und Empfindungen (Open Heart), Gesten und Ausdrucksbewegungen (Open Will) *Alle Gruppenmitglieder teilen ihre Bilder/Metaphern, Gefühle und Ausdrucksbewegungen, die während des Zuhörens und der anschließenden Stille in ihnen entstanden sind.* *Danach reflektiert die Fallbringerin darüber und teilt sich kurz mit.*

AUS DER PRAXIS

	Zeit	Aktivität
5.	20 Min.	**Generativer Dialog** *Alle reflektieren und besprechen das Gehörte. Inwiefern bieten die bisherigen Wahrnehmungen neue Perspektiven auf die Situation der Fallbringerin und ihren Prozess?* *Empfehlung: Gehen Sie mit dem Flow des Dialogs. Bauen Sie auf die jeweiligen Ideen der anderen auf! Dienen Sie der Fallbringerin, ohne Druck aufzubauen, ihre Herausforderung/ihr Problem zu lösen! „Hold back from fixing!"*
6.	8 Min.	**Schlussbemerkungen** *der Gruppenmitglieder* *der Fallbringerin:* *Wie sehe ich jetzt meine Situation und die Richtung: Was hat sich geklärt (Open Mind)?* *Wie fühle ich mich jetzt?* *Wie steht es mit meiner Energie (Open Heart)?* *Welche Schritte werde ich als Nächstes tun (Open Will)?* *Dank und Anerkennung: ein Ausdruck der gegenseitigen Wertschätzung*
7.	2 Min.	Gegebenenfalls **individuelle Notizen** zu den eigenen (Aha-) Erlebnissen

Wer ist bei einer Beratung dabei?
Im Laufe einer über zwei Jahre dauernden Begleitung eines achtköpfigen Leitungsteams einer sozialpädagogischen Institution steht die Entscheidung an, ob Familienangehörige von betreuten Personen in Zukunft stärker miteinbezogen werden sollen oder nicht. Einige Mitglieder des Leitungsteams befürchten, dass dadurch Ineffizienz entstünde und ihre Arbeit eher behindert würde. Andere sind sehr begeistert und sehen vor allem die Vorteile für die betreuten Personen. Wir hatten im bisherigen Prozess wiederholt Übungen zu empathischem und schöpferischem Zuhören sowie Achtsamkeitsübungen integriert. Die acht Personen wurden in zwei heterogene Kleingruppen eingeteilt (heterogen in Bezug auf ihre Meinung). Gemäß dem oben genannten Ablauf wurde der Prozess 4mal durchlaufen: Jedes Leitungsmitglied konnte somit als Fallbringer seine „Geschichte" erzählen. Dabei sind viele hilfreiche Bilder, Metaphern, Gesten und Skulpturen entstanden, die zu einigen Überraschungen führten. Insbesondere die drei Minuten Stille haben die Teilnehmenden geschätzt. Vor allem auch die Erfahrung, dass es nicht darum ging, die anderen zu überzeugen, sondern die Situation sozusagen aus dem sozialen Feld zu betrachten, sodass anschließend das Leitungsteam eine für sich kohärente Entscheidung treffen konnte.

ACHTUNG

Achtung! Was man sich einhandeln könnte:

Die Teilnehmerinnen sollten sich offen und (weitgehend) unvoreingenommen auf den Prozess einlassen können. Ein bestimmtes Maß an gegenseitigem Vertrauen ist hilfreich.

Nicht als Kaltstart nutzen! Eingangs sind ein paar kleinere Übungen empfehlenswert, die das Zuhören auf einer empathischen und schöpferischen Aufmerksamkeitsebene üben.

Die Methode eignet sich gut für die Bearbeitung von komplexen, also nicht durch Analyse oder andere rationale Beurteilungsprozesse entscheidbare Fragestellungen. Wo es „nur" um komplizierte Entscheidungen geht, könnte die „Case Clinic" vom Offensichtlichen oder eben klar Entscheidbaren ablenken.

Quellen und Weiterlesen

- Scharmer, Otto C.: Theorie U: Von der Zukunft her führen: Presencing als soziale Technik. 4. Auflage, Carl-Auer Verlag, Heidelberg, 2014.
- https://www.presencing.org

34. SANDWICH-SPAZIERGANG

Wie Bewegung zu dritt zu besseren Entscheidungen führt
Stephan Rey

„Sollte man zuerst sehen und dann entscheiden,
oder entscheidet man zuerst und sieht dann?"
„Wenn ich dir einen Rat geben darf", sagte er
„vergiss die Fragen und nimm den Berg unter die Füße."
Theophan der Mönch

Weniger schlecht entscheiden

… bei unklaren Optionen – oder gar keiner

… weil ich mich laut denkend besser sortieren kann

… durch die Unterstützung zweier Mitstreiter und Herausforderer

… wenn Müdigkeit einsetzt und Bewegungsdrang besteht

… weil durch Bewegung Leichtigkeit entsteht

Die Methode ist für jeden geeignet, der sich von zwei weiteren Personen Impulse zu einer anliegenden Entscheidung erhofft. Außerdem entstehen hier Wege beim Gehen – ganz wörtlich.
Auch wenn der Workshop-Koller sich breitmacht, die kollegiale Fallberatung (siehe Seite 82) aufgesetzt wirkt oder Bewegungsdrang spürbar wird, bietet diese Methode Abwechslung.
Sie ist eine Abwandlung der kollegialen Fallberatung, in der die Rollen der Fallgeberin, Moderatorin und Beraterin verteilt werden – und rotieren können.
Drei Personen klären im Gehen das Erforderliche: Die Person in der Mitte erzählt, die rechts gehende fragt offen und die links gehende Person beobachtet das Geschehen. Letztere teilt der mittleren ihre Eindrücke am Ende des Gesprächs mit – nach Erlaubnis-Einholung. Die Bewegung macht Gedanken mobil und setzt Ideen frei.

ENTSCHEIDUNGSTYP:
Ja/Nein, Entweder/Oder, mehrere Optionen, Priorisierung, Erschaffen von Optionen

WER ENTSCHEIDET?
Einer

BRAUCHT:
Bequeme Schuhe, passende Kleidung, falls im Freien, zwei Begleiter

DAUER:
15 Min. pro Person, bestenfalls 3 x 15 Min.

ANWENDUNG

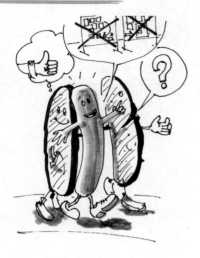

Anwendung

1. **Drei Personen** bilden eine Gruppe.
2. Gemeinsam entscheiden sie, **wer in der Mitte geht** z. B. weil ein Anliegen vorhanden ist oder eine Person beginnen möchte.
3. Die vorhandene Zeit wird durch drei geteilt – falls alle drankommen wollen – und die drei gehen Schulter an Schulter spazieren. Optimal sind 5–15 Minuten pro Person.
4. Die **Person in der Mitte** hat eine Entscheidung zu treffen oder ein Anliegen zu klären. Sie erklärt dieses und wird im Gehen von der **Person rechts dazu befragt** (der/die Beratende). Optimal sind offene Fragen, die das Anliegen beleuchten. Manchmal braucht es nur sehr wenig. Wenn die Person mit dem Anliegen von selbst viel spricht, eher punktuell einhaken; wenn die Person wenig spricht, trotzdem nicht mit Fragen belagern, sondern in gemessenem Tempo nachfragen, was einen als Beratenden interessiert.
5. Die links gehende Person (Herzseite) beobachtet bzw. hört aufmerksam zu (Moderatorin). Sie achtet einerseits auf die Zeit und den Prozess (die Beraterin soll ja nur Fragen stellen und keinesfalls Empfehlungen aussprechen) und andererseits soll sie als Beobachterin rückspiegeln, was sie gespürt hat, während sie die Fragen und Antworten hörte.
6. Nach Ablauf der zugeteilten Zeit gibt die **Person links** auf Wunsch **Feedback** zum persönlichen Empfinden während des Zuhörens: Wie wirkte das Gehörte? Welchen Eindruck machte die Erzählende? Hat sich etwas bei ihr im Laufe des Erzählens verändert?
7. Die Erzählende bedankt sich kurz bei ihren Unterstützern.
8. Danach rotieren die Rollen und der Spaziergang setzt sich fort.

AUS DER PRAXIS

Wie wollen wir weiter vorgehen?
Wir, das sind zwei Beraterkollegen und ich, hatten uns ein Wochenende Zeit genommen, um als Berater-Trio eine Vorgehensweise und auch ein Modell zu entwickeln, wie wir Unternehmen auf ihrem Weg in Richtung *Agilität* zukünftig beraten wollen. Dafür hatten wir genau zwei Tage Zeit. Nach dem ersten Tag war ein Ergebnis oder Modell noch lange nicht in Sicht. Es gab ein ganzes Zimmer voller Post-its, die entlang möglicher Vorgehensschritte an der Wand klebten – „ein geordnetes Chaos". Ein Kollege wurde schon ganz nervös in Anbetracht der vergleichsweise kurzen Zeit, die uns gemeinsam noch zur Entwicklung zur Verfügung stand. Es brauchte andere Perspektiven, Veränderung, raus aus dem Raum, rein in eine andere Form der Lösungsfindung. Wir entschieden uns für den Sandwich-Spaziergang. Jeder von uns dreien ging einmal in der Mitte, berichtete, wie es ihm nach dem ersten Tag ging, was er bräuchte für morgen, was er gerne erreichen möchte, welche Gedanken im Kopf herumschwirrten, … Die beiden anderen Kollegen gingen in ihre Rollen. Nach dem Spaziergang beschlossen wir, jetzt mal alles „so sein zu lassen". Bewusst wollten wir nicht viel kommentieren und am nächsten Tag neu starten.
Interessanterweise: Am Beginn des zweiten Tages berichteten alle, wie toll der Spaziergang war, wie entlastend und befreiend. Ein unglaublich produktiver zweiter Tag war die Folge und mit einem freien Kopf haben wir in kurzer Zeit unglaublich viel entwickelt; und sind uns menschlich nähergekommen!

Varianten

Gegebenenfalls schmecken auch einseitig belegte Brötchenhälften: Die Übung kann auch zu zweit ausgeführt werden; zu viert ist wiederum ungünstig, weil die Stimme der denkenden Person beim Gehen nicht klar genug zu hören ist.
In der Turbo-Variante können die Fragen von der linken und rechten Flanke gestellt werden – und eine Beobachtungsrunde wird von beiden am Ende der Übung angeboten.

ACHTUNG

> **Achtung! Was man sich einhandeln könnte:**
>
> Wie so oft hängen die Ergebnisse von der Ernsthaftigkeit und der Offenheit der Mitgehenden ab. Die Stringenz ist einzuhalten: Es spricht nur eine Person.
> Die Kürze der Übung mag bei komplexen Entscheidungen als Druck wahrgenommen werden – und dann unproduktiv wirken.

Quellen und Weiterlesen
- Erfahren durch Manfred Bouda, angelehnt an Supervision und Intervisions-Gesprächsmodelle und auch an das Heilbronner Modell.

35. BE YOUR STORY'S HERO

Connecting to Our Hero's Quest in Moments of Truth
Marc Aden Gray

„What lies behind us, and what lies before us are but tiny matters compared to what lies within us."
Ralph Waldo Emerson

Less bad decision making at a fork in the road

… by knowing what kind of hero we need to be: brave? Prudent? Careful? Selfish? Altruistic?

… through confrontation of circumstances: They can act as a trigger for fierce action or a tempering device that grounds us in reflection and possibly staying right where we are

… based on millennia-old storytelling motifs

My credentials as a poor decision-maker make me an expert: Sometime during the year 2007, I made a big and shitty decision related to my acting career (one made by thousands of actors before me): I moved to LA with little forethought, consideration, nor having even paid the place a visit. This decision produced suffering. You would think I would have learned from my mistakes. Nope.
In July of 2014, I made another large and crappy decision: to move to Berlin, having never even set foot in that city. It turned out… well, that adventure requires its own book. However, on that occasion I was ready to learn and grow from my mistakes. That journey led me to a new field of endeavor as a Messenger-Inspirer-Trainer. What follows is a process I've developed that has arisen from my 'mistakes' as a decision-maker, and the fruitful moments that have come as a result. Cultivating my ability to make powerful and informed decisions has been a core part of my own Hero's Journey. I hope you find this process useful in yours.

ENTSCHEIDUNGSTYP:
Ja/Nein, Entweder/Oder

WER ENTSCHEIDET?
Einer

BRAUCHT:
an open mind, imagination, commitment to the process

DAUER:
a lifetime – or a single moment.

ANWENDUNG

Process

Step 1: The decision maker as a hero

Looking back at the consequences of my decisions, I can now see plainly that my process was faulty. I've since developed a clear first step in a process for all weighty decisions: Connect with yourself as the hero of your own story. Yes, you are the hero of your own story. If you think that's untrue, or corny, a quick definition: A hero is a participant in a quest for growth and change.

Step 2: Zoom out to see your hero's trajectory to this point

In making a decision that is connected to our idea of future, we can first step back and look at where we've been.

> **Task 1** First zoom out
>
> The hero seeks growth and evolution, so take a look at your journey so far and ask yourself:
> **"What growth and evolution have I been seeking *up until this point*?"**
> You might be surprised at the answer: maybe the growth is clear on a business/career/professional level, but the human element may be hidden from view. Answering this question may illuminate priorities that inform and enrich your decision.

> **Task 2** Second zoom out
>
> The next question serves as a grounding mechanism for where you are right now:
> **"What kind of growth and evolution am I seeking *right now*?"**
> Is the growth/evolution you're seeking now the same as it was in the past or has been in recent times? Or is there a delta between the two? How much of the growth/evolution you're currently seeking is personal vs material? If both are operating, how harmonious or conflictual do they feel? With this information about your past and present, it's time for step 3.

Step 3: Travel into the future

Yes, it's possible to viscerally experience our future before we get there. Every human attempts to do this. We do it through consideration of the possible sets of circumstances our decisions may create. The problem in our most heightened "stay or go" decisions is that *considering* possible outcomes isn't enough. We need to *confront* them. Confronting future circumstances means using our imagination and dwelling on those circumstances to the point where we actually FEEL THE REALITY of them. How do we perform this confrontation of future circumstances? We take something that we do every day and make it intentional: the power of the daydream.

We all daydream. Great performers just happen to turn it into a conscious skill. You could also call this fantasizing, or meditating, or visualizing. The reason I use "daydream" is the dreaming part. We all understand that night-dreaming causes us to feel the reality of whatever we're dreaming. In our dreams, we all: have amazing sex, are chased by a psychopath, perform brilliantly/terribly at our job, experience moments of profound love/hate/embarrassment, and so on.

When we wake, we all can feel relief or disappointment that it's over. You'll do the same now – the only difference is you're awake. Here's how:

1. Close the door.
2. Dim the lights or light a candle.
3. Get a comfortable (but not too comfortable) chair.

4. Put your phone on airplane mode and set a timer. Fifteen minutes if you're new to daydreaming – whatever you want to call it. A little longer if you're familiar with the process.
5. Get quiet. And focused.

Now... what will you daydream about?

Step 4: Embodying the 3 primary outcomes of your decision

Of course there are not only three possible outcomes. But these serve as powerful sources of information on which to base our big "stay here or go there" decisions. You'll daydream on each outcome and ask a fundamental question.

Task 3   Begin with daydreaming the utopian outcome

This could also be called your best-case scenario. This outcome tends to be the most accessible to confront, since its confrontation usually produces great pleasure/joy/optimism/positive charge... but maybe not. Let's get back to that quiet, meditative state we set up. Start to explore the magic what-if: "What if this decision turned out for the absolute best? What would that look like?" Open your imagination to that possibility. Notice what comes into your mind. Put yourself there. Feel the sensory reality of it. What do you see/hear/touch? Maybe you might even get a smell or a taste. Start to notice the sensations and feelings being aroused. Keep investing – really live it. If you get side-tracked, gently bring yourself back with the magic confrontational question: "What if this were true? What if it really happened? How would I feel?"... and head back in. How will you know you've successfully confronted the circumstance? When you're emotionally alive with it. When you feel its reality.
Now the hero asks a question:
                     "Does this outcome serve the growth and evolution that I'm seeking?"
What experiences in that outcome made you the happiest? How much of the good feeling came from the external rewards? Were you experiencing personal growth and evolution in this imaginary future and if so, how much? Maybe it's all about the external/material gain, and that's perfect for right now – but it adds a layer of information that will probably be vital at some point on your timeline moving forward.

Task 4   Confront the dystopian outcome

The second outcome is, predictably, the dystopian outcome. The worst-case scenario. When confronted, this will probably carry an intensity of pain that is proportionate to the pleasure we felt in our utopian outcome. You'll know you're on the right track if you want to stop. The same daydreaming steps you took for the utopian outcome apply here. What changes is the question you then pose to yourself once you've felt the reality.
The next hero's question:
                     "If this dystopian outcome occurs, can I live with it?"
I don't mean survive – that's the easy part. By live, I mean continue to be someone moving forward on their quest: optimism and spirit intact? Or would you profoundly regret the decision if this outcome came true? Maybe based on what you found during your daydream confrontation, you decide that this decision is heavily conditional on a utopian outcome. I discovered this to be true in many of my bad-process decisions. Not necessarily a deal-breaker but important to know.
                     Or... **"Does this dystopian outcome still serve my growth and evolution?"**
You might even find that your growth and evolution are more powerfully served in this worst-case circumstance. Another layer to insert in your knowledge stack.

Task 5   Confront the quotidian outcome

Synonyms for quotidian include commonplace, everyday, usual. This is the outcome that I've found we habitually consider the least. Yet it will inevitably encompass a large swath of whatever future experiences await you as a result of your decision. In this outcome, things turn out.... okay. Fine. No complaints... well, maybe a few. What would the quotidian outcome look like over there, as opposed to here? Let's find out. Same daydreaming process as the first two outcomes. Ask your hero' questions. Once again:
                     "Can I live with that?" and: **"Did this outcome serve my growth and evolution?"**
Confronting the quotidian outcome might show you that if no clearly positive outcomes occur from moving over there, you see steadier and more consistent growth and evolution by staying where you are, because you've established a ground from which to work and a circle that supports you.

ANWENDUNG

Step 5: Completing the process

We've missed one step, and it's as vital as anything we've entertained so far. Most decisions, as we know, aren't only about us. This is why the greatest heroes also think about their human ecology. Which brings us to the final step: **How does our decision impact other people?**

This consideration need not be the ultimate consideration; maybe you know that people will be negatively impacted, but you still need to make that particular choice. Maybe this will also require confrontation: You may think that the negative impact on another person/group isn't a factor, but after confrontation you realize that you need to review the step you were about to take.

And just in case you like charts:

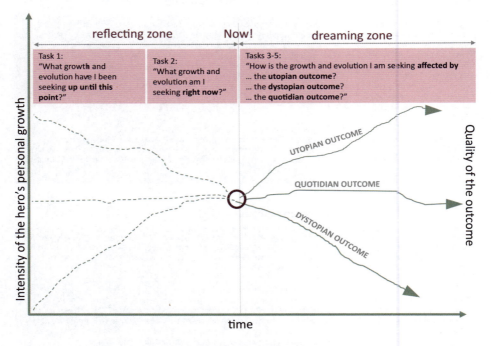

How you come to this moment will vary based on the intensity of growth you've been experiencing. High-intensity travelers may need to slow down, settle and ground themselves. Previously low-intensity growers may need to step up their levels of emotional life and energy for this peak decision moment.

Achtung! What this method could cause:

Although daydreaming is not "thinking" in the conventional sense, it is clearly an inner exploration of the mind. It requires venturing beyond the noise in our heads. The potential trap here lies in wait for those who have trouble letting go: for these folks, this process may end up being a case of "overthinking" a choice that may simply require a quick and instinctive decision. Remember this simple aphorism: "Stay in your head, you're dead!"

Sources

- Developed by Marc Aden Gray, from decades of embodying heroes on stage and screen and making big decisions in his life.

V.
Philosophie & Werte

Entscheidungslogik: Ethisch handeln
Leitfrage: „Wofür stehe ich?"

> If you don't stand for something – you'll fall for anything!

> Es erfordert Kraft und Mut, sich auf die eigenen Werte zu besinnen und sein Handeln danach auszurichten.

> Manchmal sind meine Entscheidungen schon egoistisch. Ich schaue halt auf meine Werte, nicht auf die der anderen.

> Eigentlich ist mir Gleichberechtigung schon wichtig… eigentlich!

Entscheidungen in der Philosophie: Wie Werte & Ethik unser Handeln prägen

Annika Serfass & Doris Schäfer

> „Statt mich aber im Hafen der Philosophie umzuschauen, welche Schaluppen oder welchen Dampfer ich besteigen soll (...), bleibt mir nichts anderes übrig, als mein eigenes Floß zu besteigen, umso mehr, als ich mich mit ihm schon längst in diesem Ozean herumtreibe, ohne Ruder und ohne Segel."
> *Friedrich Dürrenmatt*

Wenn wir bei Entscheidungen nicht unserer Intuition folgen und auch nicht versuchen, unseren Nutzen zu maximieren, nach welchem Maßstab entscheiden wir dann? Welche Kraft ist so einflussreich, dass sie sowohl unser sich meldendes Unterbewusstes als auch unsere egoistische Neigung überstimmen kann? Es sind unsere Werte. Sie sind einerseits ein Korrektiv unserer spontanen Neigung, andererseits ein Leitstern, der uns hilft, ein „gutes Leben" zu führen. Kein Wunder, dass dieses Thema schon seit vielen Jahrhunderten Teil des philosophischen Diskurses ist. Einige Aspekte dieser breitgefächerten Theorienlandschaft der europäischen Philosophie greifen wir heraus.

Wozu Entscheidungen und woher kommen Werte?

Der Begriff „Entscheidung" gewann in der Philosophie Anfang des 20. Jahrhunderts an Bedeutung: Der **Existenzialismus** stellte die elementaren menschlichen Erfahrungen in den Mittelpunkt, darunter auch die Themen „Verantwortung" und „Handlung".

Um zu einer **bewussten Entscheidung** zu kommen, bedarf es eines Willensakts, der einer Handlung vorausgeht. Mehrere Maßstäbe können einer Entscheidung zugrunde liegen: Nutzenmaximierung, Lust bzw. Unlust, Praktikabilität, aber auch soziale und moralische Maßstäbe wie Konventionen, sittliche Normen, Werte oder Tugenden.

Nach Soeren Kierkegaard – Begründer der Existenzphilosophie – können **Menschen nur über Entscheidungen ihre Freiheit vollziehen**; über Entscheidungen gelangen sie in ihr Dasein (in „Stadien auf des Lebens Weg",1845). **Entscheidungen sind somit ein existenzielles Element**: Wer nicht entscheidet, begibt sich in die Gefahr des Selbstverlustes. Das wird besonders verständlich vor dem Hintergrund der zunehmenden Bedeutung der Naturwissenschaften und der Anzweiflung einer allgemeinen übergeordneten Instanz (=Gott), die eine Ordnung schafft, der man sich als Mensch lediglich unterordnet. Der Mensch wird als frei und verantwortlich angesehen, somit werden seine Entscheidungen zu einem zentralen Element seines Seins.

Dieses Buch fokussiert nur auf den Teil der Philosophie, in der Werte als Teil von und Maßstab für Entscheidungen relevant sind. „Die Versuche der philosophischen

Erklärung von Werten beinhalten die Frage nach dem Grund der Werte sowie dem Sinn und der Berechtigung ihrer Verbindlichkeit." (Brockhaus, S. 361)
Die philosophische Axiologie ist die allgemeine Lehre von Werten, die für ihre Existenz zwei grundsätzliche, verschiedene Perspektiven kennt:

- Objektivistische Ethik bzw. Werterealismus und Werteidealismus: Mit der Suche nach objektiv „geltenden" Werten haben sich zahlreiche Philosophen beschäftigt, ganz früh Platon, dann die bekannten Weltreligionen, später z. B. Nicolai Hartmann. Werte sind hier etwas, das vom Menschen lediglich „erkannt", aber nicht erschaffen wird. Er richtet sein Handeln danach aus, weil es richtig und tugendhaft ist.
- Subjektive Werttheorien gehen im Gegensatz dazu davon aus, dass Werte „von oben" nicht existieren oder nicht erkennbar sind. Die Werte entspringen Individuen oder Gemeinschaften, sind für den Einzelnen aber nicht beliebig. Bekannte Vertreter sind hier Hermann Lotze und Friedrich Nietzsche.

Oft sind die Wertesysteme von Gemeinschaften und Individuen eine Kombination der oben genannten Optionen. Sie zeigen sich auf einer Makroebene bspw. durch die Staatsform, den Gesetzeskatalog, Systeme sozialer Sicherung etc. und auf einer Mikroebene des individuellen Verhaltens, unter anderem im Konsumverhalten, Erziehungsstil, Arbeitsmoral etc. Das Wertesystem jeder einzelnen Person beinhaltet daher Werte, die von verschiedenen Ebenen aus auf sie einwirken:

- Werte, die sich in den offiziellen Regeln der umgebenden Kultur manifestiert haben, bspw. als Gesetze, Rechte, Pflichten
- Werte, die in der umgebenden Kultur mehrheitlich als „richtig" anerkannt und gelebt werden: Gleichberechtigung, Gewaltfreiheit …
- Werte, die in der Arbeitsumgebung präsent sind
- Werte, die im sonstigen sozialen Umfeld bestehen, wie Vereine, Freundeskreise, Nachbarschaftshilfe, Interessensgemeinschaften etc.
- Werte, die in der Familie gelebt werden
- ganz individuelle Werte

Werte sind nicht angeboren, nicht zufällig und entstehen nicht spontan, sondern werden vermittelt oder aufgrund von Erfahrungen erlernt. Beispielsweise durch die den Helden innewohnenden Tugenden bzw. Werte in Geschichten, die Kinder hören und sehen, wie etwa jedes Jahr zum Martinstag. Das bedeutet, dass sowohl der Sozialisationsprozess eine Rolle spielt wie auch die Kultur, in welcher Menschen aufwachsen – mit ihren gesellschaftlichen Vorgaben und Normen.
Werte haben Orientierungscharakter: Menschliche Wahrnehmung und menschliches Verhalten befinden sich in einem permanenten Überprüfungs- und Modifizierungsprozess. Das Wertesystem entsteht und verändert sich daher durch eine permanente Wechselwirkung, denn *„Niemand ist zufällig gut, die Tugend muss man lernen"* (Seneca). Das Lernen dieser Tugenden findet hauptsächlich statt in der:

- Prägung durch Kultur – größtenteils unbewusste Übernahme der Werte
- Prägung durch Erziehung – eher unbewusste Übernahme von Werten
- Prägung durch Erfahrung – unbewusste Übernahme von Werten, aber auch durch Reflexion, also bewusste Anerkennung von Werten

Das Wertesystem ist im Erwachsenenalter relativ stabil und ändert sich dann oft nur noch geringfügig in Abhängigkeit von unterschiedlichen Situationen. Das liegt daran, dass Werte auf verschiedene Weise auf unsere Entscheidungen einwirken:

1. Sie „sickern" in das emotionale Erfahrungsgedächtnis, gehen sozusagen „in Fleisch und Blut" über. Sie werden **Teil unserer Intuition** und bei Entscheidungen gar nicht mehr als irgendwann einmal übernommene Werte reflektiert. Mitunter geben uns Körpersignale Hinweise darauf, wenn bei Entscheidungen eine (Werte-)Grenze verletzt wird (→ siehe Theoriehappen Intuition, S. 165).
2. Sie bleiben als **bewusstes „Wertegerüst"** Teil unseres **Verstandesapparates**: Ist eine Entscheidung zu treffen, die moralische Implikationen hat, können wir unsere Werte bewusst als Maßstab heranziehen.

Werte und ihre daraus abgeleiteten Verhaltenserwartungen – wie Normen, Sitten, Gebräuche, Regeln, Traditionen und Gesetze – umgeben uns permanent. Sie sind teilweise hierarchisch und nicht selten widersprüchlich. Daher müssen wir uns kontinuierlich durch unsere Entscheidungen zu ihnen positionieren – sowohl auf individueller als auch auf unternehmerischer und gesellschaftlicher Ebene.

Der Zweck und das Ziel von Werten und die Konsequenzen für Entscheidungen

Die meisten Philosophen gehen davon aus, dass Werte bzw. eine daraus resultierende Ethik ein Ziel haben. Die Ethik beschreibt die Sitten und Gebräuche, die sich aus Werten ergeben – also die Regeln des Zusammenlebens. Die folgende Tabelle gibt einen sehr groben Überblick über verschiedene ethische Grundpositionen in der europäischen Philosophie und dessen, was sie als „Ziel" der Ethik bzw. des ethischen Verhaltens postulieren (Zusammengetragen aus Brockhaus, online Brockhaus und Wikipedia):

Zeit	Philosoph/philosophisch-ethische Position	Handlungsprinzip	Handlungsziel
Griechische Antike	**Strebensethik** (teleologischer Ansatz, griechische Klassik und Hellenismus)	**Entfaltung des** (vordeterminierten) **eigenen „telos"** = Ziel, Zweck, wobei des Menschen freier Wille ihn zur Verfehlung des Zieles führen könnte	Verwirklichung der *innewohnenden* „*Wesensnatur"* – egal ob Pflanzen, Tiere, Gegenstände, Menschen, Gesellschaften oder „der Kosmos".
Griechische Antike	**Güterethik** (zuerst Aristoteles)	Man **bezieht Werte aus einem materiellen „Gut" oder Zustand**, teilweise auch aus einem Ziel (Aristoteles: „Das höchste Gut = *ergon*): Durch das Streben nach diesem ergeben sich bestimmte Entscheidungsmaßstäbe.	Erreichen von *Glückseligkeit (Eudaimonia)* als Ziel des Menschen; Später auch Selbstverwirklichung „The Pursuit of Happiness", Wissen etc.

Zeit	Philosoph/philosophisch-ethische Position	Handlungsprinzip	Handlungsziel
Griechische Antike	**Epikureische Ethik** (Konsequentialistisch-teleologische Ethik; Epikur u. a.)	Die Aufgabe der Ethik ist die **Auflösung unbegründeter Ängste** zur Erreichung der Seelenruhe (*ataraxia*).	Die *naturgemäße Lust* ist die höchste Form der Lust und das Ziel des Lebens.
Griechische Antike	**Stoa/stoische Ethik** (Konsequentialistisch-teleologische Ethik; Zenon von Kition, Epiktet u. a.)	Die **Vernunft muss einen langjährigen Bildungsprozess durchlaufen**, damit der Mensch zu dem werden kann, was seiner ureigensten Natur entspricht.	Leben im Einklang mit der menschlichen Natur = die **Vervollkommnung der vornehmsten menschlichen Eigenschaften** (*„oikeiosis"*)
16. – 20. Jhrh.	**Vertragstheorien** (zuerst Thomas Hobbes, später v. a. John Rawls)	Übereinkunft in einem (virtuellen/ideellen) **Gesellschaftsvertrag**; Rawls: Gedankenspiel des *„Schleiers des Nichtwissens"*: Welche Werte/Regeln würden wir postulieren, wenn keiner wüsste, welche Umstände, Fähigkeiten und Position er in der Realität innehätte?	Überwindung des Naturzustands, Recht auf bürgerliche *Freiheiten*, soziale *Ungleichheit* so gestalten, dass sie zum Vorteil aller dienen
Frühchristlich bzw. 18. Jhrh.	**Pflichtethik** bzw. **Formalethik** (v. a. Immanuel Kant, Bibel)	**Verallgemeinerungsfähigkeit der genutzten Handlungsmaxime**, bspw. Kants kategorischer Imperativ: „Handle nur nach derjenigen Maxime, durch die du zugleich wollen kannst, dass sie ein allgemeines Gesetz werde." Als Kriterium, ob eine Handlung und demnach Entscheidung gut ist, wird hinterfragt, ob sie einer Maxime folgt, deren Gültigkeit für alle, jederzeit und ausnahmslos akzeptabel wäre. „Behandelt die Menschen so, wie ihr selbst von ihnen behandelt werden wollt – das ist alles, was das Gesetz und die Propheten fordern." Matthäus 7,12	(Hoffnung auf) *Glückseligkeit, Unsterblichkeit der Seele*

Zeit	Philosoph/philosophisch-ethische Position	Handlungsprinzip	Handlungsziel
18. Jhrh.	**Gefühlsethik** (v. a. David Hume)	Nicht rationale, sondern **emotionale Gründe für moralisches Verhalten**: *„Aus dem Sein lässt sich kein Sollen ableiten"* = aus der bloßen Existenz bzw. der Erkenntnis von Werten folgt noch kein moralisches Verhalten. Was als angenehm empfunden wird, wird getan. Gelernt wird diese Moral über das Beispiel anderer.	*Neigungen und Verstand* in Einklang bringen.
18.-19. Jhrh.	**Utilitarismus** (Richard Cumberland, Francis Bacon, später: John Stuart Mill)	**Nützlichkeitsprinzip**: Eine Handlung wird anhand der Nützlichkeit ihrer Folgen gemessen, d. h., es geht um die Maximierung des aggregierten Gesamtnutzens	*„Greatest happiness of all"*: das (in Summe) größtmögliche Glück der größtmöglichen Zahl an Personen
20. Jhrh.	**Wertethik** (Materiale Wertethik, v. a. Franz Brentano, Max Scheler) (Phänomenologische Wertethik, v. a. Edmund Husserl, Nicolai Hartmann)	Eine **vom Individuum unabhängig bestehende Wertehierarchie gilt es zu erkennen** bzw. zu „erfühlen": Man erspürt die Rangordnung von an sich existierenden Werten und handelt danach; je „fundierter" ein Wert, desto höher steht er in der Hierarchie.	Das *„sittlich Gute"* durch Handlungen realisieren.
20. Jhrh. bis heute	**Diskursethik** (Teil der Sprachethik) (Karl-Otto Apel, Wolfgang Kuhlmann, Jürgen Habermas)	Normen bzw. Handlungsmaximen können nur dann gelten, wenn alle Betroffenen sich **diskursiv darauf einigen** können, dass sie gelten. Handlungen sind daher nur dann moralisch richtig, wenn ihr alle Betroffenen zustimmen können.	Apel: *„1. das Überleben der menschlichen Gattung als der realen Kommunikationsgemeinschaft sicherzustellen, 2. ... in der realen die ideale Kommunikationsgemeinschaft zu verwirklichen. Das erste Ziel ist die notwendige Bedingung des zweiten Ziels; und das zweite Ziel gibt dem ersten seinen Sinn."*

Die **Ziele der Ethiken** haben – im Gegensatz zu ihren Erkenntnis- oder Aushandlungsprozessen – zum großen Teil eine Ähnlichkeit: Der Mensch soll in den meisten Ethiken „glücklich" werden können:

1. indem er seine **naturgegebenen Anlagen oder seinen ihm innewohnenden Zweck verwirklicht**. Das passt zu unserer heutigen Idee und Wunschvorstellung der „Selbstverwirklichung".
2. indem er **im Einklang mit anderen in einer funktionierenden und harmonischen Gemeinschaft** leben kann. Dies ist heute nach wie vor höchst aktuell, zum Beispiel in Diskussionen über Solidaritäts-, Teilhabe- und Umverteilungssysteme.

Wertebasierte Entscheidungen (und damit auch Handlungen) haben also den Zweck, einem dieser beiden Maßstäbe zu genügen, um dem Glück – bzw. dem Ziel der persönlich verfolgten Ethik – ein Stück näher zu kommen.

Warum und wie dann schlechte Entscheidungen entstehen

Entscheidungen, die schließlich unseren Lebenslauf bilden, treffen wir gelegentlich, ohne uns wirklich zu fragen, ob sie mit unseren Werten und Vorstellungen von einem guten Leben übereinstimmen. Ehe wir uns versehen, sind wir in eine Richtung unterwegs, die wir doch eigentlich gar nicht einschlagen wollten – und sehen uns mit einer Unmenge von Zwängen konfrontiert, die uns vom eingeschlagenen Weg abbringen. Folgende Umstände führen zu **Entscheidungen im Gegensatz zu unseren individuellen Wertvorstellungen:**

1. **Wertebezug von außen:** Ich richte meine Entscheidungen nach Werten, die in Form von Erwartungen an mich direkt/indirekt, bewusst/unbewusst herangetragen werden anstatt nach den mir eigenen verinnerlichten Werten.
2. **Die verschiedenen Werteebenen sind nicht kohärent:** Werte widersprechen sich, es entstehen Wertekonflikte. Auch wenn Werte theoretisch bzw. langfristig vereinbar sind – bspw. Nachhaltigkeit ohne Verzicht auf Lebensqualität –, ist dies in konkreten, kurzfristigen Situationen oft nicht möglich. Eine Wertehierarchie ist oft nur diffus vorhanden und wird bestenfalls intuitiv gelebt.
3. **Werte im Widerspruch zur Intuition:** Je nach Lebenserfahrung kann es sein, dass unsere Intuition uns zu unseren Werten gegenteilige „Ratschläge" gibt, bspw.: *„Es ist aufgrund meiner Erfahrung normal, seine Kinder zu bestrafen – ich möchte das aber nicht aufgrund meiner Werte."* Das eigene Verhalten dann immer wieder gegen die Intuition und für die angestrebten Werte zu entscheiden ist anstrengend und nicht selten ist die Intuition schneller.
4. **„Stärke" der Werte:** Allzu oft treffen wir Entscheidungen nicht danach, wie wir es selbst für richtig halten, sondern impulsiv. Wir kaufen nach Lust und Laune, was wir gerade gerne hätten – und nicht wie es unsere Werte im Hinblick auf Gerechtigkeit und Ökologie verlangen würden. Das Wörtchen „eigentlich"...; wie sagt man gerne: „Eigentlich bin ich ganz anders, ich komme nur so selten dazu". Sören Kierkegaard beschreibt es so: *„Unter dem Himmel der Ästhetik ist alles so leicht, so schön, so flüchtig; kommt die Ethik angeschritten, so wird alles hart, kalt und unendlich langweilig."*

5. **Möglichkeiten, seine Werte auch zu leben**, sind ganz stark von der Umwelt abhängig. Beispielsweise ist finanzielle Unabhängigkeit für viele Frauen weltweit theoretisch ein Wert, aber praktisch nicht umzusetzen.
6. **Werteunterschiede der Entscheider:** Egal ob in der Politik zwischen großen Staaten oder in einer Partnerschaft: Teilweise gibt es so große Unterschiede in den Werten, dass es keine gemeinsame Basis zu geben scheint, auf der man etwas zusammen entscheiden kann. Die Folge sind mitunter (Rosen-)Kriege, doch auch ein Minimalkonsens wie das Pariser Klimaabkommen lässt die Entscheidung für alle Beteiligten nicht besonders „gut" aussehen.
7. **Vorgeschobene Werte:** Oft wird behauptet, für einen Wert zu stehen, dies ist aber schwierig zu überprüfen. Wie zum Beispiel beim „Greenwashing": Konsumenten kaufen vielleicht gerne nachhaltige Produkte und glauben, wenn die Packung grün und ein gut klingendes Siegel drauf ist, träfen sie gute – ihren Werten entsprechende – Entscheidungen. Dies ist leider nicht immer der Fall.
8. **Der Glaube, man könne Werte definieren:** Werte lassen sich nicht einfach verordnen oder umsetzen wie ein IT-Projekt (so gern auch teure Berater ihre Firmenkunden dies glauben lassen). Werte sind ein Emergenzphänomen: Sie entstehen in Wechselwirkung und unter Abhängigkeit vieler Faktoren, die sich nicht kausal, sondern komplex beeinflussen. Man kann zwar das Ergebnis beschreiben und auch die Faktoren, die dazu beigetragen haben, aber nicht die Gewichtung der Faktoren, die Bezüge zwischen ihnen und den Prozess, der das Ergebnis erzeugte. Werte sind eigentlich immer vorhanden – oft implizit oder unbewusst. Sie lassen sich daher nur „aufdecken", „klären" oder – bei „neuen" Werten – „danach streben". Daher ist ein Wertewandel, egal ob bei einer Person, Unternehmung oder Gesellschaft, ein langwieriger und komplexer Prozess.

Der Sinn und die berechtigte Verbindlichkeit von Werten: Wie Werte zu guten Entscheidungen verhelfen

- **Sinnstiftung:** Tatsächlich erfordert es Kraft und Ausdauer, unser Leben so zu gestalten, wie wir es für „richtig" halten. Viel einfacher ist es doch, so zu leben wie alle anderen – oder in den Tag hinein — und den Umständen die Schuld zu geben, wenn es letztlich nicht so läuft, wie wir es wünschen oder erwarten. Aber wenn wir die Energie aufbringen, nach dem für uns „Richtigen" zu entscheiden, und dafür Verantwortung übernehmen, haben wir vielleicht viel zu gewinnen: das „Glück", das „Gute", den „Seelenfrieden", das „Gerechte" – Werte geben unserem Leben, unserem Verhalten und unseren Entscheidungen Sinn.
- **Orientierung:** Werte liefern eine belastbare Antwort auf die Frage „Was soll ich tun?" Wer sich seiner Werte bewusst ist, kann sie jederzeit als eine Art Fixstern oder Landkarte verwenden, um seine Entscheidungen zu treffen.
- **Komplexitätsreduktion:** Geteilte Werte stiften Vertrauen, machen somit explizite Absprachen überflüssig und reduzieren damit Komplexität. Vielleicht würden die 10 Gebote als Gesetze ausreichen; wenn alle sich daran hielten, wären die dicken Gesetzestexte eventuell überflüssig. Denn kein Vertrag der Welt ist so wasserdicht, dass er alle niederen Absichten der Menschen vorwegnehmen könnte. Es

fällt somit leichter, sich für Kooperation zu entscheiden, weil Reziprozität unterstellt werden kann.
- **Gemeinschaftsgefühl:** Werden Werte in größeren sozialen Zusammenhängen (eine Stadt, ein Volk, eine Religionsgemeinschaft) geteilt, so besteht etwas Verbindendes. Fast alle Menschen verspüren das Bedürfnis, irgendwo dazuzugehören. Wertegemeinschaften können dies leisten. Das Gemeinschaftsgefühl hilft als eine Art „Bodenanker", in einem positiven Sinne Grenzen der Entscheidungsfreiheit zu setzen, weil man sich freiwillig dieser Begrenzung unterwirft.
- **Bewertungsgrundlage:** Werte sind auch Auffassungen vom Wünschenswerten innerhalb einer Gruppe. Sie dienen damit als Bewertungsgrundlage für das Entscheiden, Handeln und Verhalten in sozialen Kontexten.
- **Ansporn:** Nach einem Wert zu streben kann ein richtiger Ansporn sein, wie es beispielsweise viele Menschen von ihrem Berufsethos zählen: Ärzte schützen den Wert des Lebens, Richter den Wert der Freiheit, Politiker den Wert der Pluralität, Verbraucherschützer den Wert der Transparenz etc. Wer in seinem beruflichen oder privaten Kontext klare Werte lebt bzw. „verteidigt", kann sich in seinen Entscheidungen immer auf eine motivierende Basis berufen.

Welche Werte jeder Einzelne oder jede Gemeinschaft auch lebt – ihr Wert ist unersetzlich.

Quellen und Weiterlesen

- Brockhaus Enzyklopädie Online, NE GmbH | Brockhaus, Versionsdatum: 2020-11-06; Titel: Entscheidung (Philosophie); Werte, Ethik, Axiologie, Güterethik, David Hume, Strebensethik, Schleier des Nichtwissens.
- Cathcart, Thomas; Klein, Daniel: Platon und ein Schnabeltier gehen in eine Bar: Philosophie verstehen durch Witze. Goldmann, München, 3. Auflage, 2010. Kapitel „Ethik", S. 99–122.
- Hogen, Hildegard, et al.: Der Brockhaus Philosophie: Ideen, Denker und Begriffe. F.A. Brockhaus GmbH, Leipzig/Mannheim, 2004.
- Joas, Hans: Die Entstehung der Werte. Suhrkamp taschenbuch wissenschaft, Berlin, 1999.
- Störig, Hans Joachim: Kleine Weltgeschichte der Philosophie. Fischer Taschenbuch Verlag, Frankfurt am Main, 1992.

36. IMMANUEL KANTS DREI FRAGEN

Philosophischer Entscheidungskompass
Annika Serfass

„Tue das, wodurch du würdig wirst, glücklich zu sein."
Immanuel Kant, Kritik der reinen Vernunft

Weniger schlecht entscheiden

... bei wichtigen Lebensentscheidungen

... durch die Beschäftigung mit den drei wichtigsten Fragen der philosophischen Aufklärung

... weil Kant es einfach drauf hat

Immanuel Kant hat sehr dicke Bücher geschrieben. Diese haben angeblich unser Denken über die Welt und das Sein maßgeblich verändert. Dass diese anspruchsvolle Theorie aber auch sehr praktisch sein kann, beweist Kant mit seinen drei Fragen; gleichzeitig Ausgangs- und Höhepunkt der Kantianischen Erkenntnistheorie. Wer sie für sich beantworten kann, hat sich in der Welt verortet. Die Methode geht über die von Kant postulierten Antworten hinaus, sprich: Sie nimmt sich die Freiheit, Anregungen zu geben, die Kant so ganz sicher nicht geschrieben und gemeint hat.

ENTSCHEIDUNGSTYP:
Ja/Nein, Entweder/Oder, mehrere Optionen, Priorisierung

WER ENTSCHEIDET?
Einer, Team

BRAUCHT:
Muße, sich mit philosophischen Fragen zu beschäftigen

DAUER:
30 Min. – mehrere Tage, wenn man die Fragen reifen lässt

ANWENDUNG

Anwendung

Schritt 1: Überblick verschaffen und Fragen lesen:
„*Alles Interesse meiner Vernunft (das Spekulative sowohl als das Praktische) vereinigt sich in folgenden drei Fragen:*
1. *Was kann ich wissen?*
2. *Was soll ich tun?*
3. *Was darf ich hoffen?*" I. Kant

Schritt 2: Was kann ich wissen?
Diese Frage zielt auf die Erkenntnis ab. Seit Kant gehen wir davon aus, dass die Welt so ist, wie wir sie wahrnehmen, und nicht mehr, dass wir sie so wahrnehmen, wie sie ist. Wir können also niemals etwas „absolut" wissen, das nur auf unserer Erkenntnis und nicht auf unserer Erfahrung beruht: *„Wenn es also um Wissen zu tun ist, so ist wenigstens so viel sicher und ausgemacht, daß uns dieses, …, niemals zu Teil werden könne."* I. Kant.
Wahrheit entsteht also immer im Kontext (der Erfahrungen) und ist immer subjektiv. Trotzdem können wir uns als einzige Wesen immer wieder neu diese Fragen zum Wissen stellen:

- Wenn ich meine (positiven, negativen, wankelmütigen, beeindruckenden) Erfahrungen mal beiseitelasse und versuche, mich meiner Erkenntnis zu bedienen: Was kann ich wissen? Was ist für mich wahr? Was, das ich vielleicht immer für wahr hielt, kommt ins Wanken?
- Wer hält hier was für wahr? Und warum? Aufgrund der Subjektivität des Wissens ist auch wichtig, was andere für wahr halten in Bezug auf die Entscheidung.
- Welche Glaubenssätze, die mir/uns (z. B. in einer Organisation) Orientierung geben sollten, haben vielleicht ausgedient (Bsp. „Unsere Kunden kaufen Qualität – der Preis ist nachrangig!")?

ANWENDUNG

- Und, vielleicht am wichtigsten: Welches für meine Entscheidung wichtige Wissen kann ich erlangen? Zum Beispiel durch Recherche, Analyse, Befragung, Lernen, Ausprobieren, Interviewen, Nachdenken etc. All diese Arbeit ist ihre Mühe wert, weil das Wissen sie aufwiegt.

Schritt 3: Was soll ich tun?

Diese zweite Frage ist praktischer als die erste. Sie betrifft den Menschen als soziales Wesen, das etwas tut, nicht nur denkt. Es geht um die Anwendung des zuvor erkannten Wissens (bzw. Nichtwissens). Kant hat diese Frage selbst ziemlich klar beantwortet, indem er den berühmten Kategorischen Imperativ als Grundlage aller „Sittlichkeit" formulierte: *„Handle so, dass die Maxime deines Willens* (= deine subjektive Verhaltensregel) *jederzeit zugleich als Prinzip einer allgemeinen Gesetzgebung gelten könnte."* Dieser Satz besagt, dass nur derjenige moralisch handelt, der sich nicht seinen sprunghaften Bedürfnissen hingibt, sondern sich als Teil eines Ganzen sieht, auf das er Einfluss hat. Sogleich werden Themen wie Umweltschutz, Verschwendung, Nächstenliebe, Toleranz etc. relevant.

Etwas praktischer formuliert – aber immer noch im Rahmen seiner Idee einer allgemeinen Sittlichkeit: *„Tue das, wodurch du würdig wirst, glücklich zu sein."*

Bezogen auf eine konkrete Entscheidungssituation ergeben sich Fragen wie:

- Wen und was beeinflusst meine Entscheidung?
- Welches wären die Konsequenzen meiner Entscheidung, wenn jeder auf der Welt genauso entscheiden würde?
- Wäre es das wert?
- Welche meiner Optionen sind stimmiger als andere? Welche sind meiner Werte würdig?
- Welche Handlungskonsequenzen ergeben sich eventuell auch aus der ersten Frage: Was ich weiß, bedeutet vielleicht, dass ich etwas Bestimmtes tun sollte?

Schritt 4: Was darf ich hoffen?

Die dritte Frage steht in Verbindung zur zweiten: Wenn ich nun tue, was ich soll – was darf ich dann hoffen? Mit dieser Frage begibt man sich über die Grenze dessen, was man mit Vernunft klären kann.

Kant bezieht diese Frage auf Gott (bzw. Religion), den er als eine logische Schlussfolgerung ansieht. In der Beantwortung dieser Frage verbirgt sich das Erlangen von Glückseligkeit: *„Sittlichkeit allein und mit ihr die bloße Würdigkeit, glücklich zu sein, ist aber auch noch lange nicht das vollständige Gut. Um dieses zu vollenden, muss der, so sich als der Glückseligkeit nicht unwert verhalten hatte, hoffen können, ihrer teilhaftig zu werden."*

Im Rahmen der Entscheidungsfindung sehen wir diese Frage etwas weiter:

- Wenn ich alles getan habe, um das mir mögliche Wissen zu erlangen, und das getan habe, was ich dazu beitragen kann und sollte: Was ist außerhalb meines Einflussbereiches, aber Gegenstand meines Wünschens?
- Woran glaube ich (vielleicht, meistens ...)?
- Worauf darf ich also hoffen?
- Was macht mich glücklich?

Des Glückes würdig ist also noch nicht glücklich. Aber die berechtigte Hoffnung auf das Glück macht es schon ein Stück realer.

AUS DER PRAXIS

Die Liebe als Lebensglück
Herr Kant würde wohl die Hände über dem Kopf zusammenschlagen – egal: Meine Freundin suchte einen Partner. Frei nach der ersten Frage informierte sie sich, welche Merkmale eine glückliche und lange Beziehung auszeichnen. Sie überlegte außerdem genau, welche Eigenschaften ihr Zukünftiger haben sollte und welche Rahmenbedingungen erfüllt sein müssten (Job, Kinderwunsch, Wohnort etc.). Sie überlegte – im Sinne der zweiten Frage –, was sie tun sollte, um einen solchen Mann kennenzulernen. Sinnvoll erschien ihr, sich an Orten aufzuhalten, wo sie solche Männer vermutete: in ihrem Freundeskreis zu fragen, ob nicht jemand jemanden kenne, der ihren Vorstellungen entsprach, und sich bei einem Online-Dating-Portal anzumelden. Wo sonst kann man so viel über jemanden erfahren, ohne erst mühsam mit ihm zu reden?
Gesagt – getan. In der Gewissheit, den ersten beiden Fragen Genüge getan zu haben, war sie voller Hoffnung. Ich fragte sie einmal, ob sie nicht ungeduldig sei. Nein – sagte sie. Sie sei, ganz im Gegenteil, so zufrieden mit den Konsequenzen, die sie aus den ersten zwei Fragen gezogen habe, dass es jetzt einfach passiert oder nicht – aber sie hadere nicht mehr mit dem „Warum nicht ich?", „Wann finde ich jemanden?" etc. Ob sie heute glücklich verheiratet ist, bleibt mein Geheimnis – es tut aber auch nichts mehr zur Sache.

ACHTUNG

Achtung! Was man sich einhandeln könnte:

Es sind hehre Ansprüche, die der Herr Kant postuliert, dessen ist er sich selbst auch bewusst. Seine Neigungen, Erfahrungen und Bedürfnisse einem moralischen Kodex unterzuordnen, der alles und jeden einbezieht, ist schon echt nicht leicht. Sehen Sie es pragmatisch: jeden Tag ein wenig „sittlicher", jeden Tag ein wenig „würdiger", jeden Tag ein wenig „glücklicher"?

Quellen und Weiterlesen
- Entwickelt von Annika Serfass, 2020.
- Immanuel Kant: Werke in zwölf Bänden. Band 4, Frankfurt am Main 1977, S. 676–687
- Was kann ich wissen: Kritik der reinen Vernunft
- Was soll ich tun: Kritik der praktischen Vernunft
- Was darf ich hoffen: Kritik der reinen Vernunft

37. ACTION VALUES

80 Handlungsoptionen am Entscheidungsweg
Edith Neudhart

„Ich betrachte den als mutiger, der seine Ängste überwindet, als den, der seine Feinde besiegt; denn der schwerste Sieg ist der über sich selbst."
Aristoteles

Weniger schlecht entscheiden

… bei Zweifeln und Ängsten

… weil Blockaden abgebaut werden

… durch Reflexion von Grundhaltungen, die zur Erweiterung der Handlungsfähigkeit führt

… weil ganzheitlich getroffene Entscheidungen sich nachträglich richtig gut anfühlen

Silvia Schlager beschreibt, wie Erfolg sich aus Ergebnissen ergibt, Ergebnisse durch Handlungen erzielt werden und jede Handlung wiederum durch Werte gesteuert wird. Auf dieser Basis entwickelte sie eine Reihe von Wertebelebungstools.
Erfolgreich entschieden zu haben bedeutet, erfolgreich gehandelt zu haben und die getroffene Entscheidung auch mit einem Gefühl der Sicherheit umzusetzen. Die Angst vor Fehlentscheidungen, negativen Konsequenzen oder die Komplexität der Umsetzung sind meistens der Hemmschuh bei der Entscheidungsfindung. Entscheidungen, die unter Berücksichtigung der eigenen inneren Glaubenssätze oder bei Unternehmen bzw. Teams auf Basis von gemeinsam definierten Handlungswerten getroffen werden, lösen Blockaden und geben Sicherheit, was wiederum

ENTSCHEIDUNGSTYP:
Ja/Nein, Entweder/Oder, mehrere Optionen, Priorisierung, Erschaffen von Optionen

WER ENTSCHEIDET?
Einer, Team

BRAUCHT:
Wertekartenset, Blatt Papier oder Flipchart; bei Teams wird Moderation empfohlen

DAUER:
Je nach Thema und Komplexität des Wertegeflechts 30 Min. – 2 Stunden.
Team: 2–4 Stunden bis zweitägiger Workshop

ANWENDUNG

positive Energie freisetzt. Meistens braucht man dafür Mut, Vertrauen und die Hilfsbereitschaft anderer. Wer Silvia Schlagers 80 Handlungswerte als Werkzeug einsetzt, hat auf einen Schlag 80 Handlungsmöglichkeiten zur Verfügung – Sie wählen nur noch die im jeweiligen Kontext förderlichste aus.

Anwendung

Meta-Wert: Kommen Sie Ihren Blockaden bei der Entscheidungsfindung auf die Spur:

- Reflektieren Sie Ihr eigenes Ziel und beantworten Sie die Frage: „Was will ich in ferner Zukunft erreicht haben?"
- Wenn es um unternehmerische Entscheidungen geht, überlegen Sie: „Was ist der Existenzgrund unserer Firma/unseres Teams und welche Handlungsgrundsätze haben wir zur Umsetzung im Blick?"

Schritt 1: Blättern Sie die 80 Handlungswertekarten durch und legen Sie diejenigen, die wesentlich für die persönliche Zielerreichung sind bzw. am ehesten dem Meta-Wert entsprechen, auf einen eigenen Stapel. Danach legen Sie jeweils zwei Karten nebeneinander und wählen diejenige aus, die Ihrem Ziel am ehesten entspricht. Und so geht es weiter: Aus dem Stapel wird von jeweils zwei Karten immer eine weggelegt, bis letztendlich die für Sie/Ihr Unternehmen/Ihr Team wesentlichsten Handlungsarten vor Ihnen liegen: Es dürfen maximal 4 übrigbleiben. Diese Werte sind für Ihre Zielerreichung am förderlichsten.

Schritt 2: Nun denken Sie an das Thema, über das Sie eigentlich entscheiden wollen. Notieren Sie die möglichen Entscheidungsoptionen und überprüfen Sie, in welcher Form die jeweiligen Optionen den gewählten Handlungsarten entsprechen. Fragen Sie konkret: „Ist die Entscheidungsoption förderlich oder hinderlich für meine/unsere persönliche Zielerreichung?" Und: „Ist diese Option mit meinem/unserem Meta-Wert im Einklang?"

Schritt 3: Jetzt können Sie die geeignetste oder die am wenigsten destruktive Entscheidungsoption wählen! Und, sofern die Umsetzung nicht sowieso Gegenstand der Entscheidung war, überlegen, wie Sie Letztere in die Tat umsetzen.

Schritt 4: Nun geht es an die Umsetzung. Und dafür spielen die gewählten Handlungswerte ebenfalls eine wichtige Rolle – nämlich als Wegbegleiter und zur Orientierung. Bei Negativentscheidungen (z. B. einer Trennung) wählen Sie die Handlungsart für die Umsetzung, welche die Entscheidung am besten abmildert. Die gewählte Handlungsart wird nun allein oder im Team in Taten übersetzt; z. B. *Mut* kann ich umsetzen, indem ich den ersten Schritt mache etc.
Stellen Sie sich während des Entscheidungsprozesses und bei der Umsetzung immer wieder die Frage: Welche Handlungsoption ist in diesem Fall am förderlichsten oder am hinderlichsten für das zu erreichende Ziel?
Das Abarbeiten der durch die Karten bereits vorgegebenen Handlungsvarianten erweist sich bei der Entscheidungsfindung als beruhigend und motivierend.

Varianten

Um zum Meta-Wert zu kommen, könnten Sie auch Ihren eigenen Prioritätswert bestimmen: Gehen Sie in sich und spüren nach, welcher Wert in Ihnen so tief verankert ist, dass Sie ihn in die Welt hinaustragen möchten, z. B. der Wert *Fairness*. In den weiteren Schritten wird dann vertieft, welcher Wert bei der Umsetzung Ihrer Entscheidung eingesetzt werden kann, sodass die Konsequenzen bzw. die Handlung bei der Umsetzung möglichst im Einklang mit dem eigenen Prioritätswert stehen.

AUS DER PRAXIS

Gute Mitarbeiter will man nicht vor den Kopf stoßen!
Bei einem Großhandelsunternehmen kam die Geschäftsführerin auf mich zu mit dem Problem, dass die Speseneinreichungen einiger sehr erfolgreicher Verkäufer seit einiger Zeit außergewöhnlich hoch waren. Das Unternehmen gab sich seinen Kunden gegenüber stets großzügig, denn die Pflege nachhaltiger Kundenbeziehungen waren Teil der Unternehmensstrategie. Auch die erwähnten Verkäufer gingen großzügig mit Firmenmitteln um: Bei der Auswahl von Firmenfahrzeugen wurden ausgefallene Extras geordert, bei Kundeneinladungen teure, exotische Gerichte gewählt. Und Arbeitsmittel, die noch brauchbar gewesen wären, wurden durch neuestes Material ersetzt.
Klare Führungshandlung war angesagt – aber wie? Den Rotstift anzusetzen würde die erfolgreichen und motivierten Vertriebler vor den Kopf stoßen und demotivieren; die Sache weiter laufen zu lassen würde bereits auftretende Animositäten unter der restlichen Kollegenschaft vertiefen oder diese zu ebenso leichtfertigem Umgang mit Firmengeldern anregen. Ein Entscheidungsdilemma!
Als ich der Geschäftsführerin den Stapel mit den 80 Handlungswerten in die Hand drückte mit der Frage, was es vonseiten der Beteiligten brauche, entschied sie sich nach Durchblättern der Karten für zwei Werte: „Bescheidenheit" und „Großzügigkeit". Karten wie Pflichtgefühl und Sparsamkeit hatte sie als nicht förderlich für das zu erreichende Ziel betrachtet und weggelegt. In einem zweieinhalbstündigen Teamworkshop wurde erst erarbeitet, mit welchen Taten man „Großzügigkeit" bei seinen Kunden umsetzen könne. Beispielsweise indem man zuvorkommend im Service war, widerspruchslos Kulanz bei Reklamationen übte und gute Kunden weiterhin zum Essen einlud. Im zweiten Schritt wurde unter dem Unternehmensziel „wirtschaftliche Erfolgssicherung" der Prioritätswert „Bescheidenheit" als klare Handlungsanweisung eingeführt. Zur Umsetzung wurde vom gesamten Team ein Handlungskodex erarbeitet. Bald übertrafen sich die Mitarbeitenden gegenseitig bei der Ausübung von „Bescheidenheit", etwa durch Wiederverwertung gebrauchter Gegenstände, Zurückhaltung bei der eigenen Speisen- und Getränkeauswahl bei Essenseinladungen, Bildung von Fahrgemeinschaften und vieles anderes mehr. Die Geschäftsführerin verfolgte das Geschehen und lud das Team zu einem Ausflug samt Abendprogramm ein, nachdem bekannt geworden war, dass sich die internen Kosten der Abteilung über einen Zeitraum von sechs Monaten halbiert hatten. So konnte sie sich in ihrer Wertschätzung für die erbrachte Leistung großzügig zeigen.

Achtung! Was man sich einhandeln könnte:

Sie freuen sich, Ihre Entscheidung getroffen zu haben, und sind stolz auf die Art und Weise der Umsetzung. Sie passen nämlich gut zu dem, was Sie ausmacht, zu Ihren Werten und Einstellungen. Aber was sagen Ihre Mitmenschen dazu? Was handeln Sie sich damit ein? Wenn Sie das Thema Werte aufs Tapet bringen, könnte das bei einigen Personen ein Augenrollen oder sogar Ablehnung hervorrufen, denn „gefestigte Menschen" haben derartige „Softie-Zugänge" nicht nötig. Setzen Sie in Fällen, wo es Menschen nicht leichtfällt, Zugang zu ihren inneren Werten zu finden, einen Moderator ein.

Bei regelmäßiger Anwendung kann sich durchaus die eigene Handlungs-, Führungs- und auch die Unternehmenskultur verändern.
Allerdings: Ein zu rasches und vordergründiges Handeln ohne konkrete Beschäftigung mit dem eigentlichen Ziel und der Auseinandersetzung mit den eigenen Grundsätzen kann dazu führen, dass man auch die Konsequenzen der Entscheidung verdrängt.

Quellen und Weiterlesen

- www.eutonia.at für Karten und weitere Informationen zu Handlungsarten
- Entwickelt von Edith Neudhart in Kooperation mit Sylvia Schlager, 2020.

38. DESIGN THINKING FÜRS LEBEN

Lebenspläne entwerfen und ausprobieren wie ein Designer
Matthias Pöll

„Es kommt für jeden der Augenblick der Wahl und der Entscheidung: Ob er sein eigenes Leben führen will, ein höchstpersönliches Leben in tiefster Fülle, oder ob er sich zu jenem falschen, seichten, erniedrigenden Dasein entschließen soll, das die Heuchelei der Welt von ihm begehrt."
Oscar Wilde

Weniger schlecht entscheiden

... an wichtigen beruflichen Weggabelungen

... wenn man das Gefühl hat, keine guten Optionen zu haben

... weil mögliche Entscheidungen real ausprobiert werden können, ehe man sich wirklich entscheidet

Welchen Beruf wir wählen, welchen Job wir ausüben, wie wir unseren Alltag und das Verhältnis zwischen Arbeit und Freizeit gestalten – all das prägt unser Leben ganz maßgeblich. Stehen wir vor großen beruflichen Entscheidungen oder würden einfach gerne etwas verändern, empfinden wir aber nicht selten einen Mangel an echten Optionen. Oder es fällt uns schwer, unsere Suche zu strukturieren, um damit wirklich voranzukommen. Die Stanford-Professoren Bill Burnett und Dave Evans haben Design Thinking-Methoden, die in der Innovation und Produktentwicklung zum Einsatz kommen, auf den Gestaltungsprozess des eigenen Lebens (vor allem des Arbeitslebens) übertragen und einen Prozess entwickelt, der garantiert viele Optionen generiert und einen schnell ins Tun und Ausprobieren führt.

ENTSCHEIDUNGSTYP:
Mehrere Optionen, Erschaffen von Optionen

WER ENTSCHEIDET?
Einer

BRAUCHT:
Unterstützer/-innen

DAUER:
Mindestens 6 Wochen, idealerweise ein paar Monate

ANWENDUNG

Anwendung

Schritt 1: Ein Design-Team gründen. Bilden Sie ein Team von Menschen um sich, deren Feedback Sie schätzen und die Sie in Ihrem Such- und Entscheidungsprozess unterstützen möchten.

Schritt 2: Den Standort bestimmen. Bewerten Sie Ihren aktuellen Zustand in den Bereichen Gesundheit, Arbeit, Spiel (Tätigkeiten, die wir um ihrer selbst willen und mit Freude ausüben) und Liebe. Verwenden Sie dabei das Bild eines Tankanzeigers: Ist dieser z. B. im Bereich Gesundheit schon im kritischen Bereich oder ganz voll? Machen Sie sich je Kategorie auch ein paar Notizen. Formulieren Sie 3–6 Problemstellungen, die sich aus den Einschätzungen ergeben. Bspw. „Meine Gesundheit und meine Partnerschaft leiden unter zu viel Stress", „Ich brauche mindestens 5 Stunden Zeit pro Woche für mein Lieblingshobby: das Klettern".

Schritt 3: Die Ausrichtung klären – Nehmen Sie sich 30 Minuten Zeit, um einen Aufsatz mit ca. 250 Wörtern über Ihre Sicht auf das Thema Arbeit zu schreiben: Warum arbeite ich? Was macht gute Arbeit aus? Wann ist sie lohnend? Etc. Formulieren Sie anschließend ebenso in 30 Minuten und ca. 250 Wörtern Ihre Sicht auf das Leben: Was ist der Zweck unseres Daseins? Welche Rolle spielen andere Menschen, Familie, Gesellschaft für ein gutes Leben? Was bedeuten Freude, Leid, Liebe, Konflikte

ANWENDUNG

etc.? Legen Sie die beiden Aufsätze nun nebeneinander und überprüfen Sie, wo sich Ihre Ansichten ergänzen, unterstützen oder widersprechen. Wenn die beiden Ansichten ein kohärentes Bild ergeben, wird Ihnen das helfen, klare Entscheidungen für Ihr Leben zu treffen.

Schritt 4: Aktivitäten analysieren. Erstellen Sie ein Logbuch, in dem Sie über einen Zeitraum von drei Wochen einmal täglich Ihre wichtigsten Aktivitäten (beruflich und privat) notieren und in zwei Kategorien auf einer simplen Skala von „sehr niedrig" bis „sehr hoch" bewerten (denken Sie wieder an die Tankanzeige): Wie engagiert waren Sie bei der Sache? Wieviel Energie haben Sie dabei gespürt? Schreiben Sie einmal pro Woche eine kurze Reflexion über Ihre Einträge: Wo waren Sie besonders engagiert oder voller Energie? Was fällt Ihnen auf oder überrascht Sie? Bei besonders positiv bewerteten Aktivitäten kann sich auch eine genauere Analyse der Tätigkeit und des Kontexts lohnen: Welche anderen Personen, Interaktionen, Gegenstände oder Geräte, Umfeldfaktoren etc. haben dabei eine Rolle gespielt?

Schritt 5: Ideen generieren – Wählen Sie aus Ihrem Logbuch
- eine Aktivität aus, bei der Sie besonders engagiert waren,
- eine zweite Aktivität, bei der Sie voller Energie waren,
- und eine dritte Aktivität, die Sie in einen „Flow-Zustand" (völliges Aufgehen in der Tätigkeit) versetzt hat.

Erstellen Sie je eine Mindmap mit freien Assoziationen zu diesen Tätigkeiten. Die Mindmap sollte mindestens drei oder vier Ebenen und mindestens zwölf Elemente im äußersten Ring haben. Wählen Sie nun drei Begriffe aus dem äußersten Ring aus und kombinieren Sie diese zu einer Stellenbeschreibung. Die Stelle muss nicht realistisch sein, aber sie sollte Sie mit Freude erfüllen und zumindest für eine zweite Person interessant sein. Geben Sie der kreierten Rolle einen Namen und fertigen Sie eine einfache Skizze als visuelle Darstellung an.

Schritt 6: Szenarien entwickeln. Es geht nun darum, drei wirklich verschiedene Szenarien für die nächsten fünf Jahre Ihres Lebens zu entwickeln. Eine Möglichkeit, zu drei unterschiedlichen Alternativen zu kommen, könnte sein:
- Plan 1 schreibt entweder Ihr aktuelles Leben fort oder dreht sich um die eine spannende Idee, die Sie bereits in Schritt 5 entwickelt haben.
- Plan 2 veranschaulicht, was Sie tun würden, wenn Plan 1 aus irgendeinem Grund plötzlich nicht mehr möglich wäre.
- Und Plan 3 ist die Sache, die Sie verfolgen würden, wenn Geld, Zeit und Reputation keine Rolle spielten.

Erstellen Sie je Szenario ein Plakat mit einer Zeitleiste, auf der Sie möglichst umfassend eintragen, was in den kommenden fünf Jahren in diesem Szenario passieren soll (auch private Ereignisse). Notieren Sie Fragen, die dieser Plan aufwirft, und bewerten Sie den Plan wieder mithilfe einer Tankanzeige in vier Kategorien:
1. Stehen Ihnen die nötigen Ressourcen zur Verfügung (Geld, Ausbildung …)?
2. Wie sympathisch ist Ihnen die Perspektive?
3. Haben Sie Zutrauen in die Umsetzbarkeit?
4. Ist der Plan kohärent mit Ihrer Lebens- und Arbeitssicht (siehe Schritt 3)?

Präsentieren Sie Ihre Szenarien anderen Menschen (idealerweise Ihrem persönlichen Design-Team, siehe Schritt 1) und holen Sie sich Feedback ein.

Schritt 7: Erfahrungen sammeln (Prototyping). Wählen Sie aus den Fragen zu Ihren Szenarien jene aus, die Sie mithilfe realer Erfahrungen klären möchten. Die einfachste Form eines Prototyps ist ein Gespräch mit einer Person, die im betreffenden Feld kompetent ist. Noch besser ist es, wenn Sie die Möglichkeit haben, ein konkretes (Berufs-)Umfeld wirklich kennenzulernen, sich dort umzusehen, mit den Menschen zu sprechen und eigene konkrete Erfahrungen zu sammeln, vielleicht sogar Schnuppertage oder ein Praktikum zu absolvieren.

Schritt 8: Entscheidungssicherheit herstellen. Der Prozess der Entscheidungsfindung im „Life Design" basiert darauf, zunächst so viele gute Optionen wie möglich zu generieren (siehe Schritt 5), um diese anschließend auf drei bis maximal fünf zu reduzieren. Wenn die Reduktion schwerfällt, streichen Sie notfalls *irgendwelche* Optionen. Sie können darauf vertrauen, dass Sie merken werden, wenn es die falschen waren. Die Weisheit, die uns zu guten Entscheidungen führt, ist keine rationale, sondern eine emotionale und körperliche Weisheit. Lernen Sie, Ihr Bauchgefühl wahrzunehmen und darauf zu vertrauen (siehe z.B: Entscheidungsgärung S. 172, Affektbilanzen S. 176).

Zu guter Letzt: Designer grübeln nicht über vergangene Entscheidungen nach, sie sehen den Gestaltungsprozess des Lebens, der immer *mehr* als eine Option bereithält. Anstatt Entscheidungen zu „zerdenken", schauen Sie lieber neugierig und immer im Tun auf die nächsten Gestaltungsaufgaben vor sich.

> **Job-Life Design**
> Von manchen Dingen kann man berichten, aber verstehen kann man sie erst, wenn man sie erlebt hat. Alle, die beispielsweise vom Ehepaar zum Elternpaar geworden sind, können das bestätigen. Ich kann nur raten: Probieren Sie es selbst aus und erleben Sie Ihre eigene Vielfalt und Kreativität. Designer suchen immer nach dem Gestaltungspotenzial, das vorhanden ist. Sie haben verinnerlicht, dass es kein perfektes Design gibt, vertrauen stattdessen dem Prozess und genießen die Erfahrung, das Leben fortwährend in eine Richtung zu gestalten, die sie lieben.

Varianten

Die in Schritt 5 „Ideen generieren" eingesetzte Kreativtechnik kann beliebig variiert werden. Wenn Sie ein Design-Team hinter sich haben, kann etwa auch ein Brainstorming in der Gruppe hilfreich sein.

Ein Arbeitsblatt zum Ausdrucken erhalten Sie als Download unter www.wenigerschlechtentscheiden.com

ACHTUNG

Achtung! Was man sich einhandeln könnte:

Im „Life Design" haben wir oft mit dysfunktionalen Überzeugungen zu tun, die uns blockieren und daran hindern, Ideen zu entwickeln, Optionen auszuprobieren und letztlich für unser Leben die nächsten guten Schritte zu entscheiden, etwa „Was ich studiert habe, bestimmt meine Karriere" oder „Es ist zu spät für einen Karrierewechsel". Ein wichtiger Teil des Prozesses ist deshalb das Reframing von Problemen. Sonst frustriert die Methode und man bleibt stecken.

Auch wenn Sie Ihr Leben frei designen: Hängen Sie Ihre wichtigen Bezugspersonen nicht ab. Die Konsequenzen Ihrer Entscheidungen werden Sie nämlich ggf. nicht allein tragen, sondern zumindest mit Ihrem Partner und Ihren Kindern.

Quellen und Weiterlesen

- Burnett, Bill; Evans, Dave: Mach was du willst: Design Thinking fürs Leben. Econ Verlag, Berlin, 2016.

39. GUIDED JOURNALING

17 Fragen als Reset-Button im Alltag
Benedikt Drossart

„An den Scheidewegen des Lebens stehen keine Wegweiser."
Charlie Chaplin

Weniger schlecht entscheiden

… in Zeiten von hoher Dynamik und Turbulenz
… bei hohem Stress, innerer Lustlosigkeit oder Blockade
… wenn Klarheit benötigt wird zur Frage: „Was ist jetzt für mich dran?"

Diese Übung wurde vom Presencing Institute (Theorie U) entwickelt und dient der individuellen Selbstreflexion und Neuausrichtung im Alltag. Der Prozess ermöglicht es den Praktizierenden, in eine tiefere Reflexionsebene einzusteigen (offener Geist, offenes Herz und offener Wille) und neu gewonnene Erkenntnisse direkt mit den nächsten konkreten Handlungsschritten zu verbinden.

ENTSCHEIDUNGSTYP:
Ja/Nein, Entweder/Oder, mehrere Optionen, Erschaffen von Optionen

WER ENTSCHEIDET?
Einer, Team

BRAUCHT:
Fokus, striktes Timekeeping (2–3 Min. pro Frage), Papier & Stift

DAUER:
45 Minuten

ANWENDUNG

Anwendung

Ausgangspunkt:
Diese Übung kann auf persönlicher oder Teamebene helfen, den Boden für gute Entscheidungen zu bereiten. Journaling beschreibt eine Methode, bei der man durch das Schreiben zum Denken und Reflektieren kommt. Lesen Sie sich die (erste) Frage durch und schreiben Sie direkt auf, was Ihnen in den Sinn kommt. Es ist wichtig, dabei in einen Flow zu kommen und nicht zu viel nachzudenken. Damit Sie sich direkt angesprochen fühlen, wechseln wir für diese Übung zum „Du".

Schritt 1: Vorbereitung: Schaff dir einen ruhigen Ort, der es dir ermöglicht, ohne Ablenkungen zu reflektieren.
Schritt 2: Die Guided Journaling Fragen Schritt für Schritt durchgehen und beantworten. Timer auf 2–3 Minuten pro Antwort setzen.
Schritt 3: Rückblick: Nimm dir ein paar Minuten Zeit für die Rückschau. Wie war das Guided Journaling für dich? Hat es dir zu mehr Klarheit verholfen? Wenn ja, wo genau? Welche Erkenntnisse sind neu und überraschend, was war dir bereits bekannt?

Guided Journaling: Fragen, die Antworten suchen

1. *Herausforderungen:* Betrachte dich selbst von außen, als wärst du eine andere Person: Welches sind die 3 oder 4 wichtigsten Herausforderungen oder Aufgaben, die aktuell in deinem Leben (Arbeit und Nichtarbeit) bestehen?
2. *Selbst:* Schreibe 3 oder 4 wichtige Fakten über dich selbst auf. Welches sind die wichtigen Errungenschaften oder Kompetenzen, die du in deinem Leben entwickelt hast (Beispiele: Kindererziehung, Abschluss deiner Ausbildung; ein guter Zuhörer sein)?
3. *Entstehendes Selbst:* Auf welche 3 oder 4 wichtigen Interessensgebiete, Bestrebungen oder unentwickelten Talente möchtest du dich auf deiner zukünftigen Reise stärker konzentrieren (Beispiele: Schreiben eines Romans oder von Gedichten, Starten einer sozialen Bewegung, deine Arbeit auf ein neues Level bringen)?
4. *Frustration:* Was frustriert dich am meisten an deiner aktuellen Arbeit und/oder deinem Privatleben?
5. *Energie:* Welches sind deine wichtigsten Energiequellen? Was liebst du?
6. *Innerer Widerstand:* Was hält dich zurück? Beschreibe 2 oder 3 aktuelle Situationen (in deiner Arbeit oder in deinem Privatleben), in denen du eine der folgenden drei Stimmen bemerkst, die dich daran hinderten, die Situation, in der du dich befunden hast, genauer zu untersuchen:
   - Stimme des Urteils: offenen Geist schließen (vorgefertigte Urteile statt nachfragen)
   - Stimme des Zynismus: offenes Herz schließen (abwenden anstatt hinzuspüren)
   - Stimme der Angst: offenen Willen schließen (an der Vergangenheit oder Gegenwart festhalten anstatt loszulassen)

ANWENDUNG

7. *Der Riss:* Welche neuen Aspekte deines Selbst hast du in den letzten Tagen und Wochen bemerkt? Welche neuen Fragen und Themen fallen dir gerade ein?
8. *Gemeinschaft:* Wer macht deine Gemeinschaft aus und welches sind deine größten Hoffnungen in Bezug auf deine zukünftige Reise? Wähle 3 Personen mit unterschiedlichen Perspektiven auf dein Leben und erkunde ihre Wahrnehmung für deine Zukunft (Beispiele: deine Familie, deine Freunde, ein elternloses Kind auf der Straße ohne Zugang zu Nahrung, Unterkunft, Sicherheit oder Bildung). Was würdest du hoffen, wenn du in ihren Schuhen stecktest und *dein* Leben durch *ihre* Augen betrachtetest?
9. *Hubschrauber:* Beobachte dich selbst von oben (wie aus einem Hubschrauber). Was machst du? Was versuchst du in dieser Phase deiner beruflichen und persönlichen Reise zu tun?
10. *Fußabdruck:* Stell dir vor, du könntest zu den letzten Momenten deines Lebens vorspulen, wenn es Zeit für dich ist, zu gehen. Schaue jetzt auf deine gesamte Lebensreise zurück. Was möchtest du in diesem Moment sehen? Welchen Fußabdruck möchtest du auf dem Planeten hinterlassen? Woran sollen sich die Menschen erinnern, die nach deinem Tod weiterleben?
11. *Rat aus der Zukunft:* Schau von diesem (zukünftigen) Ort aus auf deine aktuelle Situation zurück, als würdest du eine andere Person betrachten. Versuche nun, dieser anderen Person aus der Sicht deines höchsten zukünftigen Selbst zu helfen. Welchen Rat würdest du ihr geben? Fühle und spüre, wie der Rat lautet, und schreibe ihn dann auf.
12. *Kristallisation:* Kehre nun wieder in die Gegenwart zurück und kristallisiere, was du erschaffen möchtest: deine Vision und Absicht für die nächsten 3–5 Jahre. Welche Vision und Absicht hast du für dich und deine Arbeit? Welches sind wesentliche Kernelemente der Zukunft, die du in deinem persönlichen, beruflichen und sozialen Leben schaffen möchtest? Beschreibe die Bilder und Elemente, die dir einfallen, so konkret wie möglich.
13. *Loslassen:* Was müsstest du loslassen, um deine Vision Realität werden zu lassen? Was ist das alte Zeug, das sterben muss? Was ist die „alte Haut" (Verhaltensweisen, Denkprozesse usw.), die du abwerfen musst?
14. *Samen der Zukunft:* Was in deinem gegenwärtigen Leben oder Kontext liefert die Samen für die Zukunft, die du erschaffen möchtest? Wo siehst du ihren zukünftigen Beginn?
15. *Prototypen bauen:* Wenn du in den nächsten 3 Monaten einen Mikrokosmos der Zukunft prototypisch bautest, durch den du „das Neue" entdecken könntest, wie sähe dieser Prototyp aus?
16. *Menschen:* Wer kann dir helfen, deine höchsten Zukunftspotenziale zu verwirklichen? Wer könnte dein wichtigster Helfer und Partner sein?
17. *Maßnahme:* Wenn du das Projekt angingest, deine Intention in die Realität umzusetzen, welche praktischen ersten Schritte unternähmest du in den nächsten 3 bis 4 Tagen?

Sich trauen, „ja" zu sich zu sagen
Die Wirkung dieser Methode ist sehr persönlich und hochgradig individuell. Um herauszufinden welchen Unterschied die Methode im Leben eines Menschen machen kann, habe ich mit drei Freunden gesprochen: Eine Freundin beschreibt den Wert der Methode wie folgt: *„Sie gibt dir Zeit, nein, sie zwingt dich, Zeit für Reflexion zu schaffen und dich selbst in der aktuellen Situation aus verschiedenen Perspektiven zu beleuchten."* Woher kommst du, an welchem Punkt deines Lebens stehst du gerade, wohin willst du gehen?
Ein Freund drückt es so aus: *„Die Methode trifft dich, wo auch immer du gerade im Leben stehst. Und dann lädt sie dich ein auf ein Gespräch mit dir selbst."* Du betrachtest also dein Leben aus deiner persönlichen Brille, aber auch aus der Sicht deines engsten Vertrauenskreises; den Menschen um dich, die dir am nächsten sind, und dann endest du mit konkreten Schritten.
„Ins Bewusstsein bringen – im Bewusstsein halten. Das ist der Wert darin", sagt eine andere Freundin. Das Journaling bringt ihrer Ansicht nach einerseits Themen an die Oberfläche, die möglicherweise bereits unterbewusst existierten, aber jetzt einmal strukturiert und konkret aufgeschrieben werden. Andererseits ermöglicht es, die Themen im Bewusstsein zu halten und letztlich in deinen Alltag, deine nächsten Handlungen zu integrieren.
Während unseres Gesprächs geht eine Freundin ihr altes Tagebuch mit den Antworten auf die 17 Fragen durch: *„Das hört sich erst einmal relativ unspektakulär an, wenn ich schreibe, dass ich mich weniger zurückhalten und mich mutiger in die Welt stellen will. Das wollen wir ja alle, oder? Das ist keine große Erkenntnis."* Ein paar Minuten später entdeckt sie in ihrem Tagebuch den Wunsch, nach Nordirland zu gehen und die Arbeit einer Friedensorganisation besser kennenzulernen, mit der ich damals arbeitete. Die konkreten Schritte am Ende der Fragen lauten: *„Freund bitten, mich der Geschäftsführung der NGO vorzustellen."* Heute, drei Jahre später, wohnt sie in der Hauptstadt Nordirlands, war Freiwillige und später Projektpartnerin der NGO und lernte so auch ihren heutigen Lebenspartner kennen. Sie sagt schmunzelnd: *„Die Fragen haben das Potenzial, etwas Außergewöhnliches in deinem Leben zu bewirken. Es bringt das hoch, was sowieso schon da ist und in dir lebt. Und wenn du mutig bist und dich von deiner Absicht leiten lässt, dann ist plötzlich glasklar, was als Nächstes dran ist."*

Varianten

Die Methode kann individuell oder in Gruppen (als Team) angewendet werden. Im Anschluss an eine Gruppenarbeit könnte ein Austauschformat mit diesen Fragen folgen: Was ist jetzt für dich klarer? Was hat dich überrascht, was war bereits bekannt? Welches ist dein nächster Schritt und euer nächster Schritt als Team? Die Teilnehmenden teilen ihre Beobachtungen in Kleingruppen.

Achtung! Was man sich einhandeln könnte:

Journaling ist ein persönlicher Prozess. Bei Anwendung in einer Gruppe sollten die Teilnehmenden nicht gezwungen werden, ihre Notizen und Erkenntnisse öffentlich zu teilen. Sie entscheiden selbst, was sie teilen möchten. Die Einladung kann natürlich trotzdem ausgesprochen werden.

„Wege entstehen dadurch, dass man sie geht", wie Franz Kafka schon wusste. Auf dem Zettel, im Tagebuch oder auf dem iPad sind die neu gewonnenen Erkenntnisse zwar gut aufgehoben, aber getreu dem Motto „Aus den Augen, aus dem Sinn" erhöhst du die Wahrscheinlichkeit, dass damit nichts Weiteres passieren wird. Mein Tipp: Setz dir einen Termin im Kalender, bspw. am darauffolgenden Wochenende, und geh bei einer Tasse Tee deine Antworten erneut durch. Was ist bereits angegangen? Welches ist der nächste machbare Schritt, um deine Intention in die Realität zu bringen? Wiederhole dieses Meeting mit dir selbst, so oft du willst.

Quellen und Weiterlesen

- Scharmer, O., Kaufer, K.: Leading from the Emerging Future: From Ego-system to Eco-system Economies. Berret-Koehler, San Francisco, 2013.
- Scharmer O.: Theory U: Learning from the Future as it Emerges. Berrett-Koehler, San Francisco, 2009.
- www.presencing.org

40. SEI KEIN IDIOT!

Ein persönliches Entscheidungsmantra finden
Annika Serfass

„Man muss die Dinge so einfach wie möglich machen. Aber nicht einfacher."
Albert Einstein

Weniger schlecht entscheiden

… bei allen Entscheidungen, die einem das Leben so vor die Füße wirft
… weil man nur genau eine Frage beantwortet
… weil es effizient ist und trotzdem kongruent zur eigenen Persönlichkeit

In der amerikanischen Serie „The Office" fragt der Chef einen Mitarbeiter: „Was ist das Inspirierendste, das ich je zu dir gesagt habe?" Der Mitarbeiter antwortet: „Sei kein Idiot! Das veränderte mein Leben." Und in die Kamera sprechend erläutert er:

> *Wann immer ich etwas tun will, überlege ich: „Würde ein Idiot das tun? Und wenn er es tun würde, dann tue ich das nicht!"*

Eine kurze und witzige Szene, die mehr Weisheit bereithält, als man zunächst vermutet. Denn wer ein persönliches Entscheidungsmantra hat, der kann schnell und effizient ins Tun kommen und hält sich nicht lange mit Abwägungen auf.
Ein Mantra ist ein Satz, der auch nach vielen, vielen Wiederholungen immer noch Bedeutung trägt oder Sinn stiftet. Die Wiederholungen sichern das Verinnerlichen des Mantras, was für Veränderungen im Leben ein wichtiger Faktor ist.

ENTSCHEIDUNGSTYP:
Ja/Nein, Entweder/Oder, mehrere Optionen, Priorisierung

WER ENTSCHEIDET?
Einer

BRAUCHT:
Nichts

DAUER:
Sekunden

Anwendung

Schritt 1: Finden Sie Ihr Entscheidungsmantra. Das kann kreativ oder naheliegend sein, individuell, lustig, beruhigend, provokant oder sonst wie. Hauptsache, es passt für Sie!
Gehen Sie dafür auf die Suche: Googeln Sie Zitate, durchforsten Sie Pinterest nach Sprüchen, lesen Sie Gedichtbände oder hören Sie bei Ihrer Lieblingsmusik genau auf den Text. Ihr Entscheidungsmantra erkennen Sie daran, dass es sich richtig gut anfühlt – nur gut, keine gemischten Gefühle! Es sollte Sie zum Lächeln bringen und/oder mit einer entspannten Zufriedenheit erfüllen. Es ist ein Hinweis darauf, was für Sie ganz allein in dieser Lebensphase am wichtigsten ist. Unter dieser persönlichen Prämisse wollen Sie Ihre Entscheidungen treffen.

Schritt 2: Wenden Sie Ihr Mantra an. Wann immer Sie eine Entscheidung zu treffen haben, stellen Sie sich diese eine einzige, für Sie wichtige Frage oder Aussage:
- „Würde ein Idiot das tun?"
- „Sei mutig, du lebst nur einmal!"
- „Ist es das Beste für meine Familie?"
- „Hüpft mein Herz?"
- „Ich vertraue mir selbst, ich kenne die Antwort."
- „Frag Mama."
- „Was immer ich tun kann oder träume, es zu können: Jetzt fang ich damit an!" (frei nach Goethe)

Schritt 3: Sofern sich Ihr Mantra abnutzt und Sie nicht mehr mit Zufriedenheit oder Glück erfüllt, machen Sie sich auf die **Suche nach einem neuen** – nichts währt ewig.

Varianten

Sie können natürlich auch mehrere Mantras haben. Das verlangsamt die Entscheidung etwas, gibt aber vielleicht auch mehreren Persönlichkeitsanteilen Raum zur Entfaltung.

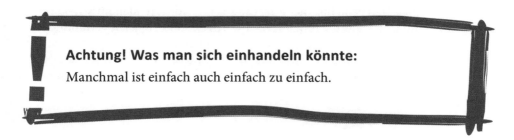

Achtung! Was man sich einhandeln könnte:
Manchmal ist einfach auch einfach zu einfach.

Quellen und Weiterlesen
- Entwickelt von Annika Serfass, 2020.

41. PURPOSE DRIVEN DECISION MAKING

Die Zukunft wird im Team entschieden
Christoph Burmann, Dorothea Hartmann, Walter Herter,
Ingrid Kolhofer und Anja Vrani

„Triff keine Entscheidung, bei der du nicht lächeln kannst."
Nathalie Henning-Keller

Weniger schlecht entscheiden

… bei strategischen Entscheidungen bzw. in richtungsweisenden Situationen
… weil durch eine klare Ausrichtung die Beteiligung gestärkt wird
… durch einen Prozess, den das Team gemeinsam erlebt
… weil klar wird, „warum" und „wofür"

Wenn Entscheidungen im Team getroffen werden sollen, spielen immer verschiedene Motive eine Rolle, die meist unbewusst, aber doch sehr vehement den Entscheidungsprozess beeinflussen. Daher ist es wertvoll, über den Sinn und Zweck einer Entscheidung und den Prozess des Entscheidens selbst zu reflektieren, bevor man überlegt, welche Wege zielführend sind.
Purpose Driven Decision Making setzt ganz am Beginn des Entscheidungsprozesses an und richtet diesen auf den „Purpose" (den Zweck, bzw. die Bestimmung) eines Teams aus. Ziel ist es, Teamentscheidungen bewusst zu treffen und damit auch eine geteilte Entscheidungskultur zu entwickeln.
Dabei wird jede anstehende Entscheidung aus drei Perspektiven betrachtet: Individuell, Organisation und Team und dies jeweils auf den „Purpose" bezogen. Die Annahme: Sobald ein gemeinsamer Purpose zu einer vorliegenden Entscheidungssituation definiert ist, kann das Team hochwertigere und zugleich verbindlichere Alternativen für die Entscheidungssituation formulieren. Eine raschere Optionenentwicklung ist in der Regel im Anschluss möglich. Es entstehen Entscheidungen, die kohärent sind, also für alle Team- oder Projektmitglieder nachvollziehbar.

ENTSCHEIDUNGSTYP:
Erschaffen von Optionen

WER ENTSCHEIDET?
Team

BRAUCHT:
Geduld und konstruktive Gesprächskultur – daher Moderation sinnvoll.
Teams, die Verantwortung für (strategische) Entscheidungen übernehmen

DAUER:
Ca. 60 Min.

ANWENDUNG

Im Unterschied zu anderen kollegialen Entscheidungsverfahren, wie z. B. der Vetoabfrage, der Widerstandsabfrage (siehe S. 121) oder der Einwandintegration (siehe Einwandintegration in Großgruppen S. 130 oder Konsent S. 144), wird in unserer Methode der Blick auf den Prozess *vor* dem Entscheiden gerichtet bzw. was unter dem Entscheidungsprozess als Individuum, als Team oder als Organisation „darunterliegt". Zudem wird der Aspekt der Sinnhaftigkeit und damit der Ausrichtung explizit aufgenommen.

Diese Methode entstand im Rahmen eines Beratungsprojektes und wurde auf Basis von Erfahrungen und Feedback von den Autoren weiterentwickelt.

Anwendung

Wählen Sie eine konkrete Entscheidungssituation aus, die Sie im Team bearbeiten möchten. In jedem Schritt wird eine Grundfrage erarbeitet. Die Leitfragen dienen der Konkretisierung.

1. Was will ich durch diese Entscheidung erreichen?

Purpose auf individueller Ebene klären

Notizbuch oder Zettel:
Stellen Sie sich folgende Fragen und beantworten Sie diese für sich selbst. Sie fließen später in den Teamprozess ein und müssen nicht alle offengelegt werden:
- Welcher **Nutzen** entsteht für mich durch diese Entscheidung?
- Welche **Bedeutung** ist für mich damit verbunden?
- Welche **Risiken** kann ich durch diese Entscheidung vermeiden?
- Welches ist **meine Aufgabe/meine Rolle** bei dieser Entscheidung?

Ergebnis: Reflexion des persönlichen Zugangs zur Entscheidungssituation

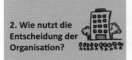

2. Wie nutzt die Entscheidung der Organisation?

Einbettung der Entscheidung in den Organisationskontext

Wand mit Post-its oder Mindmap an der Wand oder virtuell:
Diskutieren und sammeln Sie Aspekte, welche die Entscheidung und die Organisation beeinflussen. Nutzen Sie für jeden Aspekt (Aufwände, Synergien, Möglichkeiten, Chancen etc.) einen Mindmap-Ast bzw. bilden ein Post-it-Cluster:
- Welche **Aufwände** und welche **Synergien** entstehen durch die Entscheidung?
- Welche **Möglichkeiten und Chancen** ergeben sich für die Organisation (Betrachtung der „*Innenperspektive*")?
- Welche **Möglichkeiten und Chancen** ergeben sich für die **Außenbeziehungen** der Organisation? Bei definiertem Organisationspurpose: Was erreichen wir durch diese Entscheidung hinsichtlich unseres organisationalen Purpose?

Ergebnis: Zusammenhänge und Auswirkungen von Entscheidungen sind visualisiert

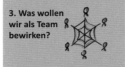

3. Was wollen wir als Team bewirken?

Schlussfolgerungen für den Purpose auf Teamebene

Flipchart, Whiteboard oder Wand:
Auf Basis der eigenen Zugänge und des Organisationskontexts sprechen Sie nun über den Team-Purpose. Integrieren Sie die unterschiedlichen Perspektiven und Wirkungsmechanismen. Ermitteln Sie eine klare Teamabsicht, die prägnant und klar formuliert ist. Sie sollte in wenigen Sätzen zusammenfassbar sein:
- Welches ist unser **gemeinsames Interesse** (Ziel/Wirkung), das durch diese Entscheidung umgesetzt werden soll?
- Worüber machen wir uns die meisten Gedanken? Was ist das **Wichtigste** für uns?
- Welches **Signal** werden wir durch unsere Entscheidung senden?

Ergebnis: Der Team-Purpose und die damit einhergehenden Kriterien für die Teamentscheidung sind entwickelt und können klar kommuniziert werden.

AUS DER PRAXIS

Teamworkshop zum Purpose Driven Decision Making
Kurz vor Ausbruch der Corona-Epidemie lud uns die Geschäftsführung eines Handelsunternehmens ein, folgendes Projekt zu begleiten: Das Unternehmen möchte sich besser auf die zunehmend komplexen Herausforderungen des Marktes vorbereiten und die Organisation dahingehend gut aufstellen. In einer intensiven Auseinandersetzung wurden die Entscheidungspraktiken und -kultur als wesentlicher Hebel dafür identifiziert. Mehr Orientierung und bessere Priorisierung waren erforderlich. Anhand einer anstehenden strategischen Entscheidung probierten wir Purpose Driven Decision Making in der Organisation aus. Das Management-Team wurde eingeladen mitzuwirken. Die Führungskräfte lernten, die Methode anzuwenden, und wurden gleichzeitig beauftragt, zukünftig relevante Teamentscheidungen ebenso durchzuführen. Das Feedback von Führungskräften und Mitarbeitenden nach der siebenmonatigen Anwendung: „Wir wissen, woran wir unsere operativen Entscheidungen ausrichten, und haben trotzdem genügend Raum für eigene kreative oder pragmatische Lösungen. Das gibt uns in dieser schwierigen Zeit Vertrauen."

Varianten

Die Methode ist sowohl für Trainingszwecke als auch konkret im Alltag bei jeder strategischen Entscheidungssituation direkt einsetzbar.
Teams nutzen die Methode Purpose Driven Decision Making als Orientierung vor ihrem „eigentlichen" Entscheidungsprozess.

ACHTUNG

Achtung! Was man sich einhandeln könnte:

Es kommt eine zusätzliche Reflexionsschleife ins Spiel, die einiges an Zugängen und Motiven zum Vorschein bringt. Das kann manchmal schwierig zu integrieren sein, da Unterschiede im Team sichtbar werden. Ebenso geht es individuell darum, sich mit den eigenen Werten auseinanderzusetzen – und irgendwann auch „die Karten auf den Tisch zu legen". Sind dazu alle bereit?

Anfangs, wenn die Teammitglieder noch ungeübt sind, wird der Entscheidungsprozess länger dauern. Es wird Diskussionen geben. Und diese auf Augenhöhe zu führen muss oft erst gelernt werden.

Quellen und Weiterlesen

- Sutrich, Othmar, et al.: Wie Organisationen gut entscheiden: Innovative Werkzeuge für Führungskräfte, Projektmanager, Teams und Unternehmen. Haufe, Freiburg, 2016.
- Fink, Franziska, und Moeller, Michael: Purpose Driven Organizations: Sinn – Selbstorganisation – Agilität. Schäffer-Poeschel Verlag, Stuttgart, 2018.
- The Business Case for Purpose (Harvard Business Review Analytic Services report, Harvard Business School Publishing, 2015)
- Strobel, Cornelia, und Delius, Susanne: Entscheiden in selbstorganisierten Teams: Ein Kochbuch mit erprobten Rezepten für ein gutes Entscheiden in selbstorganisierten Teams. Carl Auer, Heidelberg, Erscheinung voraussichtlich Frühjahr 2021.

42. GESETZ DES KARMAS

Wir ernten was wir säen
Doris Schäfer

„If one tries to be humane, there is no place left for evil."
Konfuzius

Weniger schlecht entscheiden

... bei jeder noch so kleinen Entscheidung, die wir im Alltag treffen
... vor allem, wenn andere davon betroffen oder beeinflusst sind
... um Entscheidungen im Einklang zu treffen: Herz & Kopf

Eigentlich sind wir ja als Menschen permanent damit beschäftigt, Entscheidungen zu treffen. Einige werden von uns ganz bewusst getroffen, andere eher unbewusst. Deepak Chopra beschreibt, dass man das karmische Gesetz am besten nutzt, indem man sich die zu treffenden Entscheidungen bewusstmacht – auch wenn es noch so kleine sind. Karma bedeutet hier, sowohl seine Handlungen wie auch die Folgen dieser Handlungen zu berücksichtigen, denn jede Handlung erzeugt einen Energieimpuls, der uns Gleiches wiedergibt.

Durch das Treffen guter Entscheidungen können wir Gutes in unser Leben bringen. Entscheidungen werden dabei nicht nur mit dem Kopf getroffen, sondern auch mit dem Herzen. Wenn Sie eine Entscheidung treffen, dann sollten Sie sich fragen:
Wie kann diese Entscheidung mehr Freude und Bereicherung in mein Leben sowie in das Leben der Menschen um mich herum bringen?
Nachdem Sie sich diese Frage gestellt haben, verlagern Sie Ihre Aufmerksamkeit vom Verstand zu Ihrem Herzen – und eigentlich sollte dann die Entscheidung klar sein.
Wenn Sie das Ergebnis einer bereits getroffenen Entscheidung nicht mögen, dann können Sie jederzeit neu entscheiden. Es gibt immer Alternativen, wenn man genau hinsieht.

ENTSCHEIDUNGSTYP:
Ja/Nein, Entweder/Oder, mehrere Optionen

WER ENTSCHEIDET?
Einer

BRAUCHT:
Entspannte Stimmung

DAUER:
Ein paar Minuten

Anwendung

1	Machen Sie sich ganz bewusst, welche Entscheidung Sie zu treffen haben – auch wenn diese noch so klein ist.	Nehmen Sie sich vor, dass Sie heute die Entscheidungen beobachten, die Sie in jedem Augenblick fällen. Mit der bloßen Beobachtung erzeugen Sie auch eine bewusste Wahrnehmung. Der beste Weg, sich auf die Zukunft vorzubereiten, besteht darin, ganz und gar bewusst in der Gegenwart zu leben.
2	Fragen Sie sich dabei zwei Dinge: 1. Wie sehen die Folgen der Entscheidung aus, die ich gerade treffe? UND 2. Bringt diese Entscheidung mir und anderen Menschen in meiner Umgebung Erfüllung und Glück?	Ad 1.: Tief drinnen wissen Sie sicherlich die Antwort. Ad 2.: Wenn die Antwort darauf „ja" lautet, führen Sie die getroffene Entscheidung durch. Wenn die Antwort „nein" lautet – die Entscheidung entweder Ihnen oder den Menschen in Ihrer Umgebung Ärger bringt – dann treffen Sie diese Entscheidung so nicht. So einfach ist das!
3	Nehmen Sie sich einen Moment Zeit und betrachten Sie Ihre Entscheidung. Fragen Sie Ihr Herz um Rat. Wie fühlt es sich an? Alleine indem Sie den Prozess aus dem Unbewussten herauslösen und ins Bewusstsein verlagern, machen Sie schon einen Unterschied.	Was spüren Sie, wenn Sie in sich hineinhorchen? Wohltat, Unbehagen ... Was meint Ihr Körper? Diese Anleitung kann Sie dazu befähigen, spontan richtige Entscheidungen zu treffen, die für Sie und alle anderen in Ihrer Umgebung passen.

Es gibt immer nur eine Entscheidung in der Fülle der in jeder Sekunde zur Verfügung stehenden Auswahl, die für Sie wie auch die Menschen in Ihrer Umgebung Glück bringt.

Wenn man sich stets für diese glückbringende Option entscheidet, wird sich daraus ein Verhalten entwickeln, das man spontanes, richtiges Handeln nennt. Es ist die Aktion, die Sie und alle anderen erfüllt, die von dieser Handlung beeinflusst werden.

> *Tagesvorsatz:*
> *„Heute treffe ich großartige Entscheidungen, weil sie mit vollem Bewusstsein getroffen werden."*

Anregende Fragen

1. Wie treffen Sie normalerweise Entscheidungen?
2. Wie haben Ihre wesentlichsten Entscheidungen Ihr Leben beeinflusst?
3. Wie können Sie von jetzt an bewusstere Entscheidungen treffen?

AUS DER PRAXIS

Ich entscheide selbst, wie ich mich fühle.
Mir ist bewusst, dass alle meine Entscheidungen auch auf andere Einfluss haben.
Sie fühlen sich von Ihrer besten Freundin angegriffen, weil sie nicht damit einverstanden war, wie Sie sich gestern Abend verhalten haben. Sie hat Sie beleidigt. Entscheiden Sie sich nun dafür, sich beleidigt zu fühlen?
Ein Kollege macht Ihnen ein Kompliment zum Abschluss des Projektes. Wahrscheinlich entscheiden Sie sich dafür, sich zu freuen oder zumindest sich geschmeichelt zu fühlen. Richtig?
Wie auch immer – es handelt sich stets um eine Entscheidung. Ihre Entscheidung!
Sie könnten beleidigt werden und Sie könnten sich entscheiden, sich nicht beleidigt zu fühlen. Sie könnten ein Kompliment erhalten und Sie könnten sich entscheiden, sich davon nicht umschmeichelt zu fühlen, denn Sie wissen ganz tief in Ihrem Inneren: Dieses Projekt haben Sie wirklich gut hingekriegt.

Achtung! Was man sich einhandeln könnte:

Frustration vielleicht? Es ist mühevoll, dieses Verhalten stringent zu zeigen. Und dann scheint es auch noch, als seien Sie vielleicht die Einzige, die so denkt und handelt?
Wie wäre es, wenn Sie sich dann entschieden, auch auf das Gute und Rücksichtsvolle in anderen zu vertrauen?

Quellen und Weiterlesen
- Deepak, Chopra: Die sieben geistigen Gesetze des Erfolgs. Ullstein, München, 2004.

WHY WORRY?

Ein Nicht-Tool gegen das Grübeln vor und nach Entscheidungen
Doris Schäfer

„Gott, gib mir die Gelassenheit, Dinge hinzunehmen, die ich nicht ändern kann,
den Mut, Dinge zu ändern, die ich ändern kann, und die Weisheit,
das eine vom anderen zu unterscheiden."
Reinhold Niebuhr

Der Motivations- und Life-Coach Gaur Gopal Das schloss sich der Internationalen Gesellschaft für Krishna-Bewusstsein an und engagiert sich seither für die Ideologie der „Kunst des Gebens" und der Anteilnahme. Seine auf zahllosen alten Weisheiten basierenden Reden regen zu tiefem Nachdenken an. Gleichzeitig scheinen einfache Lösungen für schwirige Probleme und Fragestellungen leicht zu finden sein.

Versuchen Sie doch, mal ganz anders auf Entscheidungen zu schauen…

- … mit ein wenig Humor, Selbstironie und einem Augenzwinkern.
- Atmen Sie tief durch und entspannen Sie sich!
- Vertrauen Sie darauf – alles wird gut. Sie haben eine passende Entscheidung getroffen.

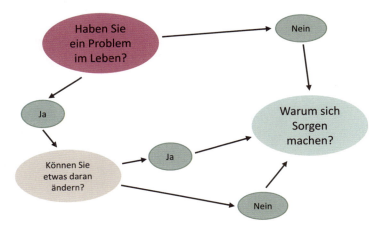

VI.
Neurowissenschaften

Immer nur vernünftig ist auch fad. Vernunft ist wie „tot", nur früher.

„Ich bin so klug, ich bin so klug: K-L-U-K!"
Homer Simpson

Das Hirn ist keine Seife. Es wird nicht weniger, wenn man es benutzt.

Theorie-Exkurs zum Schluss...

Wem in unseren Theoriehappen eine wichtige Perspektive gefehlt hat, dem möchten wir dieses Extra empfehlen: die biologische Perspektive. Dieser Exkurs bietet einen vertiefenden Blick auf die Vorgänge, die unser Entscheiden auf basaler biologischer Ebene überhaupt erst möglich machen. Und was in unserem Gehirn passiert, während wir entscheiden, schnürt auf wundersame Weise auch viele Aspekte unserer anderen Theoriehappen kohärent zusammen.

Wie unser Gehirn entscheidet:
The Neuroscience of Decision Making

Bert Overlack

„Mikroskop und Teleskop haben uns riesige Bereiche wissenschaftlichen Neulands eröffnet. Nun, da sich dank neuer bildgebender Verfahren die Gehirnsysteme sichtbar machen lassen, ... ergibt sich für die Erforschung des menschlichen Geistes vielleicht eine ähnliche Möglichkeit."

Michael Posner – Seeing the Mind

Prolog

In fast allen Meeren und Ozeanen unseres Planeten finden wir, oft nur wenige Meter unter der Wasseroberfläche, ein sogenanntes Manteltier: die Seescheide (lat. Ascidiae)[2]. Als junge Larve schwimmt die Seescheide durch das Wasser auf der Suche nach einem Platz, wo sie genügend Nahrung und gute Voraussetzungen für die Fortpflanzung findet. Hat sie einen solchen gefunden, lässt sie sich nieder, verankert sich und frisst ihr Gehirn auf; oder biologisch korrekt formuliert: verdaut sie ihr Nervensystem bis auf ein überbleibendes Nervenbündel. Warum tut sie das? Ganz offensichtlich braucht sie diesen Teil ihres Nervensystems nicht mehr und es wäre eine Ressourcenverschwendung, dieses ohne Notwendigkeit aufrechtzuerhalten.

Anhand der Seescheide können wir sehr gut erkennen, wozu sich unser Nervensystem und unser Gehirn im Laufe der Evolution herausgebildet haben. Es hat den Zweck, dass wir uns zielgerichtet fortbewegen, verhalten und darüber entscheiden können, welche Ziele wir mit welchen Handlungen erreichen möchten. Sinn dieser Entscheidungen ist „[...] das Streben nach Konsistenz [als] die eigentliche bewegende Kraft im neuronalen/psychischen Geschehen [...]", d. h., so zu handeln, dass zwischen unseren angestrebten Zielen und unseren Grundbedürfnissen und Motiven Übereinstimmung herrscht (Grawe, 2003, S. 191).

Entscheidungen: ein Gehirn – zwei Systeme

Der Nutzen einer Entscheidung und des aus dieser Entscheidung resultierenden Handelns ist ihr Belohnungswert. Belohnung tritt ein, wenn das erwartete Ergebnis einer Entscheidung erreicht wird bzw. Konsistenz entsteht oder wiederhergestellt wird. Dieses Ergebnis kann objektiv sein, z. B. das erfolgreiche Ergreifen eines Gegenstands, oder auch subjektiv, z. B. das Eintreten von Emotionen und Assoziationen, die mit einem Ergebnis verbunden werden und die Bedürfnisse und Motive befriedigen.

---

[2] Die Seescheiden gehören – wie der Mensch auch – zu den Chordatieren (Wirbeltieren). Unser gemeinsamer evolutionärer Ursprung liegt vor ca. 450-500 Millionen Jahren.

Die neurobiologische Währung des Zielerreichens ist der Neurotransmitter Dopamin. Er wird bereits ausgeschüttet, wenn wir uns ein Ziel setzen und erwarten, dieses zu erreichen. Wird das Ziel nicht erreicht, kommt es zu einer geringeren oder gar keiner Dopaminausschüttung. Das heißt, die Erwartung wurde nicht bestätigt und es kommt zu keiner Belohnung.

Der moderne Mensch trifft circa 20–35.000 Entscheidungen am Tag. Müssten wir all diese Entscheidungen bewusst vornehmen, so würden wir alle 2,5 Sekunden eine bewusste Entscheidung treffen. Das für unser Bewusstsein zuständige Arbeitsgedächtnis wäre überfordert. Es kann nur 40–50 Informationseinheiten pro Sekunde verarbeiten. Im Durchschnitt kommen circa 700 Entscheidungen pro Tag in unser Bewusstsein. Das sind immer noch 40 pro Stunde oder eine alle 90 Sekunden. Jeder, der schon einmal in kurzer Zeit eine Vielzahl komplexer Entscheidungen getroffen hat, weiß, wie anstrengend und ermüdend dies sein kann. Das liegt daran, dass das Arbeitsgedächtnis einen sehr hohen Bedarf an Stoffwechselenergie für schnelle synaptische Veränderungen benötigt. Aus Sicht unseres Organismus ist unsere Fähigkeit, zu denken, daher eine sehr teure Angelegenheit. Aus diesem Grund laufen die meisten Wahrnehmungs-, Bewertungs- und Entscheidungsprozesse möglichst energieeffizient mithilfe neuronaler Prozesse unbewusst ab. Es gibt somit zwei Prozessformen der Entscheidungsfindung.

Die Unterscheidung zwischen zwei neuronalen Verarbeitungsmodi entstammt der *Dual Mind* bzw. *Dual Process Theory*, die mit dem Erscheinen des Bestsellers „Schnelles Denken, langsames Denken" von Daniel Kahnemann (2011) und seiner Interpretation allgemeine Bekanntheit erlangte. Kahnemann unterscheidet System 1 und System 2:

System 1 umfasst Prozesse, die intuitiv, implizit und unbewusst ablaufen. Sinneseindrücke können parallel und unabhängig von unserer allgemeinen Intelligenz, unserem Arbeits- und Kurzzeitgedächtnis oder unserer Aufmerksamkeit verarbeitet werden. Je nach Situation nutzt System 1 erlernte Routinen, Gewohnheiten, Denk- und Handlungsmuster und das vorhandene Erfahrungswissen, um Entscheidungen zu treffen. Hierzu bildet es auf Grundlage ausgeführter Handlungen laufend Erwartungen an unsere Umwelt und vergleicht diese mit dem Handlungsergebnis. Tritt das erwartete Ergebnis ohne weitere Auffälligkeiten ein, so bleibt es im Unterbewussten. Kommt es zu bedeutsamen Abweichungen oder Überraschungen, für die es nicht automatisch auf Erfahrungswissen, Gewohnheiten und Muster zurückgreifen kann, erregen diese unsere Aufmerksamkeit in Form von Gefühlen oder Gedanken. Diese lenken unser Bewusstsein auf die Abweichung, um für diese durch kognitive Fähigkeiten wie Reflektion, Kreativität und Analyse Lösungen zu entwickeln und umzusetzen.

Diese bewussten Prozesse, System 2 genannt, beziehen sich auf neuronale Prozesse, die wir bewusst und explizit erleben. Hier geht es um unsere Fähigkeit zum logischen und rationalen Denken, zur Reflektion und zum Finden kreativer Problemlösungen. Neurobiologisch können wir System 1 dem sogenannten subkortikalen limbischen System und den unbewussten Arealen des präfrontalen Kortex zuordnen und System 2 den Arealen, die zum präfrontalen Kortex und dem Arbeitsgedächtnis gehören.

Bewusste Entscheidungen: von der Biologie zur Vernunft und zurück

Mit der Entwicklung des Humanismus, den Anforderungen der Industrialisierung und einem modernen wissenschaftlichen Verständnis hat sich die Vorstellung eines vernunftbegabten, rational und nutzenmaximierend denkenden und handelnden Menschen als Ideal durchgesetzt. Anhand bewusster Analysen und Kosten-Nutzen-Vergleiche können wir verschiedene Optionen bewerten und eine Entscheidung treffen. Diesem Ideal steht unsere tägliche Beobachtung gegenüber, dass Menschen sich irrational und unvernünftig verhalten.

Warum tun wir uns so schwer damit, diesem Ideal gerecht zu werden? Wie kommt es dazu, dass wir uns trotz unserer Fähigkeit zu Ratio und Vernunft irrational verhalten und auch bewusste Entscheidungen irrational treffen?

Der dorsolaterale präfrontale Kortex (DPFC) ist das Gehirnareal, das wir nach aktuellem Wissensstand als Sitz von Intelligenz und Verstand betrachten können. Hier werden handlungsrelevante Sachlagen erfasst, Wahrnehmungsinhalte zeitlich und räumlich strukturiert, kontextgerechtes Handeln vorbereitet und Zielvorstellungen entwickelt und aufrechterhalten, unabhängig von emotionaler oder moralischer Bewertungen. Menschen mit Verletzungen oder Schäden in diesem Bereich haben oft Schwierigkeiten, Probleme zu erkennen und zu lösen, und neigen dazu, sich stereotyp zu verhalten.

Zum DPFC zählt auch das sogenannte Arbeitsgedächtnis. Damit eine Entscheidung und somit eine Willenshandlung in unserem Gehirn erfolgen kann, sammelt das Arbeitsgedächtnis Informationen aus einem großen Netzwerk von Funktionsbereichen. Das Arbeitsgedächtnis ist der Bereich unseres Bewusstseins. Hier können wir über Situationen und Aufgaben nachdenken, die unsere Aufmerksamkeit auf sich ziehen, Informationen und Erfahrungen aus unserem Gedächtnis abrufen, uns für Einzelheiten interessieren und Probleme lösen.

Die neuronale Basis für eine subjektive Nutzenbewertung ist der orbito-frontale Kortex (OFC). Über das ventrale Striatum ist er mit allen internen und externen sensorischen Signalen verbunden und beteiligt an der Bewertung der Art und Eigenschaften externer Reize, aber auch des aktuellen internen homöostatischen Zustands des Organismus. Er stellt sozusagen einen Gesamtkontext her, in dem eine Entscheidung zu treffen ist. Unsere Fähigkeit, die langfristigen und sozialen Folgen unseres Handelns zu überprüfen und zu lenken, findet hier statt. Der OFC ist auch Sitz unseres Gewissens und unserer moralischen und ethischen Vorstellungen.

Unsere Entscheidungen hängen also nicht nur von unserer Intelligenz und Problemlösungsfähigkeit ab, sondern beziehen andere Funktionen mit ein, wie zum Beispiel unsere Werte (ethische und moralische Vorstellungen), Motive und Bedürfnisse sowie unsere Emotionen, Erfahrungen und Erlerntes. Rationales Verhalten ist eine in der Struktur unseres Gehirns angelegte Fähigkeit, die jedoch keineswegs allein und kontextlos stattfindet, sondern nur im Zusammenspiel mit anderen unbewussten neuronalen Einflussfaktoren. Aufgrund der geringen Kapazität zur bewussten Informationsverarbeitung können wir nicht alle Entscheidungen bewusst und situativ angepasst treffen. Wir nutzen Prozesse aus dem System 2, die es uns erlauben, Entscheidungen und Verhalten zu automatisieren. Dies kann dazu führen, dass diese Entscheidungen erfolgreichen Mustern entsprechen, die jedoch für die gerade konkrete Situation nicht zutreffen; also nur begrenzt rational sind. Zu diesen begrenzt rationalen Prozessen zählen z. B. die Furcht vor Risiko und Unsicherheit, der Besitztums-Effekt, Framing-Effekte oder Denkmuster (Biases).

„Irrationale" Entscheidungen: Beispiele für begrenzt rationale Prozesse

Unsicherheit und Risiko: Eine Vielzahl von Experimenten zeigt, dass Versuchsteilnehmer einen kurzfristigen, niedrigeren Nutzen (z. B. einen geringen Geldbetrag) einem höheren Nutzen (höheren Geldbetrag) vorziehen, wenn dieser erst zu einem späteren Zeitpunkt erhalten wird. Dieser Diskontierungseffekt (delay-discounting-effect) ist besonders auffällig, da er nicht nur exponentiell abfallend, sondern hyperbolisch abfallend verläuft: Obwohl wir in der Zukunft einen höheren Nutzen erfahren könnten, ziehen wir einen niedrigen, sofort verfügbaren vor. Je nach Risikowahrnehmung kann dies ein irrationales Verhalten sein.

An den Abwägungsprozessen zwischen Nutzen/Belohnung und Risiko sind mehrere Areale beteiligt. Das ventrale Striatum und der ventro-mediale präfrontale Kortex sind aktiviert, wenn es um die Bewertung einer Belohnung geht. Die beobachtbare Aktivierung nimmt bei zunehmender Nutzenerwartung zu. Sie ist unabhängig von Risikoaspekten. Für die Bewertung des Risikos ist die Anteriore Insula zuständig. Dieses Areal ist aktiv, wenn Verlust- und Risikoaversion steigen. So kann durch die Beobachtung dieser Areale im Experiment Aufschluss über die Kaufbereitschaft und den Kaufpreis für risikolose Einkäufe von Konsumgütern gewonnen werden.

Endowment Effect/Besitztums-Effekt: Der sogenannte Besitztums-Effekt tritt ein, wenn die Entscheidungspräferenz davon abhängig ist, ob ein Konsument oder ihm nahestehende Menschen schon ein ähnliches oder gleiches Produkt besitzen. Das ist z. B. der Fall, wenn ein Konsument eine bestimmte Marke wieder kauft, die er bereits früher schon gekauft hat, obwohl es Produkte einer anderen Marke gibt, die mit einer besseren Ausstattung und zu einem besseren Preis angeboten werden. Der Besitztums-Effekt lässt sich anhand der Aktivierung der rechten Insula beobachten und vorhersagen.

Framing-Effekt: Framing-Effekte beschreiben Entscheidungen, die unter Einfluss einer Vorabinformation getroffen werden. Das ist z. B. der Fall, wenn uns eine fremde Person als besonders glaubwürdig und kompetent vorgestellt wird. Ähnlich verhält es sich, wenn Entscheidungsoptionen und deren Ergebnisse positiv (als Gewinn) oder negativ (als Verlust) beschrieben werden. Nicht alle Menschen sind gleich sensibel für Framing-Effekte. Die Versuchsteilnehmer, die am wenigsten auf Framing-Effekte reagiert haben, hatten die höchste Aktivität im ventromedialen und orbifrontalen präfrontalen Kortex während der Entscheidungsfindung. Diese Areale sind eng mit unserer Fähigkeit zur emotionalen Selbstregulierung auf äußere Reize verbunden und haben starke neuronale Verbindungen zur Amygdala und unseren emotionalen Zentren.

Entscheidungen des freien Willens und der Selbstregulierung

Unsere **Kompetenz zur Selbstkontrolle** und zu unserem sogenannten freien Willen **befähigt uns**, unsere Gefühle, Gedanken und Handlungen aus den **automatischen und intuitiven neuronalen Verarbeitungsprozessen zu unterbrechen und zu korrigieren.** Dies setzt allerdings voraus, dass uns diese bewusst geworden sind. Selbstkontrolle und freier Wille sind also Fähigkeiten, die aus unserem System 2 (Kahnemann, 2011) und unserem präfrontalen Kortex heraus entstehen. Sie ermöglichen uns, dass wir uns bewusst dafür entscheiden, ein Gefühl zu unterdrücken, einen Gedanken zu stoppen oder eine Handlung zu unterdrücken oder zu ändern. Wir haben die Fähigkeit, aus der Erkenntnis der Sinnhaftigkeit, Notwendigkeit oder Neugier heraus unser Fühlen, Denken und Verhalten anzupassen. Evolutionär ist diese Fähigkeit die Grundlage dafür gewesen, dass wir uns als Spezies verschiedensten Lebensräumen und -situationen haben anpassen können. **Wir können aber nicht neu denken**, fühlen oder handeln, **was bereits** in den neuronalen Netzen unseres Gehirns **gespeichert**, d. h. erfahren, gelernt oder erlebt **wurde** und damit einen emotionalen „Stempel" erhalten hat.

Zusammenfassung

Unsere Entscheidungen und unser Handeln – rational oder irrational, vernünftig oder unvernünftig, intelligent oder dumm – kann nur im Lichte unserer bewussten und unbewussten Lebenserfahrungen verstanden werden. Jede Handlungsalternative wird unbewusst auf Plausibilität und Konsistenz geprüft. Oder, anders formuliert: Unser **Handeln muss mit unseren (un-)bewussten Grundbedürfnissen, Motiven und Zielen übereinstimmen.** In diesem Sinn ist dann **jedes Handeln rational, weil es vor dem Hintergrund der persönlichen Lebenserfahrung** und -prägung erfolgt.

Quellen und Weiterlesen

- Grawe, Klaus: Neuropsychotherapie. Hogrefe, Göttingen, 2004.
- Kahnemann, Daniel: Schnelles Denken, langsames Denken. Penguin Verlag, München, 2011.
- Eagleman, David, Downar, Jonathan: Brain and Behavior: A Cognitive Neuroscience Perspective. Oxford University Press, Oxford, 2016.

DIGITALE TOOLS FÜR ENTSCHEIDUNGS-FINDUNG

Doris Schäfer

Apps und Web-Dienste, die wir oder unsere Kolleginnen und Kollegen für Entscheidungsfindung nützlich finden.

Was	Wofür	Wie es geht
Appfluence www.appfluence.com	Priority-Matrix basierend auf dem Eisenhower-Prinzip. Unterstützt Teams dabei, sich auf das Wesentliche zu konzentrieren/Prioritäten zu setzen. Verantwortlichkeiten & Prioritäten innerhalb des Teams visualisieren	Account erstellen, der am PC und als App funktioniert. Free-Version für Einzelne, danach kostet die Anwendung abhängig von der Anzahl der User.
Brief www.gobrief.com	Für die Zusammenarbeit im Team. Prioritäten setzen und auf wichtige Aufgaben konzentrieren. Hilft gleichzeitig, Ablenkung zu vermeiden. Einsatz auch als Kanban-Board inkl. Setzen von Prioritäten & Kommunikation via Chats	Projektmanagement-Software, kostenpflichtiger Account erforderlich. Kostenloses Ausprobieren möglich.
CodeCheck App-Store	Bewusste Kaufentscheidungen treffen für Lebensmittel und Kosmetik. Der Einfluss auf Gesundheit und Umwelt wird angezeigt. Gesündere und nachhaltigere Alternativen werden vorgeschlagen, fragliche Inhaltsstoffe identifiziert.	App im Appstore herunterladen. Mehrere Versionen: von gratis bis zur Pro-Version; einfach Barcode eines Produktes scannen
Compliance www.compliance.co	Verbindet Ziele mit täglichen Handlungen, um strategischer über das eigene Leben nachzudenken: intuitive Tagesplanung, nächtliche Reflexion & Verfolgung des Fortschritts, während man sich Schritt für Schritt in Richtung Ziel hinbewegt. Eignet sich für privaten und beruflichen Kontext.	Kostenloser Account für 10 Projekte, danach kostenpflichtig.

Was	Wofür	Wie es geht
Concide www.concide.de	Systemisches Konsensieren leicht gemacht! Nicht die Anzahl der meisten Stimmen ist ausschlaggebend, sondern der geringste Widerstand gegen eine Alternative. Der Widerstand wird von 0–10 erfasst und errechnet.	Über App Teilnehmende einladen, sich an Entscheidungen zu beteiligen & Ideen einzubringen. Freie Demoversion, kostenpflichtiges Webtraining für die Anwendung der Methode unter Verwendung der App.
iModeler www.consideo.de	Komplexe Zusammenhänge visualisieren, mit der Erkenntnis-Matrix analysieren & kommunizieren. Qualitative Modellierung verzichtet, anders als die quantitative, auf konkrete Daten oder Parameter. Die entstehende Vernetzungsmatrix lässt Abhängigkeiten und starke Hebel erkennen und hilft, richtige Prioritäten zu setzen. Software bietet auch quantitative Simulationsmodelle.	Freeware-Angebot für Einstieg in die qualitative Modellierung; Bezahlversionen bieten Möglichkeit quantitativer Modellierung. Kostenfreie Web-Trainings, zahlreiche Modelle online verfügbar.
Kahoot www.kahoot.com	Multiple Choice-Fragen Skalen-Fragen Rankings Image Choices Quiz Gamification-Elemente Abstimmungen & Entscheidungen für Teams und Großgruppen.	Kein Gratis-Account. Selbsterklärend & einfach zu bedienen: Event erstellen, Event-Nummer veröffentlichen; Teilnehmer nehmen via Handy teil & entscheiden spielerisch mit. Ergebnisse in Echtzeit verfügbar und können direkt gezeigt werden.
Klaxoon www.klaxoon.com	Votings Quiz Brainstorming Umfragen Q&A-Sessions Vorgefertigte, grafisch schön aufbereitete Templates für Team-Meetings, Sprint-Planungen, Retrospektiven, Risk-Matrix, Persona, Ice-Breaker, SWOT, Eisenhower-Prinzip, Business Process Design, Value Stream Mapping	Account erforderlich. Ein virtuelles Meeting kann einfach erstellt werden, Teilnehmende mit Code einladen. Einfach über PC oder App einwählen. Gratisversion beinhaltet 1 Template nach Wahl, maximal 10 User je Event, danach kostenpflichtig.

Was	Wofür	Wie es geht
Loomio www.loomio.org	Diskussionstool Unterstützt Teams, gemeinsam Entscheidungen zu treffen: Umfragen, Priorisierungen, Abstimmungen. Informationen zum Thema hochladen (Bilder, Inhalte, Links ...) Chatfunktion: Austausch, Likes, Abstimmungen Eignet sich besonders gut für selbstorganisierte Teams.	Kann gratis ausprobiert werden. Loomio Active-Account ermöglicht die Nutzung von bis zu 10 aktiven Usern. Ein Teilnehmerkreis wird zu einem Thema, das diskutiert und entschieden werden soll, eingeladen. Qualität der Diskussion und die Vorschläge können sofort bewertet werden.
Mentimeter www.mentimeter.com	Quiz Umfragen Rankings Image Choices Word-Clouds Abstimmungen & Entscheidungen innerhalb von Teams und Großgruppen	Gratis-Account für 2 Fragestellungen, selbsterklärend & einfach zu bedienen: Präsentation erstellen, Nummer/QR-Code veröffentlichen, Teilnehmende stimmen über Handy ab. Ergebnisse in Echtzeit verfügbar und können direkt gezeigt werden.
Miro www.miro.com	Unterschiedliche, schon vorgefertigte Whiteboards, einfach zu bedienen und grafisch schön aufbereitet: Mind Maps, Story Boards, Kanban Board, Customer Persona, Scamper und vieles mehr.	Gratis-Account erlaubt 3 Boards (Blätter in unterschiedlichen Formaten & Optionen). Selbsterklärend & einfach zu bedienen: Board erstellen und mit Teilnehmenden teilen – Link versenden und jeder kann mitmachen.
Oncoo www.oncoo.de	Werkzeuge, die kooperatives Lernen bzw. die Digitalisierung des Unterrichts unterstützen: Brainstorming Kartenabfrage Clustern Metaplan Ideenpool Zielscheibe für Feedback	Auf der Website klicken auf „mehr erfahren". Werkzeug auswählen, Passwort vergeben und z. B. eine Kartenabfrage erstellen. Code bzw. QR-Code dann an die Teilnehmenden versenden.
Padlet www.padlet.com	White- bzw. Storyboard Retrospektiven Timeline Unterhaltungen & Chats Ergebnisse können gut dokumentiert werden, Retrospektiven erstellen für Teams & Großgruppen	Gratis-Account erlaubt 3 Padlets (Blätter in unterschiedlichen Formaten & Optionen). Selbsterklärend & einfach zu bedienen: Präsentation erstellen, Link/QR-Code mit den Teilnehmenden teilen und diese können mitwirken.

Was	Wofür	Wie es geht
Retrium www.retrium.com	Für Teams, die agile & virtuelle Retrospektiven und Diskussionen durchführen. Zahlreiche verfügbare Templates zu Retros und Lean Coffee	Kostenloser 30 Tage Test-Account. Teilnehmende über einen Link einladen und los geht's.
Retrospektiven www.retros.work	Kontinuierliches Feedback Gefühle zum Ausdruck bringen Unterschiedliche Retro-Templates Up and down Abstimmungen To-dos festlegen Planungstool für Retros Für Teams, die agile & virtuelle Retrospektiven durchführen.	Kostenloser 30 Tage-Test-Account. Anschließende Kosten abhängig von der Anzahl der User.
Retrotool www.retrotool.io	Für Teams, die agile & virtuelle Retrospektiven durchführen. Ein Whiteboard, das die kreative Gestaltung von eigenen Retros ermöglicht. Darüber hinaus vier verfügbare Templates: MAD/SAD/GLAD Liked/Learnt/Lacked Start/Stop/Continue Fast/Furious/Fearful/Looking Forward	Account nicht erforderlich. Retro-Board ist ganz leicht zu gestalten, dann Link des Boards an Teilnehmende versenden. Eingebaute „Time-Boxing"-Funktion für Zeitlimits. Action Points können erfasst & bearbeitet werden.
Sli.do www.Slido.com	Multiple Choice-Fragen Ratings Quiz Umfragen Abstimmungen & Entscheidungen für Teams und Großgruppen Die ultimative Fragen-Antworten-Abstimmungsplattform, interaktiv und live!	Gratis-Account für 3 Fragen je Veranstaltung. Selbsterklärend & einfach zu bedienen: Event erstellen, Eventnummer aussenden/einblenden, die Teilnehmenden nehmen via Handy an der Umfrage teil. Ergebnisse in Echtzeit verfügbar & können direkt gezeigt werden.
Stormboard www.stormboard.com	Kollaborativ als Team arbeiten, mit unterschiedlichen integrierten Funktionen wie Haftnotizen, Whiteboards, die das Generieren von Ideen ermöglichen; sowie das Setzen von Prioritäten. Instant Feedback für schnellere Entscheidungen nach Meetings integriert.	Kostenloser Account für maximal 5 User.

Was	Wofür	Wie es geht
Taskade www.taskade.com	Aufgabenliste mit Zusatzfunktionen bzw. vorgefertigten Templates: Wochenplaner Sitzungsagenda Projektboard Mindmap Daily Standup Board Team Task List Listen mit Verantwortlichkeiten erstellen & mit Team, Familie, Freunden teilen.	Kostenloser Account für 10 Projekte, danach kostenpflichtig.
Teeming www.teeming.ai	Interaktive Arbeitssitzungen zum Problemelösen, Check-in, Spiele, Eisbrecher oder Feedback-Runden durchführen und somit Mitarbeiter beteiligen und einbinden.	Kostenloser Account für 10 Projekte, danach kostenpflichtig.
Wheel of names Wheel decide www.wheelofnames.com www.wheeldecide.com	(Gruppen-)Entscheidungen, die nach dem Zufallsprinzip getroffen werden können.	Entscheidungsoptionen eingeben; diese erscheinen in einem Rad, das per Mausklick wie ein „Glücksrad" gedreht wird. Die Entscheidung fällt per Zufall. Auf Wunsch mit Applaus & Konfettiregen.

AUTORINNEN & AUTOREN

ANNIKA SERFASS

Annika entscheidet sich gerne – oft auch immer wieder für dasselbe: Organisationsberatung als Beruf, das Schreiben als Leidenschaft, denselben Mann und ihre zwei Jungs. Und sie entscheidet sich gern immer wieder neu: für einen anderen Wohnort, andere Projekte, neue Herangehensweisen, ungewöhnliche Perspektiven und Blickwinkel. Wenn sie dann auch noch etwas Zeit hat für Literatur, Lyrik, essen, schwarzen Tee trinken, das Entwickeln von Modellen und Interventionen und ein paar entspannte Reisen, ist sie rundum zufrieden.

Kontakt:
www.annikaserfass.de / annika@annikaserfass.de

DORIS SCHÄFER

Doris ist ein Asien-Fan und sie möchte nur noch wenige Winter in Europa verbringen. Sie ist Betriebswirtin, Personalistin, systemische Beraterin und Coach – und darüber hinaus Ästhetin, die sich für Architektur, Kunst und Mode interessiert. Die Leidenschaft zur Beratung hat sie zum Schreiben dieses Buches bewogen, die Leidenschaft zur Kunst ist ein integraler Bestandteil ihres Lebens. Wenn sie nicht beruflich oder privat verreist, lebt sie gemeinsam mit ihren beiden Kindern in Wien.

Kontakt:
www.huds.at / doris.schaefer@huds.at

ANJA VRANY
München, Deutschland
Berggipfel und Bewusstseinsforschung; Teamentwicklerin, Coach & Achtsamkeitsmeditationslehrerin; mit Neugierde, Empathie und innovativen Ansätzen zu Ideen mit Sinn anstiften.
www.purpose-teams.com / anja@purpose-teams.com

ANTONIUS GREINER
Wien, Österreich
Liebt alte Musik & Kartoffeln in jeder Form; systemischer Berater & Universitätslektor; Kunst, Philosophie und die schönen Dinge des Lebens genießen.
www.heitgerconsulting.com / agreiner@heitgerconsulting.com

BENEDIKT DROSSART
Bremen, Deutschland
Musiker und Sprachentalent; Veränderungsbegleiter & systemischer Innovationscoach; stets mit frischen Ideen, um zukunftsfähige Organisationen nachhaltig zu gestalten.
www.kurswechsel.jetzt / benedikt.drossart@kurswechsel.jetzt

BENJAMIN IGNA
Nürnberg, Deutschland
Bergsteiger und Guide; Unternehmensberater & Trainer für agile Arbeitsorganisation; ständig auf der Suche nach dem Sinn im Unsinn.
www.it-agile.de / benjamin.igna@it-agile.de

BERND OESTEREICH
Hamburg, Deutschland
Reist gerne in Europa auf Land- und Wasserwegen & liebt gutes Essen; programmiert und gestaltet leidenschaftlich gerne; berät und coacht Unternehmerinnen bei der Entwicklung kollegial-selbstorganisierter Führungs- und Organisationsprinzipien.
https://kollegiale-fuehrung.de / Bernd.Oestereich@next-u.de

BERT OVERLACK
Baden-Baden, Deutschland
Lernen und Reisen; Coach & Sparringspartner; die Welt der Zahlen, Daten und Fakten mit der Welt der Emotionen, Gefühle und Gedanken verbinden.
www.bertoverlack.de / erfolg@bertoverlack.de

CHRISTOPH BURMANN
Salzburg, Österreich
Naturfan und Familienmensch; Wirtschaftspsychologe; Entwicklung begleiter durch Beratung, Training und Coaching – um Ressourcen zu aktivieren und Wirksamkeit zu erhöhen.
www.komunariko.at / christoph.burmann@komunariko.at

CLAUDIA SCHRÖDER
Hamburg, Deutschland
Verbringt gerne Zeit in der Natur; systemische Beraterin & Organisationsbegleiterin; fühlt sich wirksam, wenn sie KundenInnen bei ihren Veränderungsprozessen zu mehr kollegial-selbstorganisierten Führungs- und Organisationsprinzipien begleiten kann.
https://kollegiale-fuehrung.de / claudia.schroeder@next-u.de

CLAUDIA SEEFELDT
Zürich, Schweiz
Comer See- und SUP-Fan; systemische Beraterin & Institutsleiterin; tanzt in verschiedenen Welten und verbindet.
www.systemische-impulse.ch / c.seefeldt@systemische-impulse.ch

DANIELA SOMMER
München, Deutschland
Veränderungsliebhaberin und Bewegungsmensch; Managerin & systemische Beraterin; stellt mit Leidenschaft stärkende Umgebungen her.
daniela_d_sommer@web.de

DAVID SCHUBERT
Köln, Deutschland
Kontaktmensch und Konzeptdenker; Organisationsberater & Therapeut; begleitet Deep Dives zum Kern der Sache und nachhaltige Lösungen für Innen- und Außenwelten.
www.david-schubert.com / kontakt@david-schubert.com

DOROTHEA HARTMANN
Herrsching a. Ammersee, Deutschland
Wasser, Seen, Meere & Berge; Organisationsberaterin; fokussiert auf Change, Dialog, Entscheiden, agiles Mindset und Resilienz.
www.dialog-change.de / hartmann@dialog-change.de

EDITH NEUDHART
Niederösterreich, Österreich
Globetrotter & Unternehmensberaterin im Bereich Arbeitsorganisation; schafft mit Leidenschaft Mehrwert und Vereinfachung.
www.prozesse-optimieren.at / neudhart@prozesse-optimieren.at

FRANZISKA FINK
Wien, Österreich
Purpose Päpstin & Butoh Dancer; systemische Beraterin & Autorin; unterwegs, um mit Organisationen die Welt zu verbessern.
www.neuwaldegg.at / franziska.fink@neuwaldegg.at

GERHARD P. KREJCI
Wien, Österreich
Kunstliebhaber und Hobbykoch; Autor & systemischer Berater; findet Theorie wahnsinnig praktisch.
www.simon-weber.de / krejci@simon-weber.de

GUIDO CZEIJA
Salzburg, Österreich
Entdeckergeist und Meditation; systemischer Berater & Gruppendynamiker; geht mit Humor den Dingen auf den Grund.
www.komunariko.at / guido.czeija@komunariko.at

HANSJÜRG LUSTI
Zürich, Schweiz
Leidenschaftlich neugierig; Organisationsberater & Coach; überzeugt von den Möglichkeiten von Menschen und ihrer Zusammenarbeit.
www.systemische-impulse.ch / h.lusti@systemische-impulse.ch

INGRID KOLHOFER
München, Deutschland
Bewegungsfan und neugierige Leserin; systemische Beraterin & Sparringspartnerin; Dinge mit klarem Blick auf den Punkt bringen.
www.organisationsentwicklung2nextlevel.com / i.kohlhofer@mnet-online.de

INGRID SIMA-PARISOT
St. Andrä-Wördern, Österreich
Cineastin und Naturliebhaberin; Psychologin & Kinesiologin; noch immer fasziniert von der Vielfalt des Lebens.
simsot@mac.com

IRIS ROMMEL
Hamburg, Deutschland
Biogärtnerin und Diversity-Familienfrau; Unternehmerin & systemische Beraterin, mit den KundInnen immer in neuen Beratungsabenteuern unterwegs.
www.synthese.de / rommel@synthese.de

KIRA KRÄMER
Berlin, Deutschland
Notizbücher-Liebhaberin und Zukunftsgestalterin; Co-Creation-Expertin & Beraterin; schafft Räume für authentische, klare und co-kreative Zusammenarbeit zur Zukunftsgestaltung.
www.kirakraemer.de / kontakt@kirakraemer.de

MANFRED BOUDA
Wien, Österreich
Natur- und Kulturmensch; systemischer Berater & Changebegleiter; besonders angezogen von der Kombination Intelligenz, Ästhetik und Stil.
www.focus-change.com / mb@bouda.at

MARC ADEN GRAY
Wien, Österreich
Improvisation and Walking the Earth; Professional Actor & Messenger-Inspirer-Trainer; giving humans new ways of living and being in the world.
www.grayspace7.com / mag@grayspace7.com

MATTHIAS PÖLL
Wien, Österreich
Design und Fußball; Markenberater & Systemiker; liebt das Entdecken und Entwickeln von Identitäten.
www.brainds.com / poell@brainds.com

NIKLAS GAUPP
Wien, Österreich
Schwimmer und Psychologie-Begeisterter; systemischer Berater & Coach; schätzt die Kraft lösungsorientierten Denkens und Handelns.
www.heitgerconsulting.com / ngaupp@heitgerconsulting.com

PASCALE GRÜN
Düsseldorf, Deutschland
Frischluft und schöne Gespräche; Agile Coach & systemische Beraterin; durch gemeinsames Denken neue Wege entstehen lassen.
www.gruenconsult.de / p.gruen@gruenconsult.de

STEPHAN KASPERCZYK
Weilmünster, Deutschland
Outdoor- und Reise-Freak, Veränderungsbegleiter & Projektmanager; immer auf der Suche nach dem Unerwarteten.
www.beratung-x.de / sk@beratung-x.de

STEPHAN REY
Frankfurt am Main, Deutschland
Querdenker und begeisterter Sinn-Stifter, Architekt & systemischer Berater; Schüler von Meistern im Werden.
www.tribolog.net / Stephan.Rey@tribolog.net

TORSTEN GROTH
Komplexitätsfan, Tennisspieler & systemischer Berater; findet im täglichen Alltag spannende Entscheidungsfragen, die mit grundlegenden „systemischen Geboten" besser zu bewältigen sind.
www.torsten-groth.org / groth@simon-weber.de

WALTER HERTER
Regensburg, Deutschland
Rhythmus, Bewegung, Staunen & Einmischen; Sparringspartner für das Entwerfen und Gestalten von lebensdienlichen Organisationen.
www.die-unternehmerberater.com / walter.herter@die-unternehmerberater.com

DANKE!

Ein Buch entsteht nicht von allein. Dass dieses Buch zu entwickeln, zu schreiben, zu überarbeiten und zusammenzustellen sich eigentlich nie nach Arbeit angefühlt hat, lag zu einem großen Teil an den folgenden Personen:

Unserem lieben und langjährigen Kollegen Stephan Rey danken wir für die umwerfenden Zeichnungen vor den Theoriekapiteln.

Franz Ehrenschwendtner bekommt ein großes Dankeschön von Annika – für ganz vieles.

Linnéa Kunath, Monika Serfass und Wolfgang Serfass bekommen ein Dankeschön für geduldiges Testlesen und liebevolle Kinderbetreuung – ohne diese hätte „Corona" dieses Buch nicht entstehen lassen.

Doris dankt ihren Kindern Elza und Emil dafür, dass sie in einem hohen Maße „selbstorganisiert" durch das vergangene Jahr „gelaufen" sind, wodurch es möglich war, zu arbeiten und zu schreiben. Und dann gibt es noch viele Freunde/-innen, die den Rücken gestärkt, geglaubt und inspiriert haben.

Wir bedanken uns außerdem bei

- unseren zuverlässigen und fantastischen Co-Autorinnen und Co-Autoren. Jede und jeder hat sein Wissen und seine Erfahrung so offen eingebracht, dass jetzt alle, die möchten, davon profitieren können,
- unseren Kolleginnen und Kollegen, die uns so manche Methode gezeigt oder beigebracht haben,
- unseren Kundinnen und Kunden, die mit uns ihre Entscheidungen mal anders getroffen haben und damit auch uns zu so vielen Erkenntnissen, Erfahrungen und Ideen verholfen haben.

Dieses Buch zu schreiben war definitiv keine schlechte Entscheidung!

FÜR SCHNELLE HILFE!

Wenn Sie schnell ein Tool für ein bekanntes schlechtes Entscheidungsmuster brauchen. Ganz unten können Sie Ihre eigenen „Shortcuts" ergänzen: Tragen Sie Ihr schlechtes Entscheidungsmuster ein und ergänzen Sie das passendste Tool.

Eine Auswahl an schlechten Entscheidungen	Unser Top-Tool für weniger schlechte Entscheidungen
Zu wenig Personen beteiligt (Betroffene nicht einbezogen bzw. nicht mal mitbedacht)	Einwandintegration in Großgruppen Konsent
Zu viele Personen beteiligt (zerredet, Endlos-Diskussion, verstrickt in Nebenkriegsschauplätzen)	Konsultativer Einzelentscheid Widerstandsabfrage
Die falschen Personen beteiligt (falsche Kompetenz, Einmischung, nicht betroffen etc.)	Delegation Poker Team Prototyping
Zu wenig Informationen: Alternativen nur oberflächlich prüfen und ihre Tragweite nicht reflektieren	Entscheidungsbaum Entscheidungsräume
Zu viele Informationen: Man sieht den Wald vor lauter Bäumen nicht mehr	Bodenanker Peer2Peer-Consulting
Der **Nutzen wird vernachlässigt**: Es ist nicht klar, was es bringt	Business Value Poker Entscheidungsbaum
Ein kleinster gemeinsamer Nenner als **Scheinkompromiss**	Entscheidungstrichter
Zu rational: Rein analytische Entscheidung, basierend nur auf Zahlen, Daten, Fakten	Immanuel Kants drei Fragen Be Your Story's Hero
Zu pauschal: Die individuellen (persönlichen/organisationalen) Umstände vernachlässigen	Musterbeobachtung zur Rahmenklärung Action Values
Zu emotional: Entscheidungen spontan im emotionalen Affekt treffen	SWOT
Zu politisch: nicht dem Ziel entsprechend, sondern gemäß einer Agenda entscheiden	Retrospektive Sechs Hüte des Denkens
Gelernte **Vorurteile und Denkkategorien** verhindern eine objektive Betrachtung	Case Clinic Sandwich-Spaziergang
Entscheidung gar **nicht treffen** bzw. **aussitzen**	Entscheidungsgärung
Entscheidung **an (unpassende) andere delegieren**	Kollegiale Rollenwahl Delegation Poker
Nicht wissen, was man will	Motto-Ziele des Zürcher Ressourcenmodells Guided Journaling

Eine Auswahl an schlechten Entscheidungen	Unser Top-Tool für weniger schlechte Entscheidungen
Sich **nicht trauen**, zu dem zu stehen, was man will	Action Values Purpose Driven Decision Making
Angst, nicht das Optimum zu erreichen, macht entscheidungsunfähig	Sei kein Idiot Gesetz des Karmas
Der Fakt, dass mit einer gewählten Option **andere (attraktive) Optionen wegfallen**, lähmt	Affektbilanzen Digital Decision Making
So **lange grübeln**, bis alle Optionen zur Last werden	Zufall entscheiden lassen
Unfähig, als Team zu entscheiden	Retrospektive B-L-U Loop
Group-Think: es kommt nichts Neues hinzu, man bestätigt sich immer nur selbst	Sechs Hüte des Denkens
Schwierigkeiten unter den Entscheidern	Bohmscher Dialog Musterbeobachtung zur Rahmenklärung
Es gibt **keine guten Optionen**	Design Thinking Tetralemma
Keine Ressourcen, Energie, Zeit, Kenntnisse **für die Umsetzung** haben	Design Thinking fürs Leben
Scheinbar unentscheidbar: Paradoxien, Dilemmata	Spannungsfelder Tetralemma
Nicht wissen, womit man **anfangen** sollte	Vesters Papiercomputer Story Points
Die **falschen Prioritäten** setzen	Eisenhower-Prinzip BCG Matrix
Nicht einmal genau **wissen, was** das **schlechte Entscheidungsmuster** ist	Decision Journey Mapping
Eigene schlechte Entscheidungsmuster	Passendes Lieblingstool
Eigene schlechte Entscheidungsmuster	Passendes Lieblingstool
Eigene schlechte Entscheidungsmuster	Passendes Lieblingstool